张世君等◎著

“首都法”前思：

首都治理的法律保障

“SHOUDUFA” QIANSI:

SHOUDU ZHILI DE FALÜ BAOZHANG

中国法制出版社
CHINA LEGAL PUBLISHING HOUSE

作者

陈婷婷 刘睿淇 李维清 陆　苹 陆欣萌 王成璋
王梅梅 王　晔 王子琛 谢艺甜 张世君

目录 Contents

· 第一章 ·

“首都法”的提出

第一节 首都的界定

一、定义

（一）首都的法律定义

“首都”一词“首”即“头”。英文的“capital”一词，来源于拉丁文“capitalis”，其词根是“caput”（头），具有“首位的”“重要的”含义，同时也具有“资本的”含义。法语“capiatle”与德语中的合成词“hauptstadt”（haupt 意为头部）也具有同样的来源和解释。“都”即“都市”或“城市”，英文为“city”。根据《韦伯斯特大词典》的注释，“都市”的英文“city”，来源于拉丁文“civitas”，包含“城市”“城邦”等含义。英文“capital”的解释为“the city or town where its government or parliament meets”，即政府或议会开会的城市或城镇。

对于首都的定义，学界有着不同的视角。德国学者黑伯乐从学术研究的角度将首都定义为通过安置特定的国家机关、服务于特定的任务从而带有相应国家功能的地方。① 我国学者彭兴业则认为“首都”一词是一个政治概念，它是一个具有丰富象征意义的国家政权中枢。② 而从区域概念上来讲，城市经济学家把城市定义为在相对较小的面积里居住了大量人口的地理区域。③

从本书视角出发，“首都”的法律概念更倾向于针对划定的特定区域，从

---

① 王锴：《论宪法上的首都》，载《中国法律评论》2017 年第 6 期。

② 彭兴业：《首都城市功能叠加论》，载《北京行政学院学报》2001 年第 1 期。

③ ［美］阿瑟·奥沙利文：《城市经济学》，周京奎译，北京大学出版社 2008 年版，第 2 页。

法律制度上赋予其特定的性质、地位和功能。首都的确立，通常需要国家最高权力机关决定，并由国家宪法载明。[①] 例如，中华人民共和国成立后的历次《宪法》都明确规定首都为北京。因此，基于前人的研究与探索，本书认为首都是由国家权力机关确定并认可的，具有代表与象征意义的国家中央政府所在地。

（二）首都的特征

1. 首都作为城市而存在

首都本身应是一个具有一定的规模，有相应的规划及交通设施，聚集人口数量较多，经济、文化水平相对较高的城市。作为一个政权的中枢所在地，首都大多是一国内城市规模最大或人口最多的城市，人口和规模是首都极为重要的综合性特征。此外，为保证首都与其他地区的往来，交通设施也应较为完善，并且拥有足以支撑首都发展的经济条件。伴随人口规模的增大，经济水平的综合提升，首都自然成为相应政权统治区域的政治中心。作为政治中心的首都汇集了来自各地的人才与信息，文化得到发展，首都自然也成为这一区域的文化中心。

2. 国家的中央政府所在地一般位于首都

首都是一类特殊的城市，国家将政治功能赋予首都，使其区别于一般的城市。大量政权组织机构集聚于此，其内部空间结构受其政治功能的影响，具体表现为部分城市区域依据行政中心的定位而布局建设。中央政府一级的国家机关、各地派驻机构等都集中于这座城市，进而促成国家意志的形成。

3. 首都是国家的标志象征

国家标志象征是政治共同体特质的外在表现，其作用不仅限于对外展示国家，而且在它的帮助下，公民既能感受到国家的存在和统一，又能了解到型塑和正当化国家的价值和指导思想，因此国家标志象征也具有教育公民的

① 肖留阳：《国内外首都功能及空间结构的比较研究》，首都经济贸易大学2016年硕士学位论文。

政治功能。[①] 通过它，国家获得了促进公民认同的机会，公民获得了因感受到国家的存在而产生的归属感。国家标志象征使国家这个抽象的概念得以具体化，这种具体化必须通过一种载体，如国旗、国徽、国歌来呈现。首都的功能亦是如此，公民不必去国家的所有领土，仅需要去首都，即可感受到国家的存在。

二、首都的类型

（一）以存在时期划分

1. 旧都

政治、经济、文化的汇聚并不是永恒不变的。随着历史的发展、政权的更迭，旧的首都可能由于某些原因（如经济）而逐渐丧失其重要性。这些城市失去了作为国家政府所在地的职能，但保留了其他历史职能[②]，如圣彼得堡、费城。朝代的交替也可能促使首都迁移，进而产生旧都，如中国古代的迁都。也有因领土变更或扩大而迁移首都的例子，1991 年 6 月 20 日，东西统一后的德国决定将联邦议院和政府所在地从波恩迁往柏林。对于统一后的大多数德国人来说，柏林是国家和民族统一的象征。迁都柏林将德国的政治中心向东推移了 600 公里，使德国成为沟通东、西欧的桥梁。一个国家出现旧都，还可能是因为迁都。例如，拉丁美洲的巴西就是如此。早在 1822 年，就有人倡议把首都从南部滨海的繁华城市里约热内卢迁往内地。1956 年，巴西政府在中西部戈亚斯州的一片荒原上选中新都地址，定名为巴西利亚。1960 年 4 月，巴西首都正式迁往巴西利亚。迁都后，里约热内卢成为旧都，巴西利亚成为新都。[③]

---

① 王锴：《论宪法上的首都》，载《中国法学评论》2017 年第 6 期。

② ［美］彼得·霍尔、郭磊贤、赵文宁、武廷海：《首都的类型与未来》，载《城市与区域规划研究》2015 年第 7 期。

③ 夏勤：《各国迁都背后的故事》，载《半月谈》2004 年第 3 期。

2. 新都

旧都的消亡伴随的是新都的成立，新都有些是新政权的中央政府所在地，也有些是由于特殊原因而单独开辟的一座城市。

澳大利亚首都堪培拉是一座年轻的首都，根据澳大利亚联邦政府于1901年制定的宪法规定，首都必须位于原新南威尔士境内，也就是东海岸，但同时也必须与悉尼的距离保持在100英里以上。几番斟酌，联邦政府最终于1911年选出了确定的地点，那就是距离悉尼238公里，距离墨尔本507公里的一块内陆平原，这就是堪培拉的雏形。于是，堪培拉在墨尔本与悉尼的首都之争中脱颖而出，成为澳大利亚的新都。① 作为澳大利亚的政治中心，堪培拉城内建有澳大利亚国会大厦、澳大利亚高等法院和众多其他政府部门与外交机关，也是澳大利亚许多全国性社会和文化机构的所在地。②

（二）以功能划分

1. 单一功能首都

单城单功能的首都是指一个国家只有一个首都，且单纯作为国家的政治中心。我们熟知的单城单功能首都有：美国首都华盛顿、加拿大首都渥太华、澳大利亚首都堪培拉、瑞士首都伯尔尼、印度首都新德里以及巴西已经搬迁的新都巴西利亚等。这一类型的首都功能较为单一，城市规模相对较小，城市人口普遍较少，大多是政府雇员或为首都功能提供服务的相关人员。

美国首都华盛顿哥伦比亚特区是近代首个专门作为国家政治中心而建立的首都。华盛顿市区面积为178平方公里，截至2021年，人口约69万人。③ 华盛顿特区自建立伊始，其功能定位就非常清晰明确，只作为美国的政治中心，因此经济色彩不浓。它是大多数美国联邦政府机关与各国驻美国大使馆

---

① 《澳大利亚为何要把首都搬到内陆?》，载微信公众号“环球情报员”，最后访问时间：2021年12月29日。

② 朴英：《彼岸——澳大利亚访学日记（续四）》，载《音乐生活》2016年第2期。

③ 美国国家概况，载中华人民共和国外交部，https://www.fmprc.gov.cn/web/gjhdq_676201/gj_676203/bmz_679954/1206_680528/1206x0_680530/，最后访问时间：2021年11月13日。

的所在地，也是世界银行、国际货币基金组织、美洲国家组织等国际组织总部的所在地，还拥有为数众多的博物馆与文化史迹。1960 年 4 月 21 日，巴西为了加快内陆的开发，将当时的首都由里约热内卢迁至巴西利亚。巴西利亚是巴西的政治中心，巴西利亚聚集了巴西的总统府、国会大厦以及最高联邦法院。①

2. 多功能首都

单城多功能的首都兼具政治、经济、文化、国家交往等多种功能，并多以首都圈形式发挥作用。从首都规模来看，单城多功能型首都由于功能过于集中，极易发展成为“首位城市”或“巨头首都”；从首都功能的空间分布来看，单城多功能型首都不仅局限于首都地域范围内，有的还分散在首都周边的都市圈内。

日本的东京首都圈，曾由于圈内功能过度集中，产生了一系列的城市问题。为此，东京首都圈历经五次规划，适当地分散了部分首都功能，并发展了三个“副都心”（新宿、池袋和涩谷），在其由低级到高级的发展演变过程中，城市空间结构也由初始形态的“一极集中”走向“多核多圈层”，在空间上呈现出以东京都为核心的圈层结构，达到了首都圈均衡有序发展的目标。同样，法国的首都巴黎，是法国人口最多的地区，也是整个欧洲公路、铁路交通的中心，更是世界航空运输的几大中心之一，它将法国的政治、经济、文化等多种功能集于一身。随着巴黎这座国际化大都市的发展，其规划逐渐趋于合理，区域分工更加明确，城市功能也更加完善。南部城区作为巴黎教育中心，集中了众多高等学府；北部城市作为工业制造中心，集聚着汽车、化工、电器等生产厂家；西部城区作为金融贸易中心，法国的大部分银行、金融业机构等多分布于此；塞纳河东岸作为城市生活区域，遍布餐馆和咖啡店。

---

① 肖留阳：《国内外首都功能及空间结构的比较研究》，首都经济贸易大学 2016 年硕士学位论文。

（三）以首都数量划分

1. 无首都或单一城市首都

一些城国，如新加坡、梵蒂冈等，则没有首都。大多数国家首都都是中央政府所在地的单一城市，以一座城市承载首都功能，即前文所讲的多功能首都。

2. 多城首都联动

多城首都是指将首都功能分散在不同的城市。目前世界上只有为数不多的首都属于多城型，有些国家成立初期就将首都功能分设多地，还有些国家在不同时期也出现过分设首都的现象。这类特殊首都的形成大多与国家规模、历史背景和政治因素有一定的关系；同时此类型首都一般出现在国土规模和人口规模较大的国家，具有一定规模的国家，才有可能出现将首都功能分散在若干个城市的现象，并且在这若干个城市间，大多有较为便捷完善的交通网络进行往来。

如玻利维亚，其法定首都在苏克雷，实际首都在拉巴斯；坦桑尼亚，其新迁首都为多多马，但实际政府所在地仍为达累斯萨拉姆。荷兰的法定首都为阿姆斯特丹，它是荷兰最大的城市，是经济和金融贸易中心，市内主要聚集了技术密集型工业，是荷兰皇家所在地，但中央政府并不在此。海牙承载荷兰政治中心的功能，荷兰的中央政府、国会、最高法院和许多国际组织都在此办公；鹿特丹是欧洲第一大海港，同时也是荷兰的重工业中心，乌得勒支作为荷兰的铁路枢纽，则是荷兰水运、贸易和文化中心。南非是世界上唯一拥有三个首都的国家，它的三个首都分别是行政首都（中央政府所在地）比勒陀利亚（现已更名为茨瓦内）、司法首都（最高法院所在地）布隆方丹以及立法首都（议会所在地）开普敦。茨瓦内是坐落在豪登省的行政首都，内阁总统的所在地，也是德兰士瓦省的行政中心。茨瓦内通常被认为是南非的实际首都，这座城市有着众多的政府部门以及外国使馆。开普敦是南非的立法首都和国家议会所在地，南非议会由国民议会和省议会组成，开普敦是仅次于约翰内斯堡之后的人口第二大城市；布隆方丹是南非的司法首都，最高法院的所在地，同时布隆方丹也是其省（Free State）的省会，位于南非的地理中心。①

多城首都中，有一类特殊的首都类型，其地位并非等同于首都，但又被认为是特殊时期、特殊状态下的首都形式，即陪都，也被称为别都。陪都是统治者出于统治与管理国家的需要而设立的正式（主要）都城之外的其他都城。② 我国有学者在其论著中指出中国在殷商时期就有了陪都，阑（管）是殷商早期的别都，牧是殷商晚期的别都。③ 陪都的地位等同或仅次于首都，多数陪都有“京、都”之名。另外，陪都大多设有具备政治特征的组织机构，由于特殊的地位和政治需要，陪都的驻军力量一般远远高于其他城市，在文化发展方面也较其他城市更为发达。陪都的分类较多，如西汉时期的长安—洛阳这种出于管理大国的需要为了平衡东西或南北而设立的两京制陪都，以及明代陪都南京这种以旧都和根据地的身份设立的“留都”等。④

三、首都的功能

城市不是建筑的集合，而是一连串相互联系的空间，向外界展示存在的方式便是其功能定位。首都功能是指首都这个具有一定特殊性的城市在国家政治、经济和文化生活中所担负的任务和作用。⑤ 根据城市地理学的城市职能理论，城市职能可以分为基本职能和非基本职能两类，基本职能又有高低层次之分，并且层次会随着内外环境、国家政策的改变而发生变化。尤其是不同的国家，因为不同的政治制度和文化习惯，首都的功能在空间上的集聚程

---

① 肖留阳：《国内外首都功能及空间结构的比较研究》，首都经济贸易大学2016年硕士学位论文。
② 丁海斌：《论中国古代陪都现象》，载《社会科学战线》2011年第1期。
③ 杨宽：《中国古代都城制度史研究》，上海人民出版社2006年版，第27~34页。
④ 丁海斌：《中国古代陪都十大类型论》，载《辽宁大学学报（哲学社会科学版）》2011年第39期。
⑤ 彭兴业：《首都城市功能研究》，北京大学出版社2000年版，第2页。

度、对首都的依存度等方面都存在较大差距。[①] 其功能并非一成不变，而是随着社会发展不断变化和演进。

从整体上来看，变化的趋势是首都功能不断叠加。首都功能被视为一个完整的体系，其中包括体现首都本质的“核心功能”和体现现代化大都市特征的“叠加功能”。核心功能是指起主要作用的国家政权与公共管理功能，即国家政权通过各种政治制度、设施与行为，实现对国家治理的功能，亦可称为“国家功能”，其中包括政治功能、卫戍功能和国际交往功能。叠加功能是指首都基于不同的历史文化传统与需要，在核心功能之外逐步叠加上的其他功能，如文化功能与经济功能。如果说政治功能是所有首都皆应具备的共同特征，那么叠加功能就是反映首都差别或特色的功能，亦可称之为“特色功能”。[②]

（一）核心功能——政治功能与国际交往职能

首都的核心功能是政治功能。首都是国家的政治管理中心。首都作为国家的首脑城市，是国家政治主权的化身或缩影。其核心功能在于有效地调节政治体系、保障公共物品供给、促进民族国家整合、维系政治结构良性运转，以及国家的“版图控制”。有些国家的首都不仅是一国的政治中心，而且是所在地区、洲，甚至整个世界政治体系的中心或轴心。[③] 首都的价值主要体现在它的核心功能上。核心功能是首都的内在尺度，是始终居于支配地位的主导性功能，它的存在和发展决定着首都的性质和发展方向。

首都功能变化同社会生产力发展水平呈正相关性。在农业社会及其以前，社会生产力发展水平较低，首都功能也比较简单，主要是军事防御与居住功能。在首都的布局与结构上，作为军事与行政中心的机构总是占据着城市中心位置。随着社会生产力的发展和社会分工的扩大，城市有了政治及社会管

---

① 温锋华、冯羽：《首都型特大城市的首都职能区域重构路径研究》，载《北京规划建设》2019年第4期。

② 肖留阳：《国内外首都功能及空间结构的比较研究》，首都经济贸易大学2016硕士学位论文。

③ 彭兴业：《首都城市功能叠加论》，载《北京行政学院学报》2001年第1期。

理功能。由于此时城市仍以自然经济为主，还只是王公贵族的营垒，帝国广阔疆界中实现行政统治的独立岛屿，首都的主要功能便还是军事功能与政治功能。我国唐代的长安和元代的大都，以及古罗马的首都都是以军事和政治功能为主，其经济功能比较薄弱。一般而言，军事中心与政治中心的功能是统一的，即使分离也是暂时的，而不可能是长久的。

在技术的更新演变下，首都的军事功能逐渐向国际交往功能转移。随着世界格局与各军事大国实力的显著变化，世界的安全主要依靠各国共通的安全观和利益博弈来维系，国际交往就演变成了军事功能的一种新的衍生形式。各种权利主体以自身利益为行为指南开始重组成新的特定关系，在此过程中寻找利益分配的平衡点，扩大共赢局面，维护国家平稳运行，便是国际交往功能在政治上的具体体现，当然，文化层面的互相认同也贯穿其中。至于首都的安全问题，则主要由国内一体认同和国际共同遵守的全球集体安全观来具体实现。① 首都的政治功能给予政治共同体以意志，整合功能保持人民与共同体精神的同质性与一致性。②

同时，首都在国家城市体系中居于首位，聚集着各国使领馆、国际性组织以及重要国际金融机构、跨国公司集团的总部。在其发挥政治职能的同时，不可避免地承担起了一定的国际交往功能，搭建起国内与国际交流协作的桥梁和纽带。因此，增强首都国际交往功能，不仅能够彰显本国城市化与现代化水平，更能够拓展本国的发展空间，提高首都的辐射影响力。③

（二）非核心功能——经济功能与文化功能

对首都的分类清楚地表明，政治首都并不会自动吸引经济功能。相反，仅由于历史偶然因素，一些首都才发展出了经济功能。随着社会生产力水平的提高与社会分工的扩大，首都的经济功能逐渐增强，成为发达的消费中心

---

① 李曦辉、赵晨丽：《说说首都功能》，载《前线》2015 年第 2 期。

② 任震琨：《司法裁判当同风尚保持一致与同质》，载《河北法制报》2018 年 3 月 23 日。

③ 彭兴业：《首都城市功能叠加论》，载《北京行政学院学报》2001 年第 1 期。

与贸易中心，具有商业功能和生产功能，并成为文化艺术中心和对外交往中心。这大体上是传统社会首都功能叠加的一般过程。当然，古代城市同现代城市不同，现代社会的发展趋势是乡村城市化，而不像古代那样是城市乡村化，即古代城市在经济上是依赖乡村的，或者说是“乡村在经济上统治城市”。

科学技术革命把人类从农业经济社会推进到工业经济社会，如今又推进到知识经济社会。现代城市的发展带动了人口、资金、技术、财富向首都的聚集，使得首都由单一功能向多功能演变发展，即由军事中心与政治中心演变为商贸中心、工业中心、金融中心、科技中心、教育中心和信息中心。随着国际交往功能的增强，首都在国际事务中也扮演着越来越重要的角色，有些首都甚至发展为世界的“心脏和头脑”。恩格斯在描述伦敦时指出：“像伦敦这样的城市，就是逛上几个钟头也看不到它的尽头，而且也遇不到表明快接近开阔田野的些许征象——这样的城市是一个非常特别的东西。这样大规模的集中，250 万人这样聚集在一个地方：使这 250 万人的力量增加了 100 倍；他们把伦敦变成了全世界的商业首都……”①

在首都叠加功能结构中，文化功能占有极为重要的位置。首都的文化功能是政治功能的延伸与载体。首都最集中地体现了现代社会文化与文明发展水平，首都是本国文化与文明发展的“窗口”。首都常常扮演着民族国家文化演进及推广的媒介、国民政治文化与社会文化的主要发源地或辐射源的角色。首都是本国的文化艺术、教育科学、生活方式、社会风俗、价值观念与审美标准的创新中心，是创立各种文化、艺术或使之成为“显学”的重要区域。人们认识一个国家的文化通常就是从认识这个国家的首都开始的。

首都不仅是国家的文化中心，也是国家文化最重要的“制造厂”。从全球范围看，绝大多数国家的首都均是本国积淀深厚的“文化之都”。各个地方文化要成为“显学”，必须进军首都，再从首都反馈到地方，才能形成全国性影响。文化与政治、经济是密切相关的，从某种意义上说，随着科学技术的发

---

① ［德］弗里德里希·恩格斯：《英国工人阶级状况》，编译局译，人民出版社 1956 年版，第 58 页。

展，政治与经济中的文化含量也越来越高，国家间的经济竞争在很大程度上已经不是资源的竞争，而是文化的竞争。因此，必须充分认识首都文化所蕴藏的巨大政治、经济潜能。

四、中国首都的变迁

作为世界四大古国之一的中国有着悠久的历史和灿烂的文明，而都城便是悠久历史的附生物，中国古代城市尤其是早期城市具有浓厚的政治中心色彩，是“政治领域中的工具”。[①] 作为国家权力中心的都城，当然是这类城市的重中之重。《史记·五帝本纪》中写道：“一年而所居成聚，二年成邑，三年成都。”所指的首都便是王邑，又称为国，即天下聚居中心，祭祀中心所在地。《周礼·考公记》“匠人营国”一节所提及的“国”便指的是“国都”。随着历史不断演进，在中国曾作为政权中心的城市——首都，包括中原分裂时期的大小政权及各边区民族政权在内，多达 300 个。[②]

商代至西周时期的都城，属于中国古代都城发展史上的最初阶段。[③] 作为王朝的聚落，也就是君王所在的京师之地，都是以“邑”的形式出现的。[④] 城邑制国家是以氏族制为基础的时代产物，各个邑城的中心是支配氏族集团祭祀祖先活动的宗庙。《吕氏春秋·慎势》中记载，古之王者，择天下之中而立国，择国之中而立宫，择宫之中而立庙。[⑤] 因此，首都在 4000 年前的中国除了有重要的政治属性外，更是作为祭祀中心而存在。

如商代二里岗时期，具有都邑性质的郑州城和偃师城是主要宗庙的所在地，同时具备政治职能、经济职能与军事职能。郑州城是主都，偃师城市是

---

① 张光直：《关于中国初期“城市”这个概念》，载《文物》1985 年第 2 期。

② 王贵祥主编：《巍巍古都》，外语教学与研究出版社 2010 年版，第 284 页。

③ 俞伟超：《中国古代都城规划的发展阶段性》，载《文物》1985 年第 2 期。

④ 冯时：《“文邑”考》，载《考古学报》2008 年第 3 期。

⑤ 曹天生：《中国古代的“首都”观：都城应位于“天下之中”》，载《人才资源开发》2018 年第 1 期。

军事色彩浓厚且具有仓储转运功能的次级中心或辅都。[①] 到了周代，据《诗经》《史记·周本纪》等文献记载，周人于古公亶父时（约公元前12世纪末或前11世纪初）迁至周原，开始营建宫室，作为都邑。[②] 公元前11世纪后半叶周文王迁都丰京后，这里因作为祖庙之所在地，仍是周人的重要政治中心，直至西周时期，丰京和镐京才逐渐成为周王朝的政治、经济和文化中心。

从夏商发展到西周、春秋，随之逐渐世俗化的远古城邑（国、乡、亭等）在战国时期达到了极盛，之后就编入了新出现的郡县制度中。随着邑制国家（都市国家）向郡县制国家（领土国家）的大过渡，官僚体制所具备的传统色调笼罩了都市，但这一过渡期是在春秋末期（公元前5世纪）到战国、秦汉时期，时间很长。“六国灭，四海一”，秦朝建立了中国历史上第一个统一的王朝，其仍定都在原周朝首都所在地雍地的关中咸阳，继秦而起的西汉，定都在咸阳附近的长安。也就是说，在公元前200多年间，秦汉大帝国的政治与经济中心，都是围绕着西周的故都——曾经的宗庙所在地建立的。

在政治上实行封建制的都市国家发展到秦汉以后，转变为主张“一君万民”的官僚制国家，4000多年的中国都市史在时间上可以整齐地划分为两部分，前半部分为邑制都市时期，后半部分为县制都市时期。[③] 随着封建制度向郡县制度转变，首都的选址与定义也逐渐淡化祭祀中心的意义而更加强调“君权”，即个人权力中心。所谓“卜都定鼎，计及万世，必相天下之势而厚集之”，中央集权使得君主开始“相天下之势”，秦王朝将都城所在地区划为“内史”，建立以咸阳城为中心的京畿，并“徙天下富豪于咸阳十二万户”（《史记·秦始皇本纪》）以充实之，形成更大规模的首都圈。[④] 刘邦在洛阳定陶的汜水之阳举行称帝仪式，建立西汉政权，却放弃了被看作天下中心的洛阳而选择了对政权稳定更为有利的长安，通过诸陵邑的补充来实现都城长安

---

① 张国硕：《夏商时代都城制度研究》，河南人民出版社2001年版，第61~65页。

② 史念海：《中国古都概说（一）》，载《陕西师范大学学报（哲学社会科学版）》1990年第1期。

③ ［日］斯波义信：《中国都市史》，布和译，北京大学出版社2013年版，第3页。

④ 许宏：《大都无城》，生活·读书·新知三联书店2016年版，第65页。

的其他功能，“诸陵”不仅有拱卫长安的作用，在经济生活和文化生活方面，对政治中心长安更多有补益。[①]

到了唐宋时期，商业的发展使得君主开始考虑首都对集权的其他功能。南宋在选择首都时，并没有选择作为历代南朝首都并在交通和军事上具有重要地位的建康（明清的南京），而选择了交通发达、经济繁荣的杭州，这不仅是时代的需要，也是因为当时的长江下游和东南沿海地区在人口、都市化、生产力发展及保有剩余物资方面已处于全国最高水准。时至元朝，少数民族政权为巩固统治将都城自和林迁至大都，即如今的北京市。[②] 而北京是农耕与游牧经济的交汇点，民族碰撞的界碑，南北交通的枢纽和进入华北的门户，作为国都运动的终点适应了落后的游牧狩猎民族向文明程度较高的中原农耕经济区发展的战略需要。[③] 明初为巩固政治统治建都南京，后为照应全国形势，保障北方国防安全及政治统治，再次迁都北京。除清初时期短暂定都辽阳、沈阳外，清代均以北京为主要都城。

随着鸦片战争的爆发，中国进入近代史时期，首都也在多地间迁移，但其本身都是国家中央政府所在地。1949 年，中华人民共和国成立并定都北京，标志着这座古老的城市掀开了崭新一页。70 多年来，在党中央领导下，全市人民砥砺前行、团结奋斗，北京发生了翻天覆地的变化。随着经济的发展，综合国力的不断提高，北京逐渐发展成为相对成熟的政治中心、经济中心、文化中心、科技创新中心与国际交往中心。

进入新时代，北京的发展与党和国家的使命更加紧密联系在一起。要努力建设伟大社会主义祖国的首都、迈向中华民族伟大复兴的大国首都、国际一流的和谐宜居之都。

---

① 王子今：《西汉长安居民的生存空间》，载《人文杂志》2007 年第 2 期。

② 史念海：《中国古都概说（一）》，载《陕西师范大学学报（哲学社会科学版）》1990 年第 1 期。

③ 王明德：《中国古代国都定位的战略取向》，载《社会科学辑刊》2001 年第 3 期。

第二节 “首都法”的提出

北京作为中国首都，是全国的政治中心、文化中心、国际交往中心和科技创新中心，肩负着辐射并引领全国发展的特殊历史使命。考虑到北京既是国家的特大城市及独立的经济个体，也是区域经济的重要组成部分，因此如何在立法上保障首都自身的发展及独特性，应是值得学界重视并加以探讨的重要课题。“首都法”的产生，应是解决上述问题的有效路径。

根据《宪法》第四章第143条规定：“中华人民共和国首都是北京。”《宪法》第四章的内容是：国旗、国歌、国徽、首都。我国1990年通过了《国旗法》，1991年通过了《国徽法》，2017年通过了《国歌法》。“首都法”的出台将会与《国旗法》《国歌法》《国徽法》形成姊妹篇，完善《宪法》体系。

一、北京城市发展现状

（一）北京四个中心定位

在我国现行法秩序中，我国首都属于法定首都，且《宪法》对此进行了规定，但我国并没有关于首都的专门立法。此外，涉及首都的法律条款散见于各种行政规章和批复中，不成体系。首都圈地理范围与北京市地理位置存在偏差，国务院的相关批复也存在将“首都北京”与“北京市”混用的现象。[①]

① 杨学科：《论宪法上的首都北京》，载《苏州大学学报（法学版）》2018年第2期。

2017 年 9 月，中共中央、国务院批复的《北京城市总体规划（2016 年—2035 年）》，明确了北京作为全国政治中心、文化中心、国际交往中心和科技创新中心的城市战略定位。[①] 2018 年 4 月 20 日，中共中央、国务院关于对《河北雄安新区规划纲要》的批复中将雄安新区定位为“北京非首都功能疏解集中承载地”。[②]

北京面临一项重大挑战——如何处理好“都”与“城”的关系。北京作为首都必须拥有完善的生产与生活服务功能，其中不能缺少低端服务业。低端服务业也是北京城市有机体正常运行的必备功能，但低端生产性与生活性服务业中的超额部分必须作为非首都功能疏解。[③] 因此，加快立法工作的步伐，将首都的建设与管理纳入法治的轨道，从而确保城市的性质、规模和空间发展形态按照预期方向发展。[④]

（二）北京市经济社会发展现状

北京市生产总值连续多年在全国排名前三，是我国重要的“经济中心”。国家统计局数据显示，北京市总面积占全国土地面积的 0.17%，但北京市生产总值近 20 年来占全国生产总值的 3% 以上，其中，第三产业增加值数年占全国第三产业增加值的 5% 以上。但北京在快速发展过程中，也面临着一系列的问题。

---

① 北京市规划和国土资源管理委员会：《北京城市总体规划（2016 年—2035 年）》（2017 年 9 月 29 日发布），http：//www. beijing. gov. cn/gongkai/guihua/wngh/cqgh/201907/t20190701_ 100008. html，最后访问时间：2021 年 3 月 18 日。

② 中共中央、国务院：《关于对〈河北雄安新区规划纲要〉的批复》，载中国政府网，http：//www. gov. cn/xinwen/2018 - 04/20/content_ 5284572. htm，最后访问时间：2022 年 3 月 30 日。

③ 张可云：《北京非首都功能的本质与疏解方向》，载《经济社会体制比较》2016 年第 3 期。

④ 江曼琦、唐茂华：《韩国首都圈建设中的政府作用及其对京津合作发展的启示》，载《东北亚论坛》2007 年第 5 期。

单位：万人

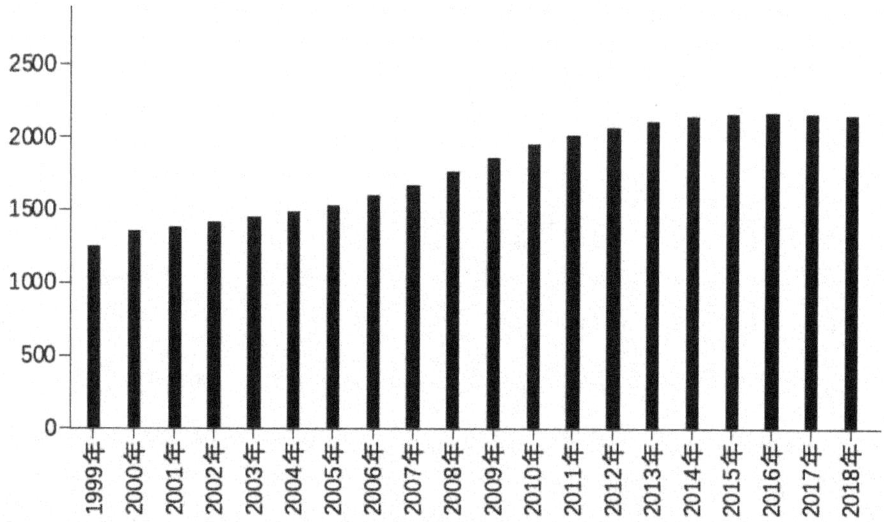

图 1－1　近 20 年北京市常住人口数量图

注：数据来源于北京市统计局。

北京市人口膨胀问题尚未得到有效解决。近 20 年来，北京市常住人口连年快速增长。2018 年新版总体规划全面实施以后，成效显著。但北京作为一个大城市，人口膨胀问题亟待解决。

北京市面临严峻的水资源短缺。由于全球气候变暖，气候异常，“目前全球一半的河流水量大幅度减少或被严重污染，世界上 80 多个国家、占全球 40% 的人口严重缺水”。[①] 全球大中型城市，普遍存在水资源紧缺的问题。北京作为特大型城市的代表，近 15 年中，有 14 年人均用水量超过人均水资源量，北京市长期以来面临供水不足问题。

① 吴建忠、詹圣泽：《大城市病及北京非首都功能疏解的路径与对策》，载《经济体制改革》2018 年第 1 期。

单位：万人

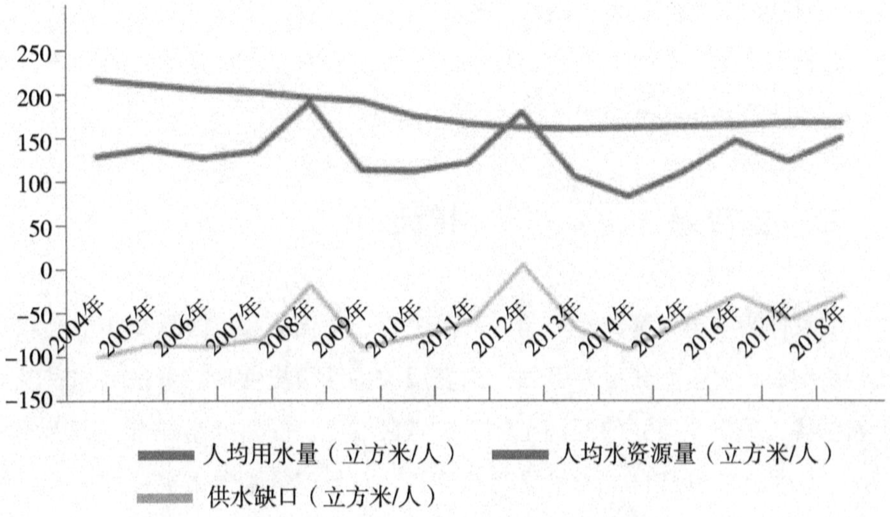

图1－2 近15年北京市人均水资源数量图

注：数据来源于国家统计局。

北京市大城市病问题凸显。北京“摊大饼”式发展导致交通拥堵，只能采取限行、摇号等手段。北京市60%的人口、70%的GDP、70%的三甲医院、70%的高等院校都在城六区。城六区占整个北京总面积的8%，却承载了60%的人口和70%的产业①，非首都功能的疏解已成必然趋势。

“大城市病”的治理和解决，最终还是要依靠法治。将全面依法治国方略贯彻到城市治理的方方面面、各个环节，善于运用法治思维和法治方式解决各种社会矛盾纠纷，严厉惩处城市管理和社会治理领域的违法犯罪活动。要推进“法治中国首善之区”建设，就必须不断提高城市治理的法治化水平，并由此探索构建一整套符合北京超大城市特点和规律的、科学有效的超大城市治理体系，形成超大城市综合管理法治化的新态势、新格局和新体系。②

因此，通过制定“首都法”有助于疏解首都非核心功能、根治“大城市

① 吴建忠、詹圣泽：《大城市病及北京非首都功能疏解的路径与对策》，载《经济体制改革》2018年第1期。

② 边慧亮：《关键在依法治理——超大城市如何实现法治》，载《北京党史》2018年第1期。

病”，有助于优化城市群结构、打造世界级城市；有助于京津冀整合区域优势资源，打造具有国际竞争力的多层次产业集群；有助于构建创新型区域经济体，打造具有国际竞争力的经济增长极；有助于基于产业层面推动生态环境治理，改进区域生态环境。①

二、文献综述与本书的创新性

北京作为中国首都，是全国的政治中心、文化中心、国际交往中心和科技创新中心，肩负着辐射并引领全国发展的特殊历史使命。考虑到北京既是国家的特大城市及独立的经济个体，又是区域经济的重要组成部分，因此如何在立法上保障首都自身的发展及独特性，应是值得学界重视并加以探讨的重要课题。“首都法”的产生，应是解决上述问题的有效路径。通过梳理文献资料，可以发现学界对“首都法”相关问题的探讨较为薄弱，现有研究主要集中于以下几方面。

（一）关于首都的战略定位及其法律治理

国家治理体系和治理能力现代化，对北京的发展提出更高的要求，其关键是要强化依法治理，善于运用法治思维和法治方式解决城市治理顽症难题，坚持精治、共治、法治相结合的多元治理理念，努力形成城市综合管理法治化新格局。

从现行立法层面上看，《宪法》第143条与序言中的国徽条款、普通话条款以及相关惯例结合在一起，构成了严谨的宪法规范，具有规范属性和法效力。宪法上的首都功能主要包括对内政治功能、对外国际交往功能。

首都作为全国文化中心，其建设要坚持首都城市战略定位，强化全国文化中心核心功能，落实北京城市总体规划，积极推进全国文化中心建设，坚持以人民为中心的思想，全面促进首都文化繁荣发展。首都作为全国的政治

---

① 周京奎：《京津冀协同发展的全局战略意义》，载《人民论坛·学术前沿》2016年第4期。

中心、文化中心和国际交流中心，其稳定对全国具有示范效应与辐射作用，制定《首都法》有利于促进国家改革、发展及稳定，有助于解决法治手段不足、措施不够有力的问题。

（二）关于国外首都圈建设的法治经验

建设首都圈是中国南北经济格局协调、带动北京周边地区发展的需要，是首都可持续发展的需要。首都圈发展应遵从三大战略：空间联系网络化战略、职能疏导战略、空间结构发展战略。

日本自1956年颁布《首都圈整治法》之后，建立了首都圈整治机构，并已经依法制定和实施了5次首都圈整治规划。其规划主体先从地方上升到中央，再由中央逐步转向地方。整治规划效力从原来的大规模干预乃至迁移中央机构，转变成仅从宏观层面指导。规划理念从以经济发展为中心的单一价值取向逐步转向重视生态、安全、节约、舒适、参与的多元化价值观。韩国政府在首都圈发展过程中采取了制定规划、建立协调机构和产业指导等多种合理措施，以及出现决策失误的救济机制，对我国首都圈发展具有重要的参考价值。

我国应树立城市发展的区域观念，发挥科学规划的指导作用，加快立法工作的步伐。通过将北京与伦敦、巴黎、首尔和东京首都圈相比较，可发现单靠北京自身力量已经难以化解大城市病，只有实现京津冀一体化协同发展，即建立全域性的首都圈经济，才能实现首都经济结构优化升级。

（三）关于京津冀协同发展的立法调控

京津冀协同发展战略的深入推进，应逐渐从政策引导转向立法规范。以信息化为依托，充分发挥智库优势，扩大公众立法参与，建立京津冀区域标准化规范和问责机制，动员全社会力量共同促进法律制度的完善和实施。京津冀协同发展离不开法治的规制与保障，应当强化顶层设计的法治化，加强协调机制的实效性，创新法律规制模式，打破民生区域壁垒并广泛调动各方积极性。

京津冀协同立法应该选择中央专门立法、地方协作立法和地方单行立法相结合的立法模式。同时，需要建立京津冀区域立法协调机构，搭建京津冀区域立法信息交流共享平台，确立京津冀协同立法工作机制，创新京津冀协同立法备案制度等保障机制。

从历史发展进程来看，京津冀协同发展历经被动阶段、自动阶段和协同阶段三个阶段，该战略推进应遵循三个实践原则：准确地把握京津冀发展战略的内涵和各自方向定位、打造扁平化城市体系和多元化动力机制、保证空间平等和区域协调机制建设。京津冀协同发展必须从顶层设计出发，深化对京津冀协同发展的再认识，加快首都经济圈一体化发展规划的编制工作，建立健全京津冀跨区域城市协调发展的体制机制。

（四）关于非首都功能疏解的法治保障

非首都功能疏解对科学布局产业链、规范实施产业政策、严格资源环境保护利用、控制无序扩张等有积极意义。应当做好中央顶层设计和实施好京津冀一体化规划，科学确立疏解的战略重点，统筹调控好北京城区发展。

非首都功能的内涵，应是指现有北京功能中与首都功能存在矛盾并妨碍首都功能发挥的那些功能。未来疏解北京非首都功能的思路应是：区分国有与非国有企事业单位，有针对性地制定疏解措施，控制人口规模。通过产业转移实现非首都经济功能的疏解是非首都功能疏解的先行步骤，通过京津产业的有效对接实现非首都功能疏解目标，是推进京津冀协同发展战略的关键步骤。

总体上看，关于首都法的研究，基本处于空白地带。已有的研究多集中于首都的法律地位、大城市病的法律治理、国外首都圈建设的法治经验、非首都功能疏解的法治保障等问题，并且成果均比较零散，未能形成体系化、理论化的样态，从而为后人研究带来了机遇和挑战。本书拟考察世界主要国家首都地区规划与管理的法制概况，特别是我国首都北京大城市病治理中的主要问题，提出通过制定专门的“首都法”的方式解决相关问题。因很多问题是初步的、前瞻性的设想，故此为本书起名为“首都法前思”。主要的研究目的是探究首都法立法的合理性、必要性、可行性，设计首都法的基本框架与内容。

（五）“首都法”研究的创新性

通过研究，力图在以下几方面有所创新：学术思想创新。从法学的角度重新审视当下首都发展过程中面临的诸多问题。提出从立法层面入手，通过构建首都法及配套制度以合理解决上述问题，弥补以往学术成果的不足，研究的时代意义和实践价值大大提升。

学术观点创新。基于中国情境以及首都自身的独特性，在前人研究的基础上对“首都法”的立法价值、立法模式和立法框架内容等法律问题进行初步研究，并探索首都治理中的若干热点问题，推动学术研究向纵深发展。

学术资料更新。在研究过程中，补充和收集首都治理的相关立法和数据资料，特别是对日本《首都圈整备法》、韩国《幸福城市法》、美国哥伦比亚特区相关立法等第一手外文资料进行翻译整理，极大丰富了国内的研究素材。

本书拟采用以下研究方法：（1）文献研究的方法：收集并整理国内外相关研究文献，确立研究的出发点和努力方向，在前人研究的基础上更加清楚和理性地思考问题。（2）历史分析的方法：通过收集、分析首都的历史发展过程及面临的问题等相关资料，探究首都发展问题的历史成因及合理可行的治理模式。（3）比较分析的方法：通过比较各国首都法立法、首都圈发展以及相关立法问题的差异，以了解、借鉴国内外有关经验，为合理构建我国首都法提供参考。（4）规范分析的方法：通过对国内外首都法立法及相关法律法规的规范分析，提出完善我国未来制度设计的具体建议。

· 第二章 ·

英德法新诸国首都规划与管理的法治概况

第一节 英国伦敦规划与管理的法治概况

一、英国首都概况

北京作为我国的政治中心、文化中心、国际交往中心以及科技创新中心，对外代表整个国家，具有国际象征意义。近年来，随着世界经济飞速发展，全球一体化进程不断加快，把国家首都打造成为国际大都市已经成为越来越多国家的选择，世界级的首都城市已成为现代化的重要标志之一。伴随着世界第二大经济体中国的首都北京近年来日益显现的"大城市病"，推动首都地区可持续发展，实现现代化已势不可当。这就要求加快"首都法"立法，使其有法可依，科学推进。

英国现代化高度发达，其首都伦敦已成为英国创意之都。通过《新城开发法》《大伦敦空间发展战略规划》等相关法律文件，大伦敦地区已实现转变，成为创意之都、绿色之都、健康之都，极大提高了其国际影响力。对于大伦敦地区相关立法及治理模式的研究对我国首都现代化的发展，国际影响力的提高，世界都市的打造，首都法的立法均具有极高的借鉴意义。

（一）英国概况

英国（The United Kingdom of Great Britain and Northern Ireland）全称大不列颠及北爱尔兰联合王国，由大不列颠岛上的英格兰、威尔士和苏格兰以及爱尔兰岛东北部的北爱尔兰岛以及一系列附属岛屿共同组成。英国总面积24.41万平方公里（包括内陆水域）。英国首都伦敦，即英格兰首都。英国是一个高度发达的资本主义国家，世界五大经济体之一。英国东南部比较富裕，而北部和西部相对较落后。[1] 英国虽是由英格兰、苏格兰、威尔士和北爱尔兰四部分组成的联合王国，但却不是一个联邦制国家，而是一个单一制国家。

英国是英美法系的发源地，实行君主立宪制。英国的法律制度经历了独特的发展历程并具有其特有的历史传统。英国至今都没有一部完整的成文宪法，其宪法不是一个独立的法律文件，而是由成文法、判例、惯例等组成。虽然如此，但是英国各法律部门十分完善。

君主立宪制作为一种现代政体，其最大特点是君主是世袭的，是国家的象征。制度创立早期，国王依然在某些方面享有至高的权力，只是这种权力必须在宪法的约束下行使。到了现代，实行君主立宪制的国家的宪法通常都对王权做了极大限制，国王的地位被极大地虚化，基本已经不掌握国家的实权，只是国家统一的象征。英国实行责任内阁制，内阁的首脑是首相，首相掌握着国家行政大权。英国首相由议会选举产生，即下议院议会执政党领袖，议会可弹劾首相及内阁成员，在必要情况下，内阁可建议国王解散议会，重新大选。

在英国，议会权力至上。议会是英国的立法机关，制定国家基本法律。议会分为上、下两院，上议院也称为贵族院，是英国最高的司法机关；下议院也称为平民院，一般情况下议员会产生拥有绝对多数的政党。上议院的议员一般由贵族担任，多为世袭；下议院的议员由人民选举产生。简而言之，英国立法程序以及步骤等与我国不大相同。《大伦敦地区空间战略规划》由大伦敦市长负责编制，各区在其权力范围内可制定规划或提出建议，议会则负责建议、监督。

（二）伦敦与大伦敦地区的联系及区别

一般情况下，我们认知的伦敦是指伦敦市。伦敦是英国英格兰的首都、第一大港，世界四大城市之一，伦敦是英国的金融之都、政治之都、科技创新之都、对外交往之都。依据赫伯特委员会的观点，伦敦中心城区及其周边

---

① 王红：《借鉴“伦敦规划”，改进战略规划编制工作》，载《国外规划研究》2004 年第 6 期。

地区被称为首都区（Metropolis）。[①] 因此，本书中伦敦代指大伦敦地区。

大伦敦（Greater London）地区位于英国英格兰东南部，是英格兰下属的一级行政区划之一，范围大致包含英国首都伦敦与其周围的卫星城镇所组成的都会区，面积1580平方千米。“大伦敦”由三部分组成：“伦敦城”（City of London）、“内伦敦”（Inner London）、“外伦敦”（Outer London），伦敦城面积仅2.6平方公里。[②] 其中城内的12个市区是“内伦敦”，即一般所称的“市区”，著名的白金汉宫、国会大厦、首相官邸、国家美术馆均坐落在内伦敦；伦敦以外的市区称为“外伦敦”，相当于一般城市的“郊区”。

根据不同的分类方法，大伦敦地区还可分为中心城、北伦敦、南伦敦、西伦敦、东伦敦。大伦敦地区包含伦敦市与32个伦敦自治市（London Boroughs），共33个次级行政区。[③] 除了是英格兰的一级行政区外，在英国未脱欧之前，大伦敦也是欧洲议会选区（European Parliament constituency）之一，设有9个欧洲议会议员（MEPs）席次。[④] 大伦敦地区的北部紧邻东英格兰的埃塞克斯郡与赫特福特郡，南部则与东南英格兰的白金汉郡、伯克郡、萨里郡与肯特郡为邻。[⑤] 可以说，大伦敦地区是英国的政治中心，国内以及国际政治活动大多在此开展；大伦敦地区是英国的金融中心，该地区每年创造的经济收入在全国中占绝对比值；大伦敦地区是英国的文化中心，英国文化追根溯源之地。

---

① 朱一丹：《1855年伦敦管理制度改革》，河南大学2012年硕士学位论文。

② 张金武：《整体治理：地方政府运作的新选择——基于大伦敦治理实践的研究》，华中师范大学2011年硕士学位论文。

③ 孟钧、李绍纯：《英国伦敦行政区划与政府管理机制研究》，载《中国方域》2004年第6期。

④ 张金武：《整体治理：地方政府运作的新选择——基于大伦敦治理实践的研究》，华中师范大学2011年硕士学位论文。

⑤ 张金武：《整体治理：地方政府运作的新选择——基于大伦敦治理实践的研究》，华中师范大学2011年硕士学位论文。

二、大伦敦地区的治理模式及大伦敦规划简介

（一）大伦敦地区的治理模式

大伦敦地区的都市改革作为较成功的典型之一，采取了较为有效科学的治理体制，如双层管理体制以及整体治理模式。行政区划作为基础性的空间安排，与国家的各项建设紧密相连，尤其是国家建立初期与经济社会发展的转型期以及工业化城镇化的关键阶段，往往会引发行政区划的深度重塑。行政区划作为城市各项发展在空间划分上的综合体现，值得从该角度对城市空间的演变进行探究。[①] 借鉴大伦敦地区的治理模式对于我国首都地区的治理有一定价值。

英国行政区划分为三级：郡级市、大区；区；教区（社区）。[②] 1855 年出台的《伦敦地方管理法》（Metropolis Local Management Act）创造了世界上第一个双层管理体制。[③] 大伦敦市为郡级市一级行政区，行政区划实行郡级市、区二级管理体制。大伦敦市的 33 个区与大伦敦政府之间互不隶属，并不是上下级、领导与被领导关系，而是分工协作关系，各自职能以及分工有所不同。各区在法律地位上是平等的，享有自治权，直属国家管理，但是各区在涉及大伦敦市整体发展时，均要服从大伦敦市政府的具体指导，且各区都没有独立有实权的市政府，行政上有权力逐步回收至大伦敦市政府的趋向。

1. 大伦敦政府双层管理体制的主要内容

伦敦地区在 1855 年改革以前以各区自治为主，教区委员会是当时最主要的管理机构，伦敦唯一正式的管理机构是伦敦政务委员会（City of London

---

① 王吉臣：《新中国行政区划调整与城市空间格局演变关系研究——以扬州为例》，中国矿业大学 2020 年硕士学位论文。

② 孟钧、李绍纯：《英国伦敦行政区划与政府管理机制研究》，载《中国方域》2004 年第 6 期。

③ 朱一丹：《1855 年伦敦管理制度改革》，河南大学 2012 年硕士学位论文。

Corporation)。[①] 然而，随着社会的进步，人们的需求逐渐增多，社会服务已无法满足人们的需求，原有的自治机构也无法处理日益烦琐的事务。1964 年，伦敦设立了“大伦敦郡议会”（The Greater London Council）以及大伦敦政府（The Greater London Authority，GLA）[②]，专职负责整个大伦敦地区的公共服务管理，开创了世界上大首都区设立政府的先例，实行双层管理体制。

但是，“大伦敦郡议会”不再适应英国伦敦地区改革发展的急迫要求，因此，1986 年该机构被撤销，大伦敦地区重新规划为 32 个“自治市”和“伦敦城”，由中央政府直接管辖。随着大都市政府不断衰落，同年，保守党政府用特别机构替代了大伦敦政府，大伦敦政府由此消灭，伦敦市长同时被取消，伦敦成为一个没有市长的城市。1994 年，大伦敦市各区成立了“政府办公室”，1997 年，为了填补“大伦敦郡议会”撤销后留下的空白，成立了“伦敦规划咨询委员会”（London Planning Advisory Committee，LPAC）作为大伦敦发展的研究咨询机构。[③] 自 1986 年以后，大伦敦地区分散管理取代了双层管理体制。

根据 1999 年《大伦敦市政府法案》（Greater London Authority Act 1999），英国政府于 2000 年 3 月又建立了大伦敦市政府，统辖大伦敦地区的 32 个自治市（Londonboroughs）和 1 个伦敦城（Cityof London），恢复了双层管理体制以解决分散管理体制带来的政府碎片化问题以及政府的组织机构构成、运转方式、大伦敦市政府与各自治市的权力分配等相关问题。大伦敦市政府由伦敦市长（Mayorof London）、伦敦郡议会（The London Assembly）组成，下设 5 个机构：大伦敦警署（Metropolitan Police Authority，MPA）、伦敦交通局（Trans Portfor London，TFL）、伦敦发展局（The London Development Agency，LDA）、伦敦消防和紧急救济局（London Fireand Emergency Planning Authority）

① 朱一丹：《1855 年伦敦管理制度改革》，河南大学 2012 年硕士学位论文。

② 何丹、谭会慧：《“规划更美好的伦敦”——新一轮伦敦规划的评述及启示》，载《国际城市规划》2010 年第 4 期。

③ 生小刚、李婷、张锦云、艾晓峰：《英国大伦敦市政府的组织机构及启示》，载《国外城市规划》2006 年第 3 期。

以及市长内阁。[①]

大伦敦市长代表整个大伦敦地区对外交往联系，拥有大伦敦地区的发言权，管理整个大伦敦地区的一切事务，负责维护大伦敦地区的稳定与和谐，促进大伦敦地区的繁荣与发展。市长的主要任务有以下几个：制定伦敦地区的发展规划，包括福利政策、交通发展、维护环境等；制定年度预算表，计算财政收入以及支出，使政府职能能够正常发挥，工作正常运转；任命伦敦交通局以及发展局理事会成员，而伦敦警署与伦敦消防和紧急救济局成员由伦敦郡议会以及各自治区提名后由市长任命；制定《大伦敦地区空间发展战略规划》，指导大伦敦地区未来的发展，使其有法可依。

至于伦敦郡议会，在市长产生之后选举25名议员由其组成，主要职责为防止市长滥用权力，并对伦敦地区的重要事项提出建议。郡议员的产生首先由32个自治区中组成14个选区，然后在每个选区中选出1名代表，另外11名则在大伦敦地区选出。[②] 大伦敦地区的下属机构则职能明确，分工协作。1999年的《大伦敦市政府法案》规定大伦敦警署统辖32个伦敦自治区的警务，而伦敦城警署则不属于大伦敦警署管辖范围。大伦敦警署委员会由23名成员组成，12名来自伦敦郡议会，4名是地方法官，另有7名独立人士参与；其中1名独立人士由国家内务大臣委派，委员会主席在23名成员中选出。[③] 各自治市和大伦敦市长相互协调，在各自职权范围内行使职能。[④] 市长内阁由社会和政府内部的重要人士组成，是帮助市长处理工作较为重要的机构，负责提出建议，对于政策、法规等检验其可行性、合理性。

---

① 生小刚、李婷、张锦云、艾晓峰：《英国大伦敦市政府的组织机构及启示》，载《国外城市规划》2006年第3期。

② 张金武：《整体治理：地方政府运作的新选择——基于大伦敦治理实践的研究》，华中师范大学2011年硕士学位论文。

③ 张金武：《整体治理：地方政府运作的新选择——基于大伦敦治理实践的研究》，华中师范大学2011年硕士学位论文。

④ 张金武：《整体治理：地方政府运作的新选择——基于大伦敦治理实践的研究》，华中师范大学2011年硕士学位论文。

2. 大伦敦政府双层管理体制的意义

大伦敦市和各自治区权责分明，协调工作、机构精简，而非上下级关系。大伦敦市负责整个大伦敦地区的规划发展问题，从宏观角度处理问题，而各自治区在其职权范围内处理各区事务，从而有效避免了政府滥权、越权或者不作为。大伦敦郡议会成员由政府成员以及社会重要人士组成，对伦敦市长提出建议，监督其工作。议会成员了解政府的工作机制以及社会存在的问题，能够提高政府工作效率。政府与社会机构、人士积极合作，促进伦敦地区经济发展，带动就业，造福市民。

双层管理体制有助于充分实施区域自治，发挥地方潜力，提高办公效率。相比于集中管理，各区更了解各区的经济、文化、历史等状况，实行区域自治能够制定出更适合本地的经济政策、发展规划。对于较大的问题或者属于大伦敦地区发展规划的部分，由大伦敦政府管理，更有利于节省政府资源。除此之外，对于大伦敦地区的政策，次级管理系统分工协作，令行禁止，使上级政府的政策指令能够高效广泛执行。

（二）大伦敦规划简介

随着世界现代化的不断推进，建立全球一流大都市的浪潮兴起，英国大伦敦地区率先进行都市改革，可分为以下几个阶段。19 世纪末，社会科学家霍华德提出了“田园城市”发展理论；然后，雷蒙·恩温在此基础上提出了“卫星城市”发展理论；1938 年，盖迪斯提出“组合城市”发展理论；最后艾勃·克隆比提出“区域规划”理念。[①] 1944 年，艾勃·克隆比负责编制了世界上第一部首都地区发展战略规划《大伦敦规划》（The Greater London Plan 1944）；1951 年，伦敦郡议会编制了《伦敦行政郡发展规划》（ACLP：Administrative County of London Development Plan）[②]；随后，为将大伦敦建立为繁荣、绿色、先进的大

---

① 姚迈新：《大伦敦城市规划发展的经验及其对广州的启示探析》，载《岭南学刊》2019 年第 1 期。

② 何丹、谭会慧：《“规划更美好的伦敦”——新一轮伦敦规划的评述及启示》，载《国际城市规划》2010 年第 4 期。

都市又于2004年、2008年、2011年、2016年出台了《大伦敦空间发展战略规划》（Spatial Development Strategy for Greater London，以下简称《伦敦规划》）。另外，在这些年间还陆陆续续颁布了一些草案或者对其修改的版本。除此之外，大伦敦还编制了《经济发展战略》《空气质量战略》《文化战略》以及《交通战略》等，配合《大伦敦空间发展战略》促进大伦敦地区的发展。①

1.《伦敦规划》的主要背景

20世纪40年代，随着工业化的不断推进，城市日益扩张，人口高速增长，环境不断恶化，住房、用地以及城市问题愈加突出，英国于1944年出台了《大伦敦规划》以指导伦敦未来的发展方向，明确发展战略，改善现状。《大伦敦规划》规定了伦敦地区同心圆式的空间布局以及发展模式，即由内到外依次为中心城区、郊区、绿化带、乡村，将扩张限定在绿化带内。1946年的《新城法》决定建立8个卫星城，以缓解城市人口以及产业拥堵状况，控制城区扩张②。随后，1969年通过的《大伦敦发展规划》以及1978年通过的《内城法》改变了同心圆模式，规定由城区到外环建设三条城市交通道路，建设新城，疏解压力。③

2000年以后，英国重建了大伦敦市政府，却仍没有科学的、统一的大伦敦地区发展规划。21世纪初，伦敦地区的住房、人口、空间、环境、就业、治安、犯罪问题以及贫富差距、发展不平衡等问题急需改善，再加上伦敦的国际地位不断下降、受到威胁，大伦敦市长肯·利文斯顿（Ken Livingstone）开启了大伦敦空间发展战略。④

《伦敦规划》的编订遵循“编制——实施——监测——评价——更新”的过程。⑤《伦敦规划》的编制由大伦敦市长负责，并且在编制完成《伦敦规

---

① 王红：《借鉴“伦敦规划”，改进战略规划编制工作》，载《国外规划研究》2004年第6期。

② 邢琰、成子怡：《伦敦都市圈规划管理经验》，载《公关世界》2018年第8期。

③ 邢琰、成子怡：《伦敦都市圈规划管理经验》，载《公关世界》2018年第8期。

④ 杜坤、田莉：《城市战略规划的实施框架与内容：来自大伦敦实施规划的启示》，载《国际城市规划》2016年第4期。

⑤ 杜坤、田莉：《城市战略规划的实施框架与内容：来自大伦敦实施规划的启示》，载《国际城市规划》2016年第4期。

划》之后需制定《伦敦规划实施计划》（London Plan Implementation Plan）以指导《伦敦规划》的实施；各区也需在获得大伦敦市长的授权以及审批下制定地方发展框架（Local Development Frameworks）以及地方发展文件（Local Development Documents）。[①] 而且，《伦敦规划》的编制是政府与社会各界人士共同努力的结果。《伦敦规划》的实施则需要大伦敦政府及其下设机构、各自治区共同合作、相互协调，秉承大伦敦发展规划以及各地发展策略宗旨，大力推行，政策推动，确保实施到位。此外，对于实施的过程以及结果需要密切追踪，建立监测系统、数据库，掌握实施动态，把握静态的战略规划以及动态的实施环节中的不足之处并改进，吸取值得借鉴的地方，制定《年度监测报告》（Annual Monitoring Report）。通过制定、实施、监测一系列环节之后，对整个发展规划做出评价，取长补短，然后更新发展规划，适应社会发展，循环往复，形成一套科学有效的《伦敦规划》实施系统。

2. 《伦敦规划》的主要内容

《伦敦规划》虽然有数个版本，经过了数次修改，但其核心原则基本不变：稳定增长（Growth）、平等共享（Equity）、可持续发展（Sustainable Development）。[②]

（1）《伦敦规划》（2004）

2000 年，大伦敦市长肯·利文斯顿开始编纂《伦敦规划》，并首先于 2001 年 5 月发布了前沿性文件《走向伦敦规划》（Towards the London Plan）[③]，确立了《伦敦规划》的基本发展原则。随后，伦敦市长通过问题调研、立法提案、专家会谈、审议草稿等程序又于 2002 年 6 月制定了《伦敦规划初稿》（The Draft London Plan）并最终于 2004 年 2 月发表了《伦敦规划》终稿。[④]

《伦敦规划》致力于“通过以下三个互相交织的战略措施，将伦敦发展成为一个备受推崇的、可持续发展的、世界级的城市：强劲、多元、持久的经

① 杜坤、田莉：《城市战略规划的实施框架与内容：来自大伦敦实施规划的启示》，载《国际城市规划》2016 年第 4 期。

② 陈霈、黄亚平：《法治下大都市区空间规划编制的伦敦经验》，载中国城市规划协会编：《活力城乡美好人居——2019 中国城市规划年会论文集》，中国建筑工业出版社 2019 年版。

③ 王红：《借鉴“伦敦规划”，改进战略规划编制工作》，载《国外规划研究》2004 年第 6 期。

④ 王红：《借鉴“伦敦规划”，改进战略规划编制工作》，载《国外规划研究》2004 年第 6 期。

济增长；富于兼容性的社会，使所有的伦敦人都能分享伦敦未来的成功；大大改进伦敦的环境及其对资源的利用”。[①] 该规划思想主要为：可持续发展。通过可持续发展带动城区、郊区的发展来促进经济、科技的发展，从而避免过度开发导致的人口、交通等问题，促进伦敦地区的发展。

《伦敦规划》确立了五个主题：宜人的城市、繁荣的城市、公平的城市、宜达的城市、绿色的城市。[②] 2004 年版的《伦敦规划》共分为六章：伦敦的定位（Positioning London）；市域发展战略（The Broad Development Strategy）；专题战略（The Matic Policies）；资源与环境战略（Crosscutting Policies）；大伦敦各地区（The Sub – Regions）以及规划的实施（Implementing the London Plan）。[③]

（2）《伦敦规划》（2008）

随着社会的进步，科技的发展，2004 年版《伦敦规划》已不再适应时代问题。基于新出现的社会问题、国际竞争力下降以及新上台的执政党工党等政治因素，伦敦 2008 年版《伦敦规划》出台。在此之前，2005 年 10 月，伦敦政府颁布了《伦敦规划的回顾总结》（Reviewing the London Plan）；2006 年 10 月颁布了《大伦敦空间发展战略——住房供应、废物、矿物资源的调整》（Spatial Development Strategy for Greater London – Housing Provision Targets, Waste and Mineral Alterations）。[④]《规划更美好的伦敦》（PlanningforaBetterLondon）的主题是公平、经济、环境、安全、保护，并且通过确定当下的困难与问题、未来采取的方针与策略以及怎么去增强伦敦规划的作用、如何将政策付诸实践四方面论述实施规划。

2005 年伦敦获得 2012 年奥运会举办权，这一事件为提升英国的国际影响力、伦敦地区的经济活力增光添彩。大伦敦抓住机会，《伦敦规划》规划了奥运发展地区即伦敦东部地区，以奥运会为契机增加就业机会，改变其贫穷落

---

① 魏贺、张晓东、冯雅薇、赵旭阳：《大伦敦市长交通战略述评》，载《交通工程》2018 年第 5 期。

② 王红：《借鉴“伦敦规划”，改进战略规划编制工作》，载《国外规划研究》2004 年第 6 期。

③ 王红：《借鉴“伦敦规划”，改进战略规划编制工作》，载《国外规划研究》2004 年第 6 期。

④ 何丹、谭会慧：《“规划更美好的伦敦”——新一轮伦敦规划的评述及启示》，载《国际城市规划》2010 年第 4 期。

后的局面。

（3）《伦敦规划》（2011）

以2008年的人口老龄化问题、环境问题、交通问题以及金融危机等为背景，鲍里斯·约翰逊（Boris Johnson）市长主持编制的《伦敦规划》于2011年7月22日正式公布。该规划全方位、综合性地规定了伦敦地区未来20年在经济、交通、社会等方面的发展原则、政策导向。伦敦下属各区的发展规划必须符合《伦敦规划》的核心思想，在此指导下促进各区繁荣发展。自此，2008年《伦敦规划》失去效力。[①]

2011年版《伦敦规划》将伦敦分为三个区域：外伦敦、内伦敦、中央活动区。中央活动区是其中的关键。其实施框架包括以下内容：《伦敦规划实施规划》、《年度监测报告》、《机遇地区和强化地区规划框架》（Opportunity Area/Intensification Area Frameworks）、《补充规划指导》（SPG：Supplementary Planning Guidance）。[②]《伦敦规划实施规划》包括四部分：概况与综述；实施行动；战略基础设施以及总结与展望以及2个附件；《年度监测报告》包括三部分：概况与综述、基于关键绩效指标的表现以及总结与展望；《机遇地区和强化地区规划框架》包括概述和案例研究两部分；《补充规划指导》主要是对于《伦敦规划》中一些不符合时代发展的问题进行修改或者对于新出现的问题进行补充制定规划制度。[③]

（4）《伦敦规划》（2016）

2016年3月英国出台的《伦敦规划》取代了过去三版伦敦规划，规定了未来20年伦敦地区的发展模式、发展方向以及发展战略，并指导伦敦地区经济、政治、社会以及交通等方面的改革。进入21世纪，新兴产业占主导地位，世界的竞争不仅是经济的竞争，而且是科技、创新的比拼，《伦敦规划》

---

① 李亚洲：《重点明晰、战略突出、公众参与：国外城市总体层面空间规划的启示》，载中国城市规划研究会编：《2019城市发展与规划论文集》，中国城市出版社2019年版。

② 杜坤、田莉：《城市战略规划的实施框架与内容：来自大伦敦实施规划的启示》，载《国际城市规划》2016年第4期。

③ 杜坤、田莉：《城市战略规划的实施框架与内容：来自大伦敦实施规划的启示》，载《国际城市规划》2016年第4期。

把握世界发展趋势，提出了“创意伦敦”的发展策略，大力扶持创意产业并使其逐渐取代金融业成为主导产业，提高伦敦的核心竞争力，重回世界一流都市。因此，现在的伦敦被誉为“创意之都”。

2016年版的《伦敦规划》旨在使伦敦于2036年成为“超越全球城市的存在——增加市民和企业的发展机会，优美的环境以及舒适的生活，成为应对21世纪各种问题，尤其是气候变化的世界先行城市”。[①] 整个宏图划分了未来的机遇发展地区、改造地区、重点发展地区，共35个区。[②] 其中，肖尔迪奇设为东伦敦的科技城。该区原先发展缓慢、配套设施不足、产业较为落后且多为低收入人口，政府为了支持肖尔迪奇区的科技发展已投入4亿英镑，并且制定优惠政策引导该区科技产业的发展，吸引投资，投入设备，更新重建，吸引高科技产业公司落户。[③] 受益于《伦敦规划》，在该区聚集的高科技公司以及产业在原有产业的基础上增加了一半以上，带动了大量劳动岗位，成为名副其实的高科技城。

三、启示

1. 立足当下，长远规划

英国大伦敦地区的《伦敦规划》自编制以来，出台了数个版本，经历了数次修改。《伦敦规划》的每一次修订都立足于当地社会问题，明确修订目标、实施框架，并且规划了未来10年甚至20年的发展目标。《伦敦规划》对于社会的治理以及发展规划并不是一蹴而就的，而是分步骤规划、循序渐进，各个发展阶段针对当下的人口、贫穷、经济等问题出台相应的规划解决。与此同时，伦敦地区制定了环境、交通、生物等方面的战略规划以配合大伦敦空间发展战略。

---

① 田颖、耿慧志：《英国空间规划体系各层级衔接问题探讨——以大伦敦地区规划实践为例》，载《国际城市规划》2019年第2期。

② 邢琰、成子怡：《伦敦都市圈规划管理经验》，载《公关世界》2018年第8期。

③ 邢琰、成子怡：《伦敦都市圈规划管理经验》，载《公关世界》2018年第8期。

此外，《伦敦规划》还有一套科学有效的实施体系：编制——实施——监测——评价——更新。理论指导实践，伦敦地区以《伦敦规划》为理论依据，并且收集规划在实施过程的实践信息以进一步完善更新《伦敦规划》。因此我国在制定“首都法”的过程中，要运用发展的眼光，分析各个时期的社会问题，制定阶段性的发展规划，契合国际发展趋势，借鉴国外法律文件。此外，在制定、实施首都法的同时要注重多方协调发展，实现科学立法、民主立法。充分动员专家、公民以及社会各机构合作，保障首都法的贯彻实施，促进首都地区繁荣发展，打造国际化大都市。

2. 因地制宜，协同发展

大伦敦地区与京津冀地区高度相似。大伦敦地区以伦敦城为中心城区，分为东南西北区；京津冀地区以北京地区为核心，三地区一体发展。京津冀地区要协调发展，疏解北京非首都功能、解决北京大城市病，优化城市布局以及空间结构，推动产业升级，打造现代化生态首都圈。京津冀地区可借鉴大伦敦地区实行分区治理，根据经济发展形势可将其分为：已发展地区、发展中地区、待发展地区。不同地区根据不同的发展程度制定相应的政策、制度，已发展地区带动待发展地区发展。

英国《伦敦规划》由伦敦市长主持，议会成员、社会精英、专家等共同修订，除此之外，《伦敦规划》的制定广泛吸取社会公民、各企业以及各机构的建议。并且，《伦敦规划》的每一次制定都会对上一版进行修订，立足于当下社会问题，分阶段制定规划目标、实施计划，与时俱进。我国亦可借鉴《伦敦规划》的监测机制，对于实施效果建立反馈机制。

在21世纪的今天，虽然作为我国首都的北京已经成为世界一流都市，但仍需经过长远发展，才能将其打造为国际化的城市标杆。通过对《伦敦规划》的分析与研究，我国可以结合本国国情借鉴大伦敦地区发展的有益经验，加快首都相关立法，促进北京地区的科学发展。

第二节 德国柏林规划与管理法制概况

德国作为一个高度发达的资本主义国家，首都柏林是德国最大的城市，也是德国的经济中心、文化中心、政治中心。学习德国城市的规划对于我国未来城市规划的制定与实施可起到重要的作用，促进我国首都规划的制定与完善。

一、德国首都柏林简介

德国全称德意志联邦共和国（德国统一前简称联邦德国），是议会共和制国家。最早在德国这片土地上居住的是日耳曼人，公元476年推翻罗马帝国，843年德意志从法兰克帝国分裂出来，于962年建立神罗马帝国。到了18世纪，普鲁士崛起，建立德意志联邦，1871年德意志统一，建立德意志帝国。德意志行政区划可分为联邦、州、市镇地区三级，共有16个州，12229个市镇。[①]

柏林作为德国的首都，被分为12个区，是德国的一级行政区。但是柏林不属于任何一个州，其地位相当于州，因此可称之为市州[②]，即和我国的直辖市概念相同。我国首都北京虽然称为市，但其地位相当于省，直属于中央管辖。柏林位于德国东北部平原，四面由勃兰登堡州环绕，是德国最重要的产业中心、经济中心以及文化中心、交通中心。在过去的历史中，柏林一直是德国的首都。

二战胜利后，德国被迫分为两个部分：德国东部成立了德意志民主共和

---

① 德国国家概况，载中国领事服务网，http：//cs. mfa. gov. cn/zggmcg/ljmdd/oz_ 652287/dg_ 653095/gqjj_ 653103/，最后访问时间：2021年2月10日。

② 德国国家概况，载中国领事服务网，http：//cs. mfa. gov. cn/zggmcg/ljmdd/oz_ 652287/dg_ 653095/gqjj_ 653103/，最后访问时间：2021年2月10日。

国（德国统一前简称民主德国），首都设在柏林，实际是柏林的东半部分；德国西部由英美法控制，成立了德意志联邦共和国，首都设在波恩。随着历史的发展，1989 年东欧剧变，1990 年德国重新统一，柏林重新被确定为德意志联邦共和国的首都。①

二、柏林—勃兰登堡州区域规划

1. 柏林—勃兰登堡首都区简介

柏林—勃兰登堡以柏林为核心，共同构成了德国的首都区。柏林—勃兰登堡作为一个整体，可以实现区域协调发展、资源共享，两州之间相互依赖又相互独立，既合作又竞争。柏林发达的工业体系可以带动勃兰登堡的经济发展，与此同时勃兰登堡又可以缓解柏林地区的城市压力。随着时代的不断进步，经济飞速发展，各个国家开始重视本国城市的可持续发展能力以及综合影响力，“城市区域或大都市区”发展战略成为首选。德国在二战之后面临重重困难，为实现昔日的崛起也开始进行规划。

从国家规划角度来看，德国的《空间规划法》（Raumordnungsgesetz）于 1965 年生效，经过多次修订之后于 1998 年开始实施，指导德国所有地区的土地利用以及空间发展战略规划。在《空间规划法》的指导下，德国形成了各个功能区，柏林是政治及文化中心，汉堡是交通及经济中心，法兰克福是交通及金融中心，慕尼黑是技术及文化中心，各个中心城市功能不一，共同发展，基本构成了德国的空间体系。

然而，德国在二战战败之后，经济遭受重创，建筑遭到破坏，人口不断减少，德国的国际地位、国际影响力受到二战的影响急剧下降。与此同时，由于德国被分裂为民主德国、联邦德国，柏林也被柏林墙分隔，并且东西柏林经济、文化、政治、生活状况等千差万别。在德意志联邦帝国统一后，柏

① 吴志强：《都市缝合——20 年柏林和上海规划设计分析的都市发展空间意义透视》，载《时代建筑》2004 年第 3 期。

林被确定为首都，虽然此时的东西柏林已拆除柏林墙实现回归，但是由于历史原因以及政治原因，东西柏林经济差距较大，区域发展不平衡，融合难度极大。此外，由于柏林被重新确定为德国首都，发展前景十分向好，因此开始了大规模的商业用地、房地产开发，城市可用空间不断缩小。为了缩小东西柏林发展差距，解决历史文化政治以及居民的融合问题，促进首都柏林的发展，提高国际影响力，促使其重回世界级大都市，德国启动了柏林规划的制定与实施。

2. 柏林—勃兰登堡规划概况

（1）东西柏林的融合

东西柏林统一后，德国首先面临的最大难题是实现东西柏林经济、政治、人口等的融合。此外，为了柏林城市的重建与繁荣，政府在建设初期制定了许多发展规划，对后期柏林—勃兰登堡规划的制定有探索道路的作用。

在东西柏林统一之后的1993年6月17日，德国联邦政府与柏林政府经过商议决定，制定并正式颁布了“柏林议会与政府区城市发展规划”项目，并且同年“首都柏林议会和政府区”的城市规划开发项目也通过柏林参议院的批准，包括围绕施普雷河规划建设两大发展区域，进一步加强首都区的完善。[①]议会和政府区的发展项目旨在建设新设立的柏林政府机构体系和柏林首都区，实现东西柏林的融合。此次规划提出五大目标：一是合理设置统一后的柏林政府机构，发展文化产业，规划柏林的经济、政治、产业等功能区；二是各个功能区共同发展，建立多中心城市空间结构，为城市经济繁荣提供多重动力，避免单一式发展结构；三是以施普雷河为中心，发展周边市镇的产业，吸引人口、企业聚集；四是保护环境，提高绿化率，完善交通系统网；五是提高基础设施质量，打造宜居时尚的居住环境，提高城市质量。[②]“议会和政府区”项目的重点内容是进行旧城改造，展现柏林原有的城市风貌，传承被

---

① 任杰、刁艳：《国际大都会的形成——柏林议会与政府区城市规划发展20年（1993～2013）》，载《建筑建材装饰》2014年第7期。

② 任杰、刁艳：《国际大都会的形成——柏林议会与政府区城市规划发展20年（1993～2013）》，载《建筑建材装饰》2014年第7期。

中断的历史文化，让国外来宾一睹柏林的风采，并为21世纪柏林的发展构建基础。政府采取建设巴黎广场、设计国会大厦玻璃穹顶、重建波茨坦广场等做法使柏林焕然一新、生机盎然、汇聚时尚，提高了柏林城市的内在价值。到了1994年，波恩政府迁入柏林，柏林—波恩法案形成，重点在集中力量建设统一的首都柏林。[①]

（2）跨区域合作的尝试

经过前期的建设，柏林实现融合并得到了初步发展，但实际上柏林城市的经济形势、综合竞争力仍比不上德国的其他城市。直至后期，德国紧跟世界都市建设潮流如英国大伦敦、法国大巴黎区等的规划，将柏林与勃兰登堡州整合规划为首都区进行共同开发建设，柏林—勃兰登堡规划出台。相比前期的规划，柏林—勃兰登堡跨区域项目的战略目标、制度策略在各个方面都更为成熟、精细，不仅要使柏林成为德国最繁华的城市，更要成为世界目光的聚焦点。

柏林—勃兰登堡规划的目标是开发城市基础设施建设和加强空间利用，提高柏林—勃兰登堡区整体经济实力以及城市活力，发展时尚产业。利用欧洲中心区位优势以及交通优势，发展金融服务业、科技信息产业、生物和文化产业等第三产业，实现功能转型，保护生态环境[②]，使得柏林在各方面发展水平上能与巴黎、纽约、东京等城市并肩。

柏林—勃兰登堡规划遵循的原则是集中与分散相结合。柏林以及勃兰登堡州共同制定首都区规划，统一实施，规划部负责统一管理联合区域的所有规划相关工作；在各州各城市实行自治，结合当地情况由政府负责具体规划的执行。柏林—勃兰登堡跨区域合作项目除了柏林与勃兰登堡政府外，柏林下辖12个区，96个政府，而勃兰登堡下辖5个区，14个县，4个自治城市[③]

---

① 任杰、刁艳：《国际大都会的形成——柏林议会与政府区城市规划发展20年（1993～2013）》，载《建筑建材装饰》2014年第7期。

② 熊军、宁越敏：《柏林—勃兰登堡大都市区可持续发展规划及其启示》，载《城市问题》2001年第4期。

③ 唐燕：《柏林—勃兰登堡都市区跨区域规划协作的制度分析》，载《北京规划建设》2009年第2期。

以及众多地方政府，各个行政区既统一管理又实行自治。

柏林—勃兰登堡区除了规划柏林为国际性大城市外，设立了波茨坦、勃兰登堡市、科特布斯和法兰克福（奥德）四个地区级中心，合理分布功能空间，缓解柏林压力，为柏林经济和产业上的转型提供条件。多中心治理有助于提供多样化的城市服务，有助于管理行政区落实规划的执行工作，有助于满足各地经济生活等需求。如德国的铁路建设计划首先是完善铁路系统，提高铁路的便捷性与完善性，然后通过交通线带动周围城市的发展，沿轴线集中开发。①

此次规划包括联合州发展纲要、联合州发展规划、技术规划如基础设施规划等指导性文件。② 联合州发展纲要规定了柏林以及勃兰登堡联合州未来的发展方向、发展目标，宏观地勾勒出了柏林—勃兰登堡规划的轮廓，是柏林—勃兰登堡规划的精华部分；联合州发展规划则以联合州发展纲要为准则，制定具体规划内容，如柏林以及勃兰登堡的空间布局、产业结构、土地利用率、发展速度、住房就业、国家政策等规划都以其为指导。③ 产业结构的调整与升级、国家政策的支持对于一个地区的发展至关重要。除此之外，规划高度重视环境保护，如在修建铁路、建设基础设施和各类建筑物时需考虑如何处理废弃物、污水等。

柏林—勃兰登堡规划由两州统一的规划机构协商制定，协调各方利益，从长远角度出发，促进柏林—勃兰登堡甚至是整个德国的发展进步。规划沿州—自治区—市镇的行政体系实行，各个地区自上而下执行规划，不同行政区域的政府有不同的职责，下一级关于规划执行中的决定或变通报上一级政府批准。

然而，随着柏林—勃兰登堡规划的推行，弊端逐渐显现。该规划在柏林

---

① 熊军、宁越敏：《柏林—勃兰登堡大都市区可持续发展规划及其启示》，载《城市问题》2001年第4期。

② 王玉婧：《欧洲首都大都市区经验对我国首都区建设与发展的启示》，载《环渤海经济瞭望》2010年第3期。

③ 熊军、宁越敏：《柏林—勃兰登堡大都市区可持续发展规划及其启示》，载《城市问题》2001年第4期。

州与勃兰登堡州共同实施，但是不同的地区、不同的群体拥有不同的利益需求，地方政府更倾向于拥有自治控制权，统一的政府很难满足不同区域的需求，也很难提供更好的公共服务。这一点在勃兰登堡州尤为明显。柏林—勃兰登堡区的中心为柏林，勃兰登堡州居民担忧本州会成为柏林地区耗能污染产业的转移地、柏林地区的绿色园地利益会受到损害，因此规划的执行遇到了阻碍。1996 年，德国政府成立了柏林—勃兰登堡联合区域规划部（Berlin - Brandenburg Joint Spatial Planning Department），并且寻求更加全新完善的机制以便于解决这一困境，并且保证两州之间可以高效完善地制定与实施空间战略规划。①

首先，面对柏林与勃兰登堡州跨区域合作的弊端，柏林—勃兰登堡规划强化两州的相互依赖性、共同的经济需求以及竞争与合作，平等地分配机遇与压力。为了避免柏林与勃兰登堡州的利益冲突，首都区规划部的构成人员由两个州共同成员组成。其次，规划部加强了监督与决策体系，对于规划的制定与实施由外部进行监督，保证规划的公正性、民主性。并且，联合州规划部的负责人由两方组成：一方是来自柏林州的代表，另一方则是来自勃兰登堡州的代表。两方负责人彼此牵制，代表本州利益且知悉本州的综合情况，可以制定出科学的发展规划。② 而对于跨区域合作项目中的最高权力机构州规划会议则是由两州的州长共同参与，共同制定规划的基本准则。首都区规划部的成员大约有 100 名，其中有 16 名来自柏林，84 名来自勃兰登堡；下设 9 个办公室，柏林负责 2 个，勃兰登堡负责 7 个。③ 勃兰登堡面积与柏林相比较大，各州人数按相应州比例计算，因此勃兰登堡州人数较多。规划部的这种组织人员互不隶属，可以保障两个州的地位平等，首都区规划内容的合理性。

除了上述组织机制，规划部又规定了冲突解决机制。若对于规划的相关

---

① 唐燕：《柏林—勃兰登堡都市区跨区域规划协作的制度分析》，载《北京规划建设》2009 年第 2 期。

② 唐燕：《柏林—勃兰登堡都市区跨区域规划协作的制度分析》，载《北京规划建设》2009 年第 2 期。

③ 唐燕：《柏林—勃兰登堡都市区跨区域规划协作的制度分析》，载《北京规划建设》2009 年第 2 期。

问题，两个州的规划部人员产生争议无法解决，应当寻求规划部部长的帮助，规划部部长或代表主持调解争议，或者按人员构成比例通过多数人意见达成结论。若仍然无法达成一致意见，则上交州秘书处理，由州秘书促成公正客观的结果。若州秘书无法解决争议，则由两州的部长和参议员进行居中裁决，得出结论。对于一些无法通过上述方式解决的重大问题，可以召集、主持“州规划议会”，由柏林州长、勃兰登堡州长、两个州的部长和参议员共同参议，通过议会作出决策，解决争端。解决分歧的最终机制是内阁和参议院[①]，整个争端解决机制可以保证两个州的分歧得到化解，保证规划的科学性、民主性、前沿性，推动柏林—勃兰登堡州区域发展，建设实力强劲的首都柏林。

此外，政府为了巩固、加强柏林与勃兰登堡州的沟通交流，建立彼此之间的信任，推动规划的编制与执行工作，在柏林与勃兰登堡州相邻的地方沿四个方向建立“邻里论坛”，在勃兰登堡的郊区和边远地区实施“自助发展（self - help development）计划”等[②]，为跨区域合作建言献策，保证规划实事求是地解决各个地区的实际问题，提高规划的可实现性、可实行性。论坛交流对于收集各个领域、行业的诉求，增强公众的参与性具有重要意义。

柏林—勃兰登堡规划自编制以来，经过发展逐渐形成体系并且细化。联合规划部也自成立以来于1998年颁布了《州联合发展程序》（LEPro，1998），规定规划工作的基本准则，后在《州联合发展程序》的指导下又相继制定《勃兰登堡州发展规划》、《柏林及近郊地区的州联合发展规划》（LEPeV，1998）、《远郊地区的州联合发展规划》（LEPGR，2004）、《机场地区的州联合发展规划》（LEPFS，2006）；随后《勃兰登堡州次区域规划》和《柏林土地利用规划的区域性规划原则》又以上述州规划为基础制定。[③] 不同领域的规划负责不同领域的建设，互不干扰，相互配合，柏林—勃兰登堡区规划在实

① 唐燕：《柏林—勃兰登堡都市区跨区域规划协作的制度分析》，载《北京规划建设》2009年第2期。

② 唐燕：《柏林—勃兰登堡都市区跨区域规划协作的制度分析》，载《北京规划建设》2009年第2期。

③ 唐燕：《柏林—勃兰登堡都市区跨区域规划协作的制度分析》，载《北京规划建设》2009年第2期。

践中不断更新完善，形成完整的土地规划、空间规划等。

跨区域规划经过一系列的实践发展，21 世纪初，柏林城市相比于其他国际性大都市的竞争力优势明显不足，旧的规划制度体系面临改革压力。2005 年以后，德国开始更新战略计划，主要有以下几点：将“分散式集中”（Decentralized Concentration）的跨区域发展模式转变为“强化优势”（Strengthening Strengths）战略，重点发展有潜力地区，限缩发展中心数量；整合 LEPeV、LEPI 以及 LEPGR 规划为一个全新的“州联合总体规划”（LEP B－B，2008），由繁化简，赋予规划时代性；更新州发展程序，指导 21 世纪柏林—勃兰登堡跨区域规划的制定，建设朝气青春的、有竞争力的首都柏林；促进柏林—勃兰登堡区域的经济发展，提高居民幸福指数，健全公共设施，打造世界级的都市。[①] 2006 年，德国借主办世界杯的契机建立了中心火车站，建立公共交通系统网，巩固其在欧洲交通系统网的中心地位。在节能环保方面，柏林以及勃兰登堡区制定了能源发展规划，大力开发、使用风能、生物能等可再生资源；在城市环保方面，重视空间绿化，发展节能产业，整改耗能产业，扶持高新技术产业、医药产业、文化产业等；合理增加住房用地、商业用地，拓展公共基础设施用地，注重文化保护。

柏林—勃兰登堡规划对于首都柏林新时代的发展具有长远意义，其基本清除了阻碍柏林向前发展的因素，消除了战争给柏林带来的不利后果，指导柏林的前进方向，为柏林崛起提供战略基础。

三、启示

柏林—勃兰登堡区域规划相比巴黎大区规划、大伦敦规划的创新之处，是考虑到了首都区不同城市之间的意见分歧以及利益争端问题，规定了冲突解决机制。同样地，在京津冀一体化发展战略中，可设置监管机构监督规划

---

① 唐燕：《柏林—勃兰登堡都市区跨区域规划协作的制度分析》，载《北京规划建设》2009 年第 2 期。

制定的程序问题和实体问题。在程序上要保证规划的制定科学民主，在实体上要维护京津冀三方的利益需求，保证规划的公平公正，促进京津冀地区的协调发展。

在跟随世界发展的脚步上，柏林更新城市的老旧建筑，完善交通系统、基础设施，为城市发展提供支持。如我国在近几年修建的北京大兴国际机场，加强了北京与世界的联系，为北京的国际化发展奠定基石。因此，在立法方面，我国不仅要关注首都的历史文化、经济、交通、科技等的建设，更要重视首都城市的国际化建设，提高国际影响力，加强对外开放，增强与世界的联系，为打造国际化的北京提供便利。除此之外，可借鉴柏林—勃兰登堡跨区域项目的做法，定期开展交流会，发表其在规划工作中的意见与想法，总结规划实施中的问题和经验，及时调整修改不合时宜的地方，地方政府积极参加，以便于法律文件的执行。

第三节　法国大巴黎区规划与管理法制概况

法国作为欧盟以及北约创始国，是欧洲四大经济体之一，更是高度发达的资本主义国家。法国首都巴黎不仅是法国最大的城市，也是法国的经济、政治、文化和国际交往中心。[①] 巴黎地区在大巴黎规划的指导下，城市环境、交通、经济发展以及空间布局结构等问题都得到了妥善解决，成为世界都市的标杆。巴黎地区的发展规划对于北京的发展模式以及立法规范，也具有重要的参考价值。

---

① 黎晴、刘子长、陈玫：《大巴黎2050战略规划中的交通理念》，载《城市交通发展模式转型与创新——中国城市交通规划2011年年会暨第25次学术研讨会论文集》，中国建筑工业出版社2014年版。

一、巴黎大区规划发展历程

（一）巴黎城市简介

法国全称法兰西共和国，于1789年推翻封建专制制度，1792年建立了法国历史上第一个资产阶级共和国，为半总统共和制国家，是西欧面积最大以及欧洲国土面积第三大的国家，其统治地区除法国领土外还包括南美洲以及南太平洋一些区域，国土总面积超670000平方公里。法国的行政区域划分为三级：大区、省和市镇①，在这一点上与英国相似，英国的行政区域同样分为三级：郡级市、大区；区；教区（社区）。

巴黎发祥于塞纳河上的西岱岛，岛上居民不到千人，与改革开放前我国深圳类似，只是一个小渔村。公元前1世纪左右，罗马人强占岛上高卢人的村庄并建立“巴黎吉”首府；公元358年，罗马人在这里建造宫殿，这一年被视为巴黎建城的元年②；公元5世纪，法兰克人定都于巴黎。自公元6世纪以后，巴黎一直是法兰西王国的首都，历代君主在此修建宫殿、道路，并且发展农业、工业，人口逐渐增多，经济不断繁荣，成为法国最发达的地区。③

巴黎分为“小巴黎”以及“大巴黎”。“小巴黎”（ville de Paris）即我们经常提到的巴黎市，也即法兰西共和国首都，巴黎大区的中心城市。巴黎位于法国中北部巴黎盆地的中央，面积约105平方公里，横跨塞纳河两岸，其拥有2300年建城史和1000年建都史。④ 一直以来，巴黎以艺术之都、时尚之都、文化之都以及浪漫之都闻名于世界。巴黎作为法国的首都，是法国第一大城市及欧洲第二大城市，与东京、纽约、伦敦、香港共称为世界五大国际

---

① 卓健：《从技术型交通规划到政策型交通规划——法国巴黎大区交通出行规划（PDUIF）的启示》，载《城市交通》2019年第4期。

② 池佳斌：《浅析法国巴黎在城市规划领域的若干成功经验》，载《新教育时代》2015年第35期。

③ 卫金桂：《巴黎的兴起：从古典城市到“现代城市之母”》，载《文史天地》2020年2月3日。

④ 刘健：《巴黎精细化城市规划管理下的城市风貌传承》，载《国际城市规划》2017年第2期。

化大都市。

“大巴黎”（l’ile de France），包含两个层次：一是巴黎大都市区，即法国中央政府于2014年通过的《大都市区法》（The Metropolitan Law）规定由原先的巴黎市和周边的近郊三省上塞纳、塞纳—圣德尼、瓦勒德马恩合并而成，2016年正式生效；二是巴黎大区，即“法兰西岛”行政区域：法国22个大区之一，由巴黎市以及近郊三省上塞纳、塞纳—圣德尼、瓦勒德马恩以及远郊四省塞纳—马恩、伊夫琳、埃松以及瓦勒德瓦兹7个省组成[①]，面积约12000万平方千米。巴黎市交通系统发达，基础设施完善，经济总量在全国占有重要份额，第三产业、高端产业以及创意产业大量聚集于此；大巴黎区的近郊三省虽面积狭小，但环绕巴黎市聚集着大量人口以及工业，为较为发达的小圈；远郊四省相对地广人稀，主要承担着缓解巴黎市中心压力的功能，农业、种植业等占比较大。1932年5月，法国颁布法令成立巴黎大区，提出城市规划法介绍大区规划的理念；1976年法兰西岛行政区正式成立，巴黎大区的范围大约等同于法兰西岛的行政范围。[②] 巴黎大区是法国22个大区中人口最为稠密、经济最为发达的地区，且大巴黎地区有其独立的议会和总统。[③]

（二）巴黎规划发展历程

巴黎在法国有着重要的地位，其不仅是法国的政治中心、经济中心，更是法国对外的“门户”，巴黎市的经济水平、城市空间结构以及现代化程度直接体现法国的发展程度以及国际化水平，因此巴黎的改造对法国来说至关重要。19世纪以来，由于工业革命以及产业的发展，巴黎地区的用地需求得不到满足，空间严重拥挤，城市功能单一，承载了巨大的人口、交通、环境、经济等的压力，无法更好地实现首都功能，发展极度不平衡。且巴黎地区与

---

① 严涵、聂梦遥、沈璐：《大巴黎区域规划和空间治理研究》，载《上海城市规划》2014年第6期。

② 石芳铭：《浅析巴黎都市圈发展阶段与规划历程》，载《城乡规划》2016年第14期。

③ 陈建滨、周俭：《后京都时代大巴黎地区多中心结构规划浅析》，载中国城市规划学会编：《规划60年：成就与挑战——2016中国城市规划年会论文集》，中国建筑工业出版社2016年版。

其他地区的联系较弱，出现了较多问题。

为了实现巴黎空间结构的调整，经济的可持续发展，并且顺应各国都市改造升级的时代潮流，将巴黎打造为世界级的标杆都市，法国开始启动巴黎大区规划。巴黎大区规划虽然属于大区行政级别，但其在土地利用方面具有指令性，直接指导和约束省和市镇层级的规划。[①] 在规划的编写与实施方面，法国与英国大伦敦地区截然相反，大伦敦规划由大伦敦市长负责制定施行、改进，而大巴黎区规划以及交通系统管辖权由国家政府直接负责，掌握控制权。

1. 打破单中心发展模式

（1）1934 年《巴黎地区发展规划》（PROST）

在此之前，巴黎作为首都经过长时间的发展，人口大量增长、城市规模扩张，再加上经过工业革命的发展，城市出现交通拥挤、环境恶化等问题，人口与资源的矛盾逐渐尖锐，贫富差距加大。为实现城市良性循环发展，巴黎地区开始进行规划改造。

1932 年巴黎大区成立之后，1934 年 PROST 规划出台，该规划旨在疏散城市中心、抑制城市蔓延、完善基础设施以及公共设施，并且在城市空间方面对于土地的利用结合实际情况做出了新的规划。[②]《巴黎地区发展规划》在交通系统方面采用放射状与环路相结合的方式规划道路以加强与其他地区、城镇之间的经济联系；在建设用地上规划了城市公园绿色用地以改善环境[③]，但是该规划由于受到第二次世界大战的影响未能得到充分实施且未解决城市单一中心圈式蔓延问题。

（2）1956 年《巴黎地区发展规划修编》（PARP）

第二次世界大战结束之后，巴黎地区经济逐渐复苏并且开始战后重建，

---

① 陈洋：《巴黎大区 2030 战略规划解读》，载《上海经济》2015 年第 8 期。

② 陈建滨、周俭：《后京都时代大巴黎地区多中心结构规划浅析》，载中国城市规划学会编：《规划 60 年：成就与挑战——2016 中国城市规划年会论文集》，中国建筑工业出版社 2016 年版。

③ 韩菁、胡定强、洪亮平：《法国大巴黎区域规划及启示》，载金紫：《大都市规划与空间治理——第七届“21 世纪城市发展”国际会议论文集》，华中科技大学出版社 2018 年版。

在此后的30年间，巴黎地区的经济、人口不断回升。法国在延续PROST规划的基础上，修改并且开始实施PARP规划。《巴黎地区发展规划修编》的主要目标仍是减轻巴黎中心区空间的无节制开发和滥用，提高郊区的利用率、开发潜力，促进区域平衡发展。在具体的实施计划方面与英国大伦敦规划相类似，在此阶段，巴黎都市圈也开始实行卫星城计划，修建高速公路、铁路等，向郊区、巴黎市外围疏散都市圈的城市职能、缓解首都压力，在外圈修建大型居住地以吸引人口与公司企业的聚集、发展工业产业、增加就业优势，新城与中心城之间依靠铁路、公路等交通系统联系，在PARP规划下建设的市域快速轨道成为巴黎城的主要道路轴线。①

PARP规划是PROST规划的继承与发展，对比两次规划，主要目的都是限制巴黎城市人口以及空间的恶性增长，建立多个卫星城以实现多城市中心结构的战略规划。经过这一阶段的规划，虽然巴黎地区单一中心城市圈式发展问题仍然存在，但是卫星城的建设开始打破巴黎单中心结构现象。

（3）1960年《巴黎地图国土开发与空间组织总体规划》（PADOG）

1961年至1965年间，巴黎地区发展迅速，由国家直接负责巴黎大区的规划。戴高乐总统上任之后更加重视巴黎大区的发展，《巴黎地图国土开发与空间组织总体计划》正是在这个背景下开展的。总体来说，PADOG规划是PARP规划发展到顶峰的结果，由戴高乐总统于1958年要求起草的巴黎大区开发组织规划。② 规划的主要目标与前两次规划相似：以限制城市臃肿为主题，以向外疏解扩散中心压力为辅助。规划的指导思想主要有以下几点：促进并且保持巴黎地区的人口稳定；向巴黎外围转移人口与就业，使整个地区的人口密度达到均衡；建设具有投资吸引力、政策优势、发展潜力以及宜居的郊区城市。具体做法包括：在法兰西岛行政区四个重要点打造城市极核中心；在巴黎地区周边建设九个大型组团，打造次一级城市中心区；在巴黎地

---

① 刘杰、张笑君：《从摆脱中心控制走向多中心协同发展——巴黎大区规划演变及启示》，载《智慧城市》2019年第8期。

② 石芳铭：《浅析巴黎都市圈发展阶段与规划历程》，载《城乡规划》2016年第14期。

区外围或者郊区建设大型城市圈。[①] 除此之外，此次规划延续卫星城的做法，开始建设新城，所建的中心城拉德芳斯位于卢浮宫、协和广场、香榭丽舍大街到凯旋门这条轴线的西端，被称作“巴黎的曼哈顿”。[②]

规划实施之后，巴黎大区的两极分化现象仍然十分明显，如在较为发达的西部地区与发展落后的东部地区之间以及在商业繁荣的巴黎中心与荒原偏僻的大巴黎外圈之间尤为严重。随着社会进步、经济发展，人口的增长、土地的开发与空间的扩张是不可避免、难以解决的问题。虽然如此，PADOG 规划策略取得的成绩也不容忽视。此次规划之后，巴黎市单一中心的发展结构逐渐被打破，开始提出多城市中心发展理念，城市极核、次级城市中心理论第一次在巴黎大区规划中出现。[③]

通过横向以及纵向对比三次规划，不难发现三次规划的实际目标与指导思想可以说是异曲同工。虽然各个时期的背景不同，但是每一个规划方针以及具体的实践方法都在前一个规划的基础上进行加工、升级。建设重心从巴黎市到郊区的转移，从修建简单的公路到复杂的交通系统，从打造新城到卫星城，都逐渐促进了多中心的发展，促进了各地区经济之间的平衡发展。英国大伦敦地区的前期规划与巴黎大区 1934 年、1956 年、1960 年规划的内容也大同小异，其中都有建设多极发展中心、促进中心城市与外圈城市的良性互动等策略。对于我国首都面临的“大城市病”问题，可以学习巴黎以及伦敦的做法，在北京市周边的河北省、天津市建设新城，通过政策优惠、产业扶持、增加就业以及建立发达的交通系统、完善公共基础设施等方法吸引人口及企业落户北京。

---

① 陈建滨、周俭：《后京都时代大巴黎地区多中心结构规划浅析》，载中国城市规划学会编：《规划 60 年：成就与挑战——2016 中国城市规划年会论文集》，中国建筑工业出版社 2016 年版。

② 韩菁、胡定强、洪亮平：《法国大巴黎区域规划及启示》，载金紫：《大都市规划与空间治理——第七届“21 世纪城市发展”国际会议论文集》，华中科技大学出版社 2018 年版。

③ 陈建滨、周俭：《后京都时代大巴黎地区多中心结构规划浅析》，载中国城市规划学会编：《规划 60 年：成就与挑战——2016 中国城市规划年会论文集》，中国建筑工业出版社 2016 年版。

2. 探索多中心发展路径

（1）1965年《巴黎地区城市规划与整治纲要》（SDAURP）

通过打破巴黎区单结构发展的努力，大区规划进入了新阶段。1965年《巴黎地区城市规划与整治纲要》发生了质的飞跃，不仅追求发展数量，更注重发展质量。

SDAURP规划由新成立的巴黎大区规划设计研究院（IAURP）于1965年编制，由政府机关的高级公务员起草，由中央政府和总统直接负责。规划制定了三个原则：一为多中心，即巴黎市不再是大区唯一的城市中心且巴黎的产业项目、基础设施要在其他中心城市快速聚集、发展以带动城市的繁荣发展，发挥中心城市效应，使得各个中心城之间共同健康发展；二为改造大型的住宅区，这些住宅楼高达十层至二十层且长达数十米甚至数百米，占地范围广，基础设施不完备，交通以及信息相对闭塞，提高郊区居民住宅区质量有助于推进巴黎大区现代化；三为缩小社会极化现象，缩小贫富差距、阶层分化，建设和谐稳定社会。①

SDAURP的具体做法包括：改变之前规划的放射形空间布局，重点规划新城的开发与建设，摒弃大伦敦规划中的低级新城建设模式；提出建立260千米大区快铁网和900千米高速公路加强区域、国家间的联系②；延续PA-DOG规划继续发展拉德芳斯城；沿塞纳河、马恩河两岸平行轴交通道上的城市优先发展，建立8座新城以及若干次级城市中心作为郊区城市空间重组核心，并且建设覆盖巴黎中心城市的交通网络。③ 此次战略规划中马恩河是发展最晚且最为成功、典型的沿城际交通发展的新城，在此之前该地区大多为农地，城市化进程缓慢，但是经过发展之后覆盖了26个城镇，就业率大幅增加，旅游业带动了本地经济。④

① 韩林飞：《北京VS巴黎——中法新城发展对比与思考》，载《北京规划建设》2009年第6期。

② 石芳铭：《浅析巴黎都市圈发展阶段与规划历程》，载《城乡规划》2016年第14期。

③ 陈建滨、周俭：《后京都时代大巴黎地区多中心结构规划浅析》，载中国城市规划学会编：《规划60年：成就与挑战——2016中国城市规划年会论文集》，中国建筑工业出版社2016年版。

④ 韩林飞：《北京VS巴黎——中法新城发展对比与思考》，载《北京规划建设》2009年第6期。

此次规划提出的沿南北干线交通轴发展城市的理论，区别于之前新城的无序开发状态，有利于中心城的发展，加强了法国与西欧其他重要国家之间的联系。纵观巴黎规划的发展历程，《巴黎地区城市规划与整治纲要》实现了大巴黎区从“以限制为主”到“以发展为主”规划策略的转变，从重数量到质量数量并重，在规划中正式提出多中心结构策略，被视为发展史上的转折点。①

（2）1976 年《法兰西之岛地区国土开发与城市规划指导纲要》（SDAURIF）

法国总统吉斯卡尔（Giscard d'Estaing）在 1975 年提出巴黎市应该选举市长主持工作以促进巴黎大区规划的发展。② 此时，政府通过设立巴黎大区运输联合会（STIF）掌握了巴黎区的交通控制权。SDAURP 规划实施之后的几年，新规划更名为 SDAURIF，于 1975 年提交，1976 年通过，同时法兰西岛大区正式成立，巴黎大区改名为法兰西岛大区。③

这一个阶段的主要变化是城市发展状况逐渐下滑，巴黎大区人口增速放缓，SDAURIF 对于 SDAURP 规划进行了调整，具体如减少新城数量、缩小规模等。④ 因此，该规划在延续 1965 规划的主要目标、继续实施多中心城市结构战略的基础上，又有所创新。《法兰西之岛地区国土开发与城市规划指导纲要》的指导思想主要有：首先要构建多级中心的城市发展结构框架；其次应当避免之前规划采取的无节制开发大区外围城镇的做法，重视乡村地区、郊区的发展与保护，对于巴黎市周围的中小城市应当定制可持续发展的规划；最后对于放射性道路和现有的铁路的道路系统进行交通组织。⑤

此次规划的具体内容可以概括为摆脱中心放射的发展思路，放弃城市沿

---

① 刘杰、张笑君：《从摆脱中心控制走向多中心协同发展——巴黎大区规划演变及启示》，载《智慧城市》2019 年第 8 期。

② 王祎：《地方分权政策影响下的巴黎大区区域规划（1960 年—2015 年）》，载中国城市规划学会编：《规划 60 年：成就与挑战——2016 中国城市规划年会论文集》，中国建筑工业出版社 2016 年版。

③ 石芳铭：《浅析巴黎都市圈发展阶段与规划历程》，载《城乡规划》2016 年第 14 期。

④ 韩菁、胡定强、洪亮平：《法国大巴黎区域规划及启示》，载金紫：《大都市规划与空间治理——第七届“21 世纪城市发展”国际会议论文集》，华中科技大学出版社 2018 年版。

⑤ 陈建滨、周俭：《后京都时代大巴黎地区多中心结构规划浅析》，载中国城市规划学会编：《规划 60 年：成就与挑战——2016 中国城市规划年会论文集》，中国建筑工业出版社 2016 年版。

南北轴线发展的规划；适度发展外围的中小城镇，界定“城乡边界”以制约大区中心巴黎市的扩张；为多中心城市提供发展基础条件而完善道路交通网；综合性、多样性地发展巴黎大区以及其他中心城市，提高大区整体的综合效益，增强大区在国际都市中的竞争力、吸引力。[①] 这一时期政府由于发展资金不足，大巴黎的规划重点从开发移向改造、建设已经设立的中心城市极核，发展范围以及规模较之前有所缩小，新城的数量由原来的 8 个改为 5 个。[②] 同时，在土地管理方面巴黎还出台了“土地利用规划”（POS）并在 1977 年执行，对规范土地利用发挥了一定作用。在这一阶段，法兰西岛行政大区的多中心空间结构基本成型。

（3）1994 年《法兰西之岛地区发展指导纲要》（SDRIF）

巴黎市在 1975 年至 1977 年这一段时间里大部分时间没有市长，在 1975 年至 1815 年以及 1848 年至 1879 年间巴黎市没有城市议会，而且法国中央和地方的权力关系、对比发生了转变，权力自 1975 年至 1985 年开始向地方流动。[③] 20 世纪 70 年代之后，机遇与挑战并存，法国经济发展减速，工业衰退，国家制定的一些政策向其他大城市的产业发展、城市建设倾斜，巴黎的新城以及其他城市的建设褪去热潮，巴黎市不再独占鳌头。同时，随着交通网的完善，道路机动车逐年增加，巴黎日益重视对小汽车等的限制，支持公共交通以及非机动车的发展。[④]

1994 规划的主要目标是增强巴黎大区的国际竞争力，力求把巴黎打造成为欧洲的中心、世界级的城市，并且保持巴黎大区对法国的影响力。规划的具体内容主要有依靠中心城市带动周围城镇的发展，边缘地带要展现交通铁路优势，将巴黎大区与其他大区、国家联系起来；仍然把“多中心的巴黎地

---

① 刘杰、张笑君：《从摆脱中心控制走向多中心协同发展——巴黎大区规划演变及启示》，载《智慧城市》2019 年第 8 期。

② 韩菁、胡定强、洪亮平：《法国大巴黎区域规划及启示》，载金紫：《大都市规划与空间治理——第七届“21 世纪城市发展”国际会议论文集》，华中科技大学出版社 2018 年版。

③ 王祎：《地方分权政策影响下的巴黎大区区域规划（1960 年—2015 年）》，载中国城市规划学会编：《规划 60 年：成就与挑战——2016 中国城市规划年会论文集》，中国建筑工业出版社 2016 年版。

④ 石芳铭：《浅析巴黎都市圈发展阶段与规划历程》，载《城乡规划》2016 年第 14 期。

区”作为规划的指导思想；同时注重环境保护，规划绿带以及绿色建设、绿色用地，优化区域商业、工业、居住用地比例。①

1982 年，法国出台《城市内部交通组织引导方针法》（LOTI）法案并且该法案提出了城市交通出行规划（PDU），第一次在政策框架内提出解决城市交通问题②，之后又经过了多次完善。该法案明确了交通系统的公益属性，确立了“以人为本”的核心思想，保护公民享有的出行权，对机动车、非机动车以及人们的日常出行做了系统而全面的规划，在法国交通系统的发展与完善上发挥了积极作用。

总的来说，1965 年、1976 年、1994 年三次规划逐步深入，逐步推进，共同构建了大区多中心体系，为大区长远发展构筑了基石。至此，巴黎大区共历经六次规划，每一阶段的规划都结合大区实际情况确定相应的指导思想、实施目标并规划具体措施，共同促进了巴黎大区空间结构优化。

3. 区域整合，可持续发展

20 世纪初到 20 世纪末的大区规划基本解决了巴黎大区的人口、住房、交通问题，大区实现转型。到了 21 世纪，环境、资源、科技等问题随着时代的更新已成为现代化国家普遍存在并且制约国际发展的新问题。2004 年，巴黎市政府制定了《巴黎气候计划》，旨在“减少温室气体排放，阻止城市气候失常”，计划的出台标志着法国巴黎市政府开始对气候、能源危机采取应对措施。③ 2005 年全球气候发生重大变化，全球平均气温升高，北极圈冰雪严重融化，沙漠干旱持续加重，由世界上百个国家签订的《京都议定书》于 2 月正式生效。在新的时代背景下，法国制定了新的巴黎大区规划指导巴黎大区的改造。

（1）2008 年《大巴黎地区战略规划草案》（SDRIF）

2008 年美国的次贷危机直接导致金融危机爆发，实体经济陷入衰退，房

---

① 刘杰、张笑君：《从摆脱中心控制走向多中心协同发展——巴黎大区规划演变及启示》，载《智慧城市》2019 年第 8 期。

② 卓健：《从技术型交通规划到政策型交通规划——法国巴黎大区交通出行规划（PDUIF）的启示》，载《城市交通》2019 年第 4 期。

③ 杨辰：《城市规划：一种改善城市气候的工具——巴黎气候计划（PCP）简介》，载《国际城市规划》2013 年第 2 期。

地产市场泡沫破碎。由于全球一体化进程的加快，欧洲受到金融危机的影响发生主权债务危机，再加上去工业化的改革浪潮，法国经济低迷。为了走出困境，法国开始了新一轮的规划。

同年，为促进规划的完善与制定，法国中央政府开展了大型国际咨询会。在此会议中，法国政府邀请了全世界10家著名的城市规划事务与空间设计事务所为未来的大巴黎构思规划10个方案，最终政府将从中选出一份最完美的方案。同时法国总特萨科齐特意任命了一位专门负责“大巴黎”建设的国务秘书，由环境、能源与可持续发展部部长领导。2008年的SDRIF规划是第一个脱离政府主导的区域战略规划，是巴黎大区唯一一个法定规划。该规划提出三大目标：一是应对气候变化问题，减少气候污染、能源消耗，合理开发新能源应对油费上涨情形；二是促进社会平等，缩小社会阶层差距，提高阶层的可流动性，区域协调发展；三是打造具有活力、青春力的国际大都市。[①]此次规划的具体内容包括加强对自然遗产以及历史遗产、城市景观的保护，保证巴黎的国际竞争力与对欧洲的辐射力；加大公共交通系统的覆盖范围，使乡村地区享受良好的交通服务；加强科技与产业结构的优化与结合，调整社会文化体系[②]；从2008年开始，每年新建7万套住宅，实际新建3.8万套；建立全长130千米，全自动、高运载能力、高速的公共交通网络[③]。

该规划是法国规划现代化的开端，规划的未来目标和指导思想相对于20世纪历次规划有无法比拟的高度。

（2）2030战略规划

2030战略规划仍然命名为SDRIF，由巴黎大区政府负责，巴黎规划院主持编制，2004年启动，2012年编制完成，2013年通过巴黎大区以及国家的审议，2014年开始实施，整个规划沿着挑战——理念——策略——目标的思路

---

① 严涵、聂梦遥、沈璐：《大巴黎区域规划和空间治理研究》，载《上海城市规划》2014年第6期。

② 韩菁、胡定强、洪亮平：《法国大巴黎区域规划及启示》，载金紫：《大都市规划与空间治理——第七届“21世纪城市发展”国际会议论文集》，华中科技大学出版社2018年版。

③ 严涵、聂梦遥、沈璐：《大巴黎区域规划和空间治理研究》，载《上海城市规划》2014年第6期。

编制。该规划不仅是一份简单的战略实施文件，而且还包含五张规划图纸和六个文件，即“区域愿景（序言）”“挑战、空间规划和目标”“规范性导则（图纸说明）”“环境影响评价”“实施计划和工具（附件）”“合集（附件）”。①

规划首先要应对的三大问题为气候、创新、社会团结，为解决三大挑战规划确定了九大原则：一是提高巴黎的国际吸引力；二是将精力用在研究现有政策上，提高现有政策的科学性，而不是研究不切实际的未来情况；三是提升和完善现有的基础设施，而不是一味地增加数量，要着眼于质量以及效益；四是维护社会平等，尊重个体差异；五是保持巴黎大区内部各个地区协调并进，各个地区都有所进步，为巴黎大区整体的发展奠定基石；六是对于规划的具体内容各个主体之间应当协商，因地制宜地制定灵活性的政策，如在保护环境方面应当制定强制性规定，而在其他方面如发展速度等不作强制性要求；七是避免忽略农村边远地区、城村衔接地区的发展，扩大公共交通的辐射范围；八是继续坚持多中心空间结构发展，以带动本地的经济发展，增加就业，建设公共基础设施；九是在已开发的土地上完全利用土地，避免浪费，提高空间的紧凑性。②

在九大原则的指导下，规划的具体实施方案主要涵盖交通、住房、环保三大领域。在交通规划方面，构建更加紧密、更加灵活、更加外扩、更加人性化的交通网。对内要扩展公交线路以及轨道、铁路线路，使巴黎大区的中心市巴黎、外围与远郊之间更加便捷、快达；对外要增强与欧洲、世界的联系，采取多种方法减少交通压力和污染，如限速、安装降噪板以及整合包含港口、铁路和内河航道的综合物流系统。在住房以及城市化需求上，结合空间结构，尽可能提高住宅密度、增加用地强度，满足居民住房需求，防止城市蔓延，中心城市与副中心城市平衡发展，保持多级中心结构体系。在自然

① 陈洋：《巴黎大区 2030 战略规划解读》，载《上海经济》2015 年第 8 期。

② 陈建滨、周俭：《后京都时代大巴黎地区多中心结构规划浅析》，载中国城市规划学会编：《规划 60 年：成就与挑战——2016 中国城市规划年会论文集》，中国建筑工业出版社 2016 年版。

与环境保护方面，要重塑城市与大自然的关系。加大力度保护绿地、农耕地、林地，并以此抑制城市蔓延，持续开发绿色空间和绿色休闲功能，使良好的生态得以延续。[①] 大巴黎2030战略规划是到目前为止最为年轻、前沿的一版，其为巴黎地区实现转型提供了重要的理论基础。

二、启示

综观英国大伦敦规划与法国巴黎大区规划，其中不乏相似点，如都将首都区规划在一定范围内，产生连锁效应，以区带区。巴黎大区规划成功指导巴黎地区的发展，对我国首都北京的规划与建设工作具有重要借鉴意义。

为解决我国首都北京面临的城市问题，我国提出京津冀一体化发展战略，类似于巴黎大区首都区。首先，为避免三个城市无序化发展，需要制定细致规划，设立可发展市镇中心，提高天津、河北城市吸引力。然后国家制定政策支持来津冀地区发展的企业，吸引其他产业企业落户、人口聚集，转移北京市压力；健全公共基础设施建设，建立公共交通系统；注意环境保护，节能减排，开发可再生的清洁能源，实现能源自足。其次，京津冀三个地区的经济状况以及发展程度各不相同，应当兼顾三个城市的实际情况，考虑设立由三个地区组成的共同的规划部门，由中央政府负责，维护各方利益，以中心城市北京带动三个地区的共同发展。在立法程序上应公开透明，保持科学民主性，邀请专家参与文件的编制工作，调动各个行业的人员积极献言，在实践中更新、调整规划。

---

① 陈洋：《巴黎大区2030战略规划解读》，载《上海经济》2015年第8期。

第四节　新加坡城市规划与管理法制概览

一、新加坡概览

（一）历史沿革

新加坡共和国（The Republic of Singapore），简称新加坡（Singapore），别称狮城，是东南亚的一个国家，政治体制实行议会制共和制。新加坡北隔柔佛海峡与马来西亚为邻，南隔新加坡海峡与印度尼西亚相望，毗邻马六甲海峡南口。[①]

历史上，新加坡于1963年加入马来西亚。1965年8月9日，马来西亚国会以全票同意将新加坡驱逐出联邦。隔日，新加坡独立建国，成为一个有主权、民主和独立的国家。同年12月22日，新加坡成为共和国，尤索夫·宾·伊萨克出任首任总统，新加坡共和国由此正式成立。

新加坡是一个资本主义国家，凭借着地理优势，成为亚洲重要的金融、服务和航运中心之一，其经济模式被称作"国家资本主义"。根据2021年9月最新的全球金融中心指数（GFCI）排名报告，新加坡是继纽约、伦敦、香港之后的第四大国际金融中心，被全球化与世界城市研究网络（GaWC）评为世界一线城市。[②]

（二）新加坡城市概况

新加坡是一个城邦国家，由于国土占地面积较小，故无省市之分，而是

---

① 穆祥纯：《新加坡城市桥梁建设印象》，载《城市道桥与防洪》2021年第10期。

② 申韬、张一弛：《东盟十国证券市场共性和异质性研究》，载《东南亚纵横》2020年第5期。

以符合都市规划的方式将全国划分为五个社区（行政区）。它们分别为：中区社区（120万人）、东北社区（130万人）、西北社区（83万人）、东南社区（84万人）、西南社区（83万人），由相应的社区发展理事会（以下简称社理会）管理。因此，新加坡没有首都城市。①

虽然没有真正意义上的首都城市，但新加坡有“花园城市”之称，是世界上最大的港口之一和重要的国际金融中心。20世纪60年代起，新加坡进行市区重建，南岸是绿树环绕、高楼林立的繁华商业区，著名的华人街——牛车水也在此区。北岸是花草树木与楼宇交错的行政区，环境幽雅宁静，有国会、政府大厦、高等法院、维多利亚纪念堂以及皇后坊大厦等，具有英国建筑风格。新加坡市道路宽阔，人行道两旁种着叶繁枝茂的行道树及各种花卉，草坪、花坛小型公园间杂其间，市容整洁。桥上、围墙等都种有攀缘植物，住宅的阳台上大多放置着五彩缤纷的花盆。新加坡市拥有2000多种高等植物，被誉为“世界花园城市”和东南亚的“卫生模范”。②

新加坡的空间格局虽然简单但是非常实际——卫星镇发展模式，以轻轨连接，轻轨站都有大型公车站、购物中心和饮食中心（Food court）等设施满足日常生活需求。外围便是高密度公屋区（组屋），再外围一般是轻工业区。房屋管理局基本上是根据URA制定的交通规划方案来配备组屋建设，虽然规划比较谨慎，但是前瞻性较好。

在城市建筑方面，新加坡号称“注重历史与现代的和谐、人与自然的和谐”。景观之间有自然合理的过渡和协调，有很多漂亮的天际线和开敞空间。经济适用型建筑运用多样的色彩使得城市景观不再单调（组屋最为典型，每栋一种颜色，而且几年就换一次颜色）。在开发申请时，新加坡每个地块必须制定多功能用途，开发者必须十分清楚它与周边所有地块功能的衔接，并保证景观可以合理地过渡。新加坡注重东西方规划风格的融合，注重城市规划

---

① 吕冰冰：《新加坡高等教育政策研究》，广西师范大学2013年硕士学位论文。

② 《新加坡首都——新加坡市》，载央视网，http://news.cntv.cn/china/20101114/102332.shtml，最后访问时间：2022年1月16日。

指标的量化、系统性控制框架的构建，城市局部设计比较大胆（英美文化风格），同时又注重长期发展计划和中央智囊团集体决策，采用综合型方案（亚洲文化风格）。所以说，新加坡有强权控制的体系，也有和谐的基础设施。[①]

二、新加坡城市规划模式

（一）职能部门

1. 国家发展部：Ministry of National Development

新加坡作为一个城市国家，中央政府在公共管理事务中起着主导作用。国家发展部主管形态发展和规划，具体的职能部门是市区重建局（Urban Redevelopment Authority，URA）和地区政府（town councils），不具有规划职能。规划法授权国家发展部部长行使与规划有关的各种职责，包括制定规划法的实施条例和细则、任命规划机构的主管官员、审批总体规划、受理规划上诉并可直接审批开发申请。下设建屋发展局、建筑业发展局、古迹保留局等法定机构和公共工程局、公园暨康乐署等行政机构。[②]

2. 市区重建局[③]

如前文所述，URA 是新加坡最重要的、核心的城市规划部门，负责发展规划、开发控制、旧区改造和历史保护。新加坡的总规编制、城市设计、发展控制与策略制定、规划发展协调、日常用地规划、土地售卖、基础设施建设、物业市场研究、历史文化保护等业务均由 URA 完成，与土地利用局和房屋管理局不存在权力交叉。最高行政主管是总规划师（Chief Planner），除了各个职能部门以外，还设置两个委员会，分别是总体规划委员会（Master Plan Committee，MPC）和开发控制委员会（Development Control Committee，DCC），

---

① 陆建义：《向新加坡学习：小国家的大智慧》，新华出版社 2009 年版，第 3～8 页。

② 吴元华：《新加坡良治之道》，中国社会科学出版社 2014 年版，第 1～3 页。

③ 艾伯亭、邹哲：《新加坡城市规划体系及其经验借鉴》，载《城市》2008 年第 4 期。

由总规划师兼任主席，成员则由部长任命。①

3. MPC 与 DCC

URA 下设总体规划委员会 MPC（Master Plan Committee）和开发控制委员会 DCC（Development Control Committee），由总规划师兼任主席，成员则由部长任命。MPC 的成员包括主要公共建设部门的代表（如国家发展部、环境部、贸工部、国防部、社会发展部、土地管理局、建屋发展局、经济发展局、裕廊镇管理局、陆路交通管理局等），每隔两周召开例会，讨论政府部门的公共建设项目，提交部长决策。MPC 的作用是协调公共建设计划的用地要求，使之尽快得以落实。DCC 的成员包括有关专业组织（新加坡的规划师协会和建筑师协会）和政府部门（公用事业局和环境部）的代表，同样每隔两周召开例会，讨论非公共部门的重大开发项目。DCC 可以修改 URA 的开发控制建议，参与制定或修改与私人部门开发活动有关的规划标准、政策和规定。②

（二）规划运作体系：三级体系

在 20 世纪 80 年代以前，新加坡的二级体系分别是由战略性的概念规划 CP（Concept Plan）和总体规划 MP（Master Plan）构成的。80 年代以后，总规逐步被实施性的开发指导规划 DGP（Development Guide Plan）所代替。不过，查阅 URA 的资料就可以发现总体规划没有被取代，最近两次总规编制分别在 2003 年和 2008 年。而在 URA 内部的规划汇报上也称规划体系有三级。于是，重新认定新加坡的规划运作体系是三级。③

1. 一级：概念规划（Concept Plan）

概念规划体现在形态结构、空间布局和基础设施体系上，起示意性作用，并不是详细的土地利用区划，不足以指导具体的开发活动，不是法定规划。1967 ~ 1971 年，新加坡编制了第一个概念规划——环状发展方案（Ring

① 黄怡：《国家与社会关系“互动说”视域下的新加坡社会治理问题研究》，北京外国语大学 2016 年硕士学位论文。

② 唐子来：《新加坡的城市规划体系》，载《国外规划研究》2000 年第 1 期。

③ 李韶鉴：《可持续发展与多元社会和谐：新加坡经验》，四川大学出版社 2007 年版，第 35 ~ 40 页。

Plan)，定位新加坡为国际性的经济、金融、商业和旅游中心；沿着快速交通走廊（大容量快速交通体系和高速公路），形成兼有居住和轻型工业的新镇（new towns），市中心的人口和产业将疏散到这些新镇；一般工业集中在西部的裕廊工业区；国际机场位于本岛的东端，基本上造就新加坡现今的格局。1991年重新编制概念规划，确立2000年、2010年发展目标，规划人口达400万人。全岛共建四个中心区，在交通节点和地区中心周围发展由科学园区（science parks）和商务园区（business parks）构成的高科技走廊（high - technology corridors），提升居住环境品质，提供更多的低层住宅和多层住宅，并将更多的绿地和水体融入城市空间体系，与我们现在看到的景象基本一致。

2001年，新加坡重新编制了概念规划，规划人口达550万人，定位新加坡为具有三个特色的世界级城市：动态、与众不同、令人愉悦。2006年又修编了概念规划，将人口指标提升到650万。2009年开始新一轮概念规划的编制，2011年完成。

2. 二级：总体规划（Master Plan）

总体规划曾经是新加坡的法定规划（statutory plan），作为开发控制的法定依据。由于总体规划的法定地位，其编制、修改和审批都必须遵循法定程序，就是1962年的总体规划条例。总体规划的任务是制定土地使用的管制措施，包括用途区划和开发强度，以及基础设施和其他公共建设的预留用地。2008年的新加坡总体规划主要包括四个核心思想：（1）让新加坡的住房选择更加多样化和多区域化；（2）加强新加坡的商务吸引力，在中央港湾区打造金融中心，提供更多的商业机会；（3）打造不夜城，创造24小时的休闲娱乐活动，提供多样化的活动场所；（4）使新加坡成为一个值得珍惜的，具备安全保障又让人有认同感的家园。

3. 三级：开发指导规划（Development Guide Plan，DGP）

DGP主要出现在20世纪80年代之后，编制、修改、审批程序与总体规划相同，大部分由URA全面协调，少数地区可以由规划事务所编制，再上呈URA审批。DGP将新加坡划为5个规划区域（DGP Regions），再细分为55个规划分区（Planning Areas）。到1997年底才完成了每个分区的开发指导规划，取代1985年总体规划的相应部分。分区的DGP类似详规，以土地使用和交通规划为核心，根据概念规划的原则和政策，针对分区的特定发展条件，制订用途区划、交通组织、环境改善、步行和开敞空间体系、历史保护和旧区改造等方面的开发指导细则。DGP的应用主要就是为了涵盖总规和其他非法定地区规划的所有内容，便于灵活地进行修编调整。

在DGP的基础上，URA进行土地销售与开发控制。开发控制的内容包括：开发类型定义、授权豁免规划审批、颁发规划许可、征收开发费、强制征地（1965年新加坡成为共和国之后，为了发展，一度把80%的国土强征为国有，然后再慢慢开发）、公众参与上诉。新加坡的规划职能（包括发展规划和开发控制）归属中央政府，地区政府不作为规划当局，镇议会（Town Council）不具备规划职能。

在三级管理体系下，新加坡政府全面、深度掌控整个新加坡的规划设计与建设，基本上保证了政府对其规划意志的贯彻，而不是很强调国民的决策参与，只是提供公众咨询参与的空间。整个规划体系基本上保证了政府的意志得以执行，严密和完善的指标体系使得权力的灰色空间被压缩到极小的范围。公众参与的环节有很多，大部分是提一些改善意见，但是没有决策权。与其他经济发达国家一样，公众参与和规划申诉的法定程序使城市规划的民主性和公正性得以维护。但是，面临国土狭小和资源匮乏对国家发展的严重制约，新加坡政府始终把效率作为公共管理的主要目标，更多地强调政府的意志而不是国民的选择。①

（三）新加坡城市规划体系的优越之处

新加坡的城市规划与治理制度设计合理，主要体现在以下几个方面。

1. 建立统筹空间规划的专门部门。新加坡国家发展部统一协调规划编制，其具体的职能部门是市区重建局。市区重建局简称市建局，是新加坡的国家

---

① 唐子来：《新加坡的城市规划体系》，载《国外规划研究》2000年第1期。

规划局，主管各个层面的规划工作。长期战略性的规划（概念规划）、详细总体规划，协调相关机构间的土地需求与利用，实施政府土地售卖计划和日常发展项目管制与审批、与空间利用有关的规划和管理等都由该机关负责。新加坡城市所有用地规划、土地售卖、发展管制、市区设计及旧屋保留等都由市区重建局完成，与土地局、建屋发展局等公共部门的职责分工明确，不存在权力交叉和重叠。①

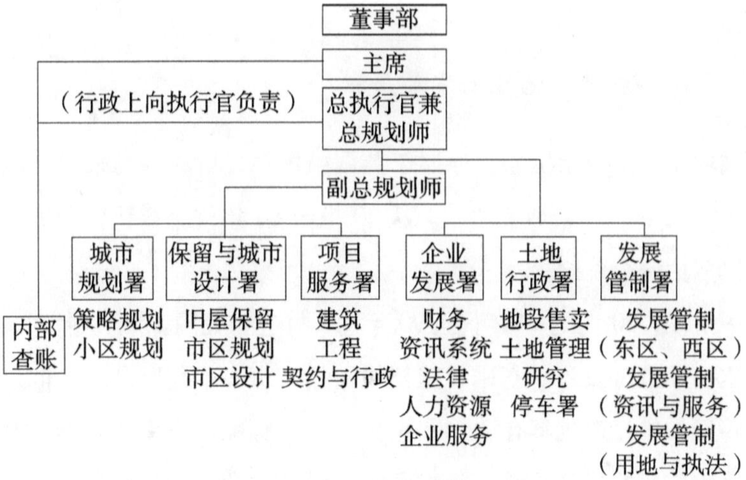

图 2－1　市区重建局组织结构

资料来源：新加坡市区重建局。

2. 健全专业部门与规划部门协调的体制机制。新加坡从体制上将专业规划编制的权力赋予市区重建局，专业部门不再单独编制专业规划。通过概念规划、总体规划等反映和落实各专业部门的用地需求，从体制上解决了规划部门与专业部门之间规划不协调的问题。②

3. 通过成立多部门委员会制度来协调各专业的规划编制。其委员会制度包括概念规划指导委员会、总体规划委员会和发展管制委员会。概念规划需要所有与

① 周游：《提高城市规划科学性和可操作性的对策建议——新加坡经验借鉴》，载《城市规划》2007 年第 5 期。

② 黄继英、黄琪芸：《新加坡城市规划体系与特点》，载《城市交通》2009 年第 6 期。

规划编制及其实施相关的部门参与，并且通过协商取得共识，由概念规划指导委员会负责协调；总体规划委员会的作用是协调各项公共建设计划的用地要求，使之尽快得以落实；发展管制委员会的职责是针对私人发展方案提出审定意见，参与制定或修改与私人部门开发活动有关的规划标准、政策和规定。①

三、新加坡城市治理特色

（一）新加坡城市治理的发展历程

新加坡是一个城市国家，原属于英国殖民地，后成为马来西亚联邦的一个州。1965 年 8 月，新加坡独立。从 20 世纪 60 年代至今，新加坡城市治理大致可以分为两个阶段。

第一阶段，20 世纪 60 年代至 90 年代，打造“花园城市”。针对新加坡共和国成立初期经济发展、基础设施建设落后，市容市貌脏乱差等问题，李光耀提出将新加坡打造成具有“第一世界”城市标准的东南亚绿洲，对城市治理做出比较详尽的战略规划。李光耀在 1963 年开启了全国绿化运动，带领民众植树造林。1968 年，新加坡政府首次提出建设清洁美丽“花园城市”的目标。新加坡人民党党员向公众发行宣传手册，政府官员带头上街捡拾垃圾。1973 年新加坡成立专门的花园城市行动委员会，统一负责城市绿化和设施建设。新加坡还从国外进口大量植物，得益于新加坡雨水较多，温度适宜，这些热带植物经过几十年的生长已繁茂成林。90 年代，新加坡实施“蓝色和绿色规划”，将河道和绿化带连接，完善“全岛公园网络连道系统”，截至 20 世纪末，打造各类公园、连道、开放空间 3318 公顷，建设自然保护区 3327 公顷，公园绿道 200 多千米。②

第二阶段，21 世纪初至今，继续建设“花园中的城市”。1996 年，新加

---

① 赵景芳：《新加坡人民行动党廉政建设的基本经验》，载《当代世界与社会主义》2014 年第 5 期。

② 孙涛：《新加坡推进城市治理现代化的经验及其中国借鉴》，载《改革与战略》2018 年第 7 期。

坡国家公园局负责人第一次提出“花园中的城市”的理念，此后“花园中的城市”被列为新加坡长远发展规划。“花园中的城市”实际是“花园城市”的升级版，强调城市在花园中，绿化从城市的点缀变为城市的轮廓，使公众更具认同感和幸福感。同时新加坡借助这一理念打造国际著名旅游城市，从小区，到街道，再到城市的各个植物园、生态保护区、水库等进行生态规划，从而建立立体的城市生态系统。①

（二）新加坡城市治理的特色

1. 城市规划方面

第一，城市规划理念超前。早在1971年，新加坡就着眼于未来50年的长远发展规划。针对新加坡城市面积较小的现实情况，2015年提出了“空中家园”的理念，提出将住宅和商业区向天空发展，此外还提出“地下城市”的理念，未来城市除了向空中发展，还向地下发展延伸，将新加坡建成立体的大都市。新加坡在城市基础设施建设如城市污水治理、垃圾焚烧等方面能够面向未来，一步到位，引进世界上最先进的技术，避免了重复引进和改进设施的资源浪费。如总投资达36.5亿新加坡元的深层隧道排污系统，获得了2008年“国际水协会”颁发的项目创新奖。再如2000年建成的大士南垃圾焚化厂，投资额高达8.9亿新加坡元，不仅是新加坡最大，也是目前亚洲最大的垃圾焚化厂，可使用至2030年。②

第二，城市规划注重整体性。在进行小区和城市新区设计开发时，能够将交通、住宅、商业中心、小贩中心、便利店、医疗、生态等统筹安排。例如新加坡政府规定每个住宅小区在进行开发时，商业用地开发必须缴纳相应的绿化保证金，以保障一定的绿化率；施工完成后要进行监督检查，如没能

---

① 陶林：《再论新加坡城市治理的特色与中国借鉴》，载《青岛科技大学学报（社会科学版）》2019年第4期。

② 徐林：《“花园城市”的“管”与“治”——新加坡城市管理的理念与实践》，中国社会科学出版社2016年版，第174～178页。

达到绿化率标准，政府会动用绿化保证金种植植被。①

第三，规划编制科学。无论是概念规划还是总体规划，规划的编制都有专家领衔、部门配合、公众参与，同时突出规划的延续性和动态性。概念规划每十年编制一次，1971～2001 年共编制完成四轮概念规划。每一轮概念规划主要针对各发展阶段的不同问题提出应对策略，在城市发展结构、重大设施布局上彼此承接。以 1971 年概念图确定的环状发展方案为例，以后的若干轮概念规划基本延续该规划结构。分区总体规划过五年检讨一次，实际上是总结一次、调整一次，使规划更加趋于合理。②

2. 环境治理方面

第一，设立专门环境部负责环境治理。成立于 2002 年 7 月 1 日的新加坡国家环境部（NEA），主管新加坡环境的改善和保护、污染防治和环境卫生、垃圾的收集处理以及餐饮单位的环境卫生等，下设公共卫生署、气象署、环境保护署。另外，新加坡政府还对污水处理和排放收费作出规定，工业废水排放前须经过处理，确保废水达标后才可排放到专门管道。厂商排放工业污水必须付费，收费按每立方米废水的生化需氧量及悬浮物总量计算，介于 0.15 美元到 3.78 美元不等。③

第二，重视绿化建设。新加坡的街道、公园、大学、小区甚至街道走廊、过街天桥，以及小区高楼大厦外的围墙上都有很多绿色植被。另外，公众也养成了种植花草的习惯，既装饰了城市，又美化了生活。

第三，严格的罚款政策促使公民养成了卫生整洁的习惯。新加坡重视罚款措施，有“罚款城市”的称谓，罚款的金额大且事项多，如随地吐痰、乱扔烟头、在地铁上吃东西等会被处 300～1000 新加坡元的高额罚款。在新加坡很多公共场所都有罚款的警告牌。笔者曾亲睹因蚊虫滋生而遭到高额罚款

---

① 陶林：《再论新加坡城市治理的特色与中国借鉴》，载《青岛科技大学学报（社会科学版）》2019 年第 4 期。

② 周游：《提高城市规划科学性和可操作性的对策建议——新加坡经验借鉴》，载《城市规划》2007 年第 5 期。

③ 刘晨宇：《新加坡城市综合治理与环境保护的启示》，载《郑州航空工业管理学院学报》2013 年第 4 期；梁爽：《新加坡政府的治理模式及其价值探析》，黑龙江大学 2012 年硕士学位论文。

的案例。一个朋友因为出差，水盆里面的水没有倒干净，导致滋生蚊蚊（新加坡当地的一种蚊子），恰好遇到政府部门上门检查，朋友被处每 2 个蚊子 200 新加坡元的罚款。

第四，重视水质监测和治理。新加坡的自来水经过严格监测，可以直接饮用，水库管理也十分重视环保。如新加坡著名的麦里芝蓄水库，强调原生态，不破坏水体，尽管水库周边每天有很多人健身徒步，但是沿路没有一家小饭店或小吃店，公民基本都是自己带水，或者是在水库门口唯一的商店买水；规定水库不得使用机械动力船只，只能使用人工划桨，不得钓鱼，不得游泳等，其目的都是防止水库生态遭到破坏。

第五，重视垃圾分类和回收。新加坡小区有三种不同颜色的垃圾桶，有专门的工作人员负责分类垃圾，居民的生活垃圾则通过组屋内的垃圾管道扔进垃圾桶。[①]

3. 城市住房制度方面

新加坡成立了专门的建屋发展局。从 1964 年新加坡宣布实施“居者有其屋”计划至今，超过 80% 的新加坡人居住于政府承建并出售的组屋。新加坡政府建设组屋，然后将组屋卖给个人，通过制定宏观的规划，没有让市场定价房地产，相关的地段留有专门的组屋用地，企业和私人不能买卖。因此，新加坡的房价合理，每平方米均价为 5000 新加坡元，约为人民币 25000 元。截至 2014 年 12 月，居民住房拥有率达 90.5%。当然，新加坡的组屋只有新加坡公民才可以购买，永久居民在达到一定居住年限之后才可申请购买，外国人不可以购买。除了组屋外，新加坡还有价格相对较高的别墅区，满足了不同收入人群的需要。[②]

通过组屋政策的实施，不但解决了新加坡国民的住房问题，而且围绕组屋建设刺激了与建筑业相关产业的繁荣发展，最重要的是解决了与住房相关

---

① 陶林：《再论新加坡城市治理的特色与中国借鉴》，载《青岛科技大学学报（社会科学版）》2019 年第 4 期。

② 梁爽：《新加坡政府的治理模式及其价值探析》，黑龙江大学 2012 年硕士学位论文。

的种族问题、社会民生难题，实现了种族和谐、社会安定，从而强化了国民认同和国家凝聚力。①

四、启示

新加坡作为一个城市型小国家，在数年间快速发展，其独特的规划与治理经验值得北京借鉴。主要体现在以下几个方面。

1. 提高北京发展规划的科学性

目前，北京的发展规划存在几个弊端，即城市总体规划与专项规划不协调、上下层次规划难协调、专项规划与专项规划之间不协调，因而导致规划难以落实。北京应借鉴新加坡的经验，提高城市规划的科学性和可操作性，突出北京作为首都的功能。

第一，要强化规划的综合协调性。规划要协调北京城市与乡村、整体与局部、近期与远期、需要与可能、生产与生活、地上与地下、经济社会发展与资源环境保护等各方面的关系，要对各行业的建设用地、空间环境和各项设施进行统筹安排、合理部署。

第二，要确立科学的发展理念。首都城市规划必须从偏重经济发展向关注民生和生态环境转变，加强规划对住房保障、生活空间、公共交通和绿色廊道建设的统筹。

第三，要高起点地确立综合发展战略。新加坡的概念规划是多部门、多学科、多层次和多专题的综合研究成果，前瞻性、科学性与实践性很强。在首都城乡规划全覆盖推进过程中，北京既要加快覆盖速度，更要吸纳新技术，加强规划研究，提出有效的城乡空间发展战略思路，超前谋划重大基础设施的空间发展需求。

第四，要及时有效地进行规划思路调整。新加坡的概念规划十年一调整、

---

① 陶林：《再论新加坡城市治理的特色与中国借鉴》，载《青岛科技大学学报（社会科学版）》2019 年第 4 期。

总体规划五年一检讨，很好地适应了社会经济的发展。“调整”“检讨”的科学基础在于政府长期组织专家对城市发展进行持续的战略研究。北京作为首都，其发展情况会随着国际情势、国内发展不断地发生变化，因此北京发展规划委员会更要组织各方面力量，对城市空间发展战略进行长期综合研究，及时调整战略思路。

2. 依法严格治理城市

北京作为我国的首都城市，若要进一步提高治理能力，就必须带头做到有法可依、有法必依、违法必究，以法治政府建设推动法治城市建设。同时，北京也要建立法治政府，用法治思维和法治方式治理北京，用法治限制政府的公共权力，用法治保障北京市民的私权，用法治维护北京治理的秩序，以有效化解社会矛盾。

3. 重视环境与交通治理

新加坡之所以有“花园城市”之称，是因为其在多年前就注重城市绿化与环境治理。新加坡在强调经济社会发展的同时，非常注重资源环境保护。无论是概念规划还是总体规划，都是对整个新加坡地区的全覆盖规划，其不仅对城市建设用地进行规划安排，也划定非建设用地并提出保护要求，在综合考虑城市自身特点的基础上为城市发展预留足够的生态绿化空间，突出强调人与自然的和谐共生。我国首都北京存在环境污染的问题，环境治理迫在眉睫，对于污水、雾霾、绿化、环保等治理需要政府加大投入力度。政府要加强对环境治理的宣传，鼓励和支持公众参与城市的绿化建设。在道路、地铁、高架桥梁、住宅小区、家庭绿化等方面，需要政府和公众的重视和参与。

因此，借鉴新加坡的经验，北京在环境保护方面可作出以下改善：第一，需要依法维护城市环境，加强罚款力度，提高违法成本，以起到震慑犯罪的作用；第二，通过日常教育宣传，培养公众维护环境的意识和习惯；第三，在城市规划和小区建设中以人为本，重视绿化建设，留出公共绿地和草坪，留足公共空间。

4. 推进住房制度改革

新加坡设立专门的建屋发展局，解决新加坡人民的住房问题，由此也缓解了许多潜在的社会矛盾，带动了周边经济的发展。

北京也可以借鉴新加坡的住房制度改革经验，重视城市的公共住房制度改革。充分发挥政府和市场两只手的调控作用，将公共住房目标对准广大的中等收入和社会基层群体。北京也可以大力兴建廉租房和经济适用房，严格审查购买人的资格和相关信息，并进行网上公示和社会监督。

5. 加强历史文化保护，塑造城市个性特色

新加坡是个历史短暂的城市国家，但其十分注重历史文化保护，注重地区的认同感和特色。与新加坡相比，我国首都北京历史资源十分丰富。科学保护、合理利用历史文化遗产，是创造与建设现代特色城市的基础。在快速城市化进程中，必须把保护和弘扬历史文化作为北京长远城市规划研究的重要内容。北京未来的规划发展要加强历史文化保护规划的编制，保持历史文化的原真性、完整性，延续城市历史文脉，切实加强对各类历史文化遗产的保护。

同时，北京城市规划也需正确处理好保护和建设、保护和利用的关系。城市的旧城改造要积极探索小规模渐进式有机更新的方法，加强旧城保护与资源整合，尤其是要加强对各级文物保护单位、控制性保护单位以及重要近现代历史建筑的保护和合理利用。在城市建设和改造中，要强化城市设计，将城市的历史文脉、山水特征和现代文明有机地融合在一起，彰显城市的个性特色。①

① 周游：《提高城市规划科学性和可操作性的对策建议——新加坡经验借鉴》，载《城市规划》2007年第5期。

·第三章·

日韩美三国首都地区治理立法研究

第一节 日本《首都圈整备法》研究

作为人口密度极高且在亚洲最先实现现代化的日本，其中心城市的功能以及人口以高密度及高集中度为主要特征，所以在城市治理尤其是人口密度高的大城市治理方面积累了丰富的经验。1956 年日本制定了《首都圈整备法》，这是日本首都圈规划建设的基本法，经多次修改沿用至今。《首都圈整备法》对日本首都圈的建设与发展起到了极其重要的作用。研究日本《首都圈整备法》的制定与实践，对解决我国首都乃至整个京津冀地区建设与治理等方面的问题有积极作用。

本节以《首都圈整备法》为中心，具体探讨了日本首都圈在《首都圈整备法》规定下的发展历程，明确了大都市所面临的问题及相关解决思路，总结了日本首都圈治理对我国依法治理首都的启示。

一、日本首都圈的基本状况

东京都是日本的首都。东京圈所在的关东平原为日本第一大平原，由于关东平原位于日本列岛中央，气候条件良好，腹地纵深，农耕发达，且拥有流域面积最大的利根川河和深水岸线资源丰富的东京湾，为工业发展进而推动城市发展最终形成特大都市圈提供了极为有利的区位优势和自然环境条件。[①] 东京圈的发展是从明治维新开始的。1868 年日本明治维新将东京定为首都，此后，随着东京地区的工业最先发展起来，东京的人口也逐渐增加。

① 杨虎：《探析东京圈的形成与整合》，载《上海经济》2003 年第 2 期。

至20世纪50年代中期，东京兴起了大规模的重工业建设，这使得东京圈与同样位于日本列岛东南沿海平原地带的名古屋圈、阪神（大阪、京都及神户等市）圈构成了环太平洋西岸大都市经济带，此经济带成为日本国民经济的主要集聚区域。

以东京为核心的东京圈集聚了政治、经济、文化、信息等特大型城市所具有的综合功能，众多国内主要公司纷纷在东京都设立总部。至此，东京成为日本最大的工业城市，也是人口最密集的城市，同时又是日本最大的金融中心、国际航运中心、商贸中心和消费中心。①

虽然至今没有任何法律确定东京的首都地位，但是，法律上存在“首都圈”的说法，《首都圈整备法》《国土形成计划法》等法律都对“首都圈”进行了定义。

日本的首都圈一般指包括东京都、神奈川县、千叶县、埼玉县在内的一都三县的范围。为了促进东京及周边区域共同发展，日本政府在1956年制定了《首都圈整备法》将首都圈的范围扩大至包含茨城县、枥木县、埼玉县、千叶县、东京都、神奈川县的整个关东地区以及位于中部的山梨县。

二、《首都圈整备法》的概况

为了通过制定并实施首都圈发展相关的综合计划，使处于日本政治、经济、文化等中心地位的首都圈得到其应有的有序建设和发展，1956年日本制定了《首都圈整备法》。《首都圈整备法》经过多次修改沿用至今，作为首都圈规划建设的基本法，《首都圈整备法》对日本首都圈的建设与发展起到了极其重要的作用。

（一）《首都圈整备法》的制定

对于首都圈的规划，起源于1936年的《关东国土规划》以及1939年的

① 杨虎：《探析东京圈的形成与整合》，载《上海经济》2003年第2期。

《东京绿地规划》。此后，日本参加第二次世界大战，对首都圈的建设也处于搁置状态。战败后，日本政府为了完成第二次世界大战之后的城市复兴、实现东京都作为日本首都，区别于其他地方的建设与整备，于1945年制定了《东京城市震灾复兴规划》，于1950年制定了《国土综合开发法》和《首都建设法》。

《首都建设法》对东京都区域的划分、首都建设的目标进行了规定。《首都建设法》确定了东京都不仅是一个地方公共团体，更是一个与世界各国进行交流，孕育和平的国家政治、经济、文化等的中心地区。东京都应当制定并实施有效的建设计划使国家中枢更好地发挥作用。并且《首都建设法》认为应当将首都建设计划的制定与实施作为国家性的问题，由政府引导全体国民重视首都建设计划的制定，并共同参加、协助完成首都建设计划的实施。

《首都建设法》的立法目的是"为了使东京能够发挥作为新的和平国家的首都所应具备的政治、经济、文化等作用，对其制定计划并实施建设"（第1条）。依照该法，设立由建设大臣、众参两院议员、东京都知事、东京都议员、学者等（共9名，由内阁总理大臣任命）构成的"首都建设委员会"，负责制定并实施东京都的城市建设计划。首都建设委员会作为日本最早的区域性规划机构，是首都圈整备委员会的前身。《首都建设法》规定了首都建设委员会对地方公共团体和事业者的劝告权（第11条）；为贯彻执行东京城市规划和维护东京首都地位，在必要时由建设省、运输省等行政主管部门负责具体执行（第12条）；在必要时由国家支付一定执行所需要的费用（第13条）。

随着《首都建设法》的制定与实施，首都建设委员会制定并推进了许多重要设施的基本计划，使首都得到了一定程度的发展。相对应地，随着首都的发展，产业及人口向首都过度集中，引发了环境恶化等一系列问题。并且，由于《首都建设法》是针对东京都内区域的法律，这就造成首都周围的区域为配合东京都的建设发展而牺牲了其应得到的发展。

为了解决上述问题，使首都圈及周边区域达到整体的建设发展，日本政府决定废止《首都建设法》，并于1956年制定了《首都圈整备法》。《首都圈整备法》基本延续了《首都建设法》的主旨，并强调强化首都建设计划及扩充首都建设委员会的重要性。

直到今日，《首都圈整备法》的内容已经经过了19次[①]修改，最近的一次修订是2005年7月。

（二）《首都圈整备法》的主要内容

整部法律由“总则”“国土审议会的调查审议等”“首都圈整备计划”及“首都圈整备计划的实施”四章组成。

1. 第一章　总则

《首都圈整备法》的目的是制定关于首都圈整备的综合计划，以及通过实施该计划使首都圈的建设达到符合其作为日本政治、经济、文化等中心的程度，使首都圈有序发展。《首都圈整备法》的规划部分将首都圈的区域分成原有城市区域、近郊地带及周边地区和市街地开发地区三种类型。其中“原有

---

① 第一次：根据《首都圈城市开发区域整备法》附则二项而进行的修改（1958年）；

第二次：根据与限制首都圈原有城市区域中的工业发展相关的法律附则二项而进行的修改（1959年）；

第三次：根据修改部分《自治厅设置法》的法律附则第28条而进行的修改（1960年）；

第四次：根据修改部分《国家行政组织法》等的法律附则第34条而进行的修改（1961年）；

第五次：根据《促进低开发地区工业开发法》附则五项而进行的修改（1961年）；

第六次：根据修改部分与限制首都圈原有城市区域中的工业发展相关的法律附则二项而进行的修改（1964年）；

第七次：根据修改部分《首都圈整备法》以及《首都圈原有城市区域开发区整备法》的法律第1条而进行的修改（1965年）；

第八次：根据《首都圈近郊绿地保护法》附则五项而进行的修改（1966年）；

第九次：根据关于行政机关的职员人数限制的法律附则十一项而进行的修改（1969年）；

第十次：根据《筑波研究学园都市建设法》附则二项而进行的修改（1970年）；

第十一次：根据《环境厅设置法》附则第36条而进行的修改（1971年）；

第十二次：根据修改部分《首都圈整备法》等的法律第1条而进行的修改（1972年）；

第十三次：根据《国土厅设置法》附则第8条而进行的修改（1974年）；

第十四次：根据与整理审议会等相关法律第11条而进行的修改（1978年）；

第十五次：根据与为推进实现地方分权相关法律的整备等相关的法律第58条而进行的修改（1999年）；

第十六次：根据与由于中央省厅等改革而引起的国家行政组织关系法律的整备等相关的法律第58条而进行的修改（1999年）；

第十七次：根据《中央省厅等改革关系法实施法》第1100条而进行的修改（1999年）；

第十八次：根据修改部分《首都圈整备法》以及《近畿圈整备法》等的法律第1条而进行的修改（2002年）；

第十九次：根据修改部分为形成综合国土的《国土综合开发法》等的法律第3条而进行的修改（2005年）。

城市区域”主要指东京23个区、武藏野市、三鹰市、横滨市、川崎市和川口市等城市地区，“近郊地带”指规划中的城市郊野绿化带，而“周边地区和市街地开发地区”主要指远离城市中心的工业基地和卫星城市。

2. 第二章　国土审议会的调查审议等

1956年制定的《首都圈整备法》中设置了“首都圈整备委员会”，该委员会是管理首都圈建设和规划的最高行政机关。《首都圈整备法》第一章针对该委员会的设置、事务及权限、组织结构和任命、特定行为的限制、议事程序作了详尽的规定。根据《国家行政组织法》第4条规定，首都圈整备委员会具有制定并实施首都圈整备计划的权限。委员会委员共4名，其中一名为委员长，均由内阁总理大臣提名并经参众两院承认后任命，且由国务大臣担任委员长。首都圈整备委员会的事务范畴和权限包括：（1）制定首都圈整备计划和为制定该计划进行必要的调查；（2）对实施首都圈整备计划的相关事务进行调查并推动其实施；（3）实施由法律和基于法律的政令赋予委员会的其他事项。首都圈整备委员会可以针对法律和基于法律的政令规定的属于其权限的事项的具体执行程序制定首都圈整备委员会规则。

但该委员会的设置于1974年6月26日废止，其权限转移至国土厅。《首都圈整备法》中也对此作出了相应修改。

3. 第三章　首都圈整备计划

《首都圈整备法》规定国土交通大臣按照本法所规定的应包含的内容来制定首都圈整备计划。

国土交通大臣在制定首都圈整备计划时需听取相关行政机关首长、相关都县及审议会的意见。为了充分尊重地方自治以及利害相关人的利益，国土交通大臣在制定了首都圈整备计划之后，需将其送交相关行政机关首长、相关地方公共团体，并同时在国土交通省令所规定的媒体上对其制定的首都圈整备计划进行公开。相关利害关系人可以针对首都圈整备计划向国土交通大臣提出意见。

同时，国土交通大臣认为其已经决定的首都圈整备计划不再适应当前环境时，应及时对首都圈整备计划进行调整。

4. 第四章　首都圈整备计划的实施

为防止在原有城市区域的近郊发生无秩序的城市化，国土交通大臣可以有计划地整备市区，同时，可以将为保护绿地而必需的区域指定为近郊整备地带。国土交通大臣认为有必要采取措施缓解产业及人口向原有城市区域过度集中的倾向，使首都圈地域内的产业及人口能够配置得当时，在原有城市区域及近郊整备地带之外的首都圈地域中，有适合作为工业都市、居住都市及其他类型都市进行开发的区域，可以将其指定为都市开发区域。

相关行政机关首长、相关都县及相关事业者应当尽其所能协助实施首都圈整备计划。国土交通大臣认为必要时，可以向相关行政机关首长、相关都县及相关事业者提出关于首都圈整备计划实施的建议。

（三）《首都圈整备法》的应用

《首都圈整备法》是日本首都圈规划建设的基本法规，实际的规划必须依此法进行。

《首都圈整备法》公布两年后，1958 年公布了第一版“首都圈基本计划”① 以及一项针对原有城市区域高层建筑的建造和公共住房开发等 14 项事务的整备计划，并于 1959 年增加了三个设施（如清洁设施）的计划，于 1960 年增加了巴士中心站的整备计划。关于城市开发区域，首先确定了 1961 年相模原町田等 4 个地区的住宅用地和道路养护计划，该计划于 1962 年增加至 6 个地区。直到 1963 年，又针对这些地区制定了公共住房、义务教育等整备计划。此后，分别在 1964 年、1965 年确定了 8 个地区的住宅用地和道路以外的区域的整备计划。于 1958 年制定了首都圈全体重要的通信干线整备计划。第 1 次计划以 1975 年为目标年，预计 1975 年的首都圈人口将增至 2660 万人。具体整备方针为：（1）在原有城市区域的周边设定宽 10 千米左右的近郊地带

① 国土厅编：《首都圈整备计划　首都圈基本计划（1 次 ~4 次）》平成 8 年度（1996 年）~平成 12 年度（2000 年），1997 年发布。

来抑制原有城市区域的膨胀。(2) 在周边地区指定多数的都市开发区域（卫星城市），作为工业城市进行开发，以吸收人口及产业。(3) 基于《关于限制首都圈的原有城市区域的工业的法律（工业等限制法）》（1956 年 3 月制定）等，限制在东京都区域新增工厂、大学等，以分散困难产业及人口。

1968 年 10 月日本政府又出台了第二版“首都圈基本计划”[①]，预计 1975 年首都圈人口将达到 3310 万人，为了抑制日本经济的发展导致的人口及产业向首都圈集中，第二版“首都圈基本计划”强调需使首都圈周边广阔区域共同发展。具体体现为原有城市区域整备计划（1970 年）、近郊整备地带中各个地区各个设施的整备计划的统合（1967 年、1969 年）以及各个都市开发区各个设施的整备计划的统合（1967 年）以及整个首都圈的广域交通设施整备计划（1970 年）等成套的整备计划。第 2 次计划仍以 1975 年为目标年，对象区域扩展至 1 都 7 县。此次计划将作为目标区域的近郊地带扩展至东京周边 50 千米，并命名为“近郊整备地带”。该计划意为发展近郊整备地带来抑制原有城市区域周边无秩序地发展，在有序地整备城市街区的同时，也强调了区域的发展应与绿地空间相协调。为达到以上目标，日本政府对高速公路网、高速铁路网、大规模住宅集中街区、大规模水源地进行了集中开发。

1976 年颁布了第三版“首都圈基本计划”[②]，国家土地局成立于 1974 年，从“第三次基本计划”起，所有原有城市区域、近郊整备地带、城市开发区域，广域供水设施和广域交通设施的整备计划被汇总为“首都圈整备计划”形式。1977 年、1981 年和 1986 年均制定了此种计划。第 3 次计划期限至 1985 年，首都圈人口预计达到 3800 万人。为抑制首都圈人口继续增长，分配首都各种功能，倡导将首都圈中枢功能分散，抑制大学等向首都圈集中，使其分散到原有城市区域以外的地区，同时积极推动工业向东京都市圈外分散。

1986 年又制定了第四版“首都圈基本计划”[③]，第 3 次与第 4 次的规划对

---

① 国土厅编：《首都圈整备计划　首都圈基本计划（1 次 ~4 次）》平成 8 年度（1996 年）~平成 12 年度（2000 年），1997 年发布。

② 建设广报协议会编：《关于第 3 次首都圈基本计划》，载《建设月报》1977 年第 2 期。

③ ［日］入沢元：《第 4 次首都圈基本计划》，载《产业立地》1986 年第 8 期。

东京一地依存构造的正确与否进行了反思，以区域核心城市为中心的独立城市圈的形成来重新构筑多核多圈型的地域构造，同时在周边地区的农业及工业生产的基础上不断充实业务、教育、文化等功能，促进中等核心城市圈功能的集结，以此来加强区域间相互提携与各地区的独立性。[①] 第 4 次计划期限至 2000 年，作为区域整备的基本方向，东京大都市圈内要改善人口及产业对东京都区域特别是市中心部的一地依存构造，强调要以核心业务城市等为中心形成各地区独立的都市圈，建设多核多圈型的地域构造，使周边地区以核心城市圈等为中心聚集核心功能。按照此规划，将横滨、川崎、千叶、浦和、大宫、八王子、立川等作为核心业务城市，在此基础上，推进了横滨未来地区、千叶的幕张新都心地区、琦玉新都心地区等的整备和行政机关等的转移。

1999 年制定了第五版“首都圈基本计划”[②]，其计划期限至 2016 年，目标是将核心商务城市、核心都市圈等作为基地城市，形成以这些基地城市为中心的高度独立的区域，构建功能共享、协同合作的“分散式网络结构”。此外，新增町田、相模原、柏等地区作为核心商务城市，这些城市除承担从市中心分散商务功能的责任外，还负责为女性和老年人提供就业机会，最终发展为高度自治的地区中心。

2005 年，作为日本政府对“国家土地规划法”的体系修订（依据 2005 年第 89 号法，将《国土综合开发法》改为《国土形成计划法》）的一环，对《首都圈整备法》也进行了修订。将“首都基本计划”与“首都圈整备计划”进行合并。2006 年，随着旧事业计划的规划期结束，制定了新的《首都圈整备计划》。新计划指出了首都圈当下面临的问题，并以 5 年为规划期制定了新的整备计划。

关于五次首都圈基本计划以及两次首都圈整备计划的具体背景与成果将在后文进行介绍。

---

① 俞慰刚：《日本首都圈政策及规划对长三角城市一体化的启示》，载《上海城市管理》2018 年第 2 期。

② 国土厅：《第 5 次首都圈基本计划》，https：//www. mlit. go. jp/common/001116836. pdf，最后访问时间：2020 年 11 月 7 日。

（四）首都圈整备法的配套政策及适用

日本政府十分注重法律之间的协同作用，为实现《首都圈整备法》的立法目的，1957 年日本内阁颁布了《首都圈整备法实施令》。仅就首都圈建设，日本就相继颁布了《首都圈市街地开发区域整备法》《首都圈建成区限制工业等的相关法律》《首都圈近郊绿地保护法》《多极分散型国土形成促进法》等多部法律法规。

为了进一步落实首都圈的规划建设，20 世纪 60 年代日本又出台了一系列法律法规，如 1963 年的《新住宅市街地开发法》，1964 年的《住宅地造成事业法》，1966 年的《首都圈近郊绿地保全法》等。这些法律法规对大都市圈的市町村规定了公共公益设施的建设与管理的义务，为大都市圈的建设与管理起到了很大的促进作用与法律保障。[①]

日本政府不但注重法律之间的协同作用，对现行法律的适当性也不断进行着探讨和修正。2011 年日本公布了《基于首都圈整备法等的大都市圈政策再评价》报告，向公众展示首都圈规划建设的政策的适当性及问题。此评估主要以两方面为标准。第一方面的着眼点是周边地区对城市圈中心地区的影响。主要是防止产业及人口过度向大都市圈中心城区集中的问题。如何实现通过以住宅地提供为主的基础设施整备以及保全绿地等的政策防止无序的城市化，进而实现有序的大城市圈的形成。[②] 第二方面的着眼点是城市圈中心地区对周边地区的辐射。主要是大都市圈中心如何通过其各种机能的实现、交通基础设施的建设、住宅等基础设施的扩充、绿化用地的保护等方式在城市环境改善等方面对大都市圈周边的地区进行布局上的引导，从而促进首都圈全体向平衡的多核多圈地域构造转换，进而形成分散型网络构造。[③]

---

① 俞慰刚：《日本首都圈政策及规划对长三角城市一体化的启示》，载《上海城市管理》2018 年第 2 期。

② 俞慰刚：《日本首都圈政策及规划对长三角城市一体化的启示》，载《上海城市管理》2018 年第 2 期。

③ 俞慰刚：《日本首都圈政策及规划对长三角城市一体化的启示》，载《上海城市管理》2018 年第 2 期。

三、首都圈的规划过程

《首都圈整备法》第2条对“首都圈整备计划”进行了定义：“首都圈整备计划”是指为实现首都圈的建设及有序发展而必要实施的首都圈整备的相关计划。首都圈整备计划由国土交通大臣根据《首都圈整备法》制定。

原来，首都圈整备计划由基本计划、整备计划、事业计划3个计划构成，自1958年第一次首都圈基本计划制定以来，已经制定了5次以10~15年为计划区间的基本计划，以此为基础，整备计划的计划区间为5年，事业计划的计划区间为1年。

2005年作为修改国土计划法体系（平成17年法律第89号）中的一环，《首都圈整备法》也被修改，基本计划和整备计划被“首都圈整备计划”所合并，事业计划被废止。受此影响，2006年随着旧整备计划计划期的结束，制定了新的首都圈整备计划。

根据2005年国土计划法体系修改而产生的国土形成计划法，设立了广域地方计划制度。并于2008年对首都圈的相关区域制定了广域地方计划。至此，中央政府以首都圈为对象制定的空间计划包括了首都圈整备计划和首都圈广域地方计划。

（一）《第1次首都圈基本计划》①

1956年发布《首都圈整备法》，同年制定《第1次首都圈基本计划》。第一次首都圈整备计划的主要目的是应对由于经济复兴引起的人口、产业向东京集中的问题。目标是在以东京为中心半径100公里的对象区域中，建成一个能够适应政治、经济、文化中心需要的首都。根据计划，首都圈被划分为原有城市街地、近郊地带和周边地区3个区域，并对各区域的居住用地、道路、

① 国土厅编：《首都圈整备计划　首都圈基本计划（1次~4次）》平成8年度（1996年）~平成12年度（2000年），1997年发布。

铁道、城市轨道交通、机场、港湾以及电网、通信设施、公园绿地、上下水道、污物处理、河川海岸、建筑物、学校等教育文化设施分别作出了具体的规定。对东京都周边地区 4 县的定位是：东京圈人口以及工业延伸、分散的目的地，消费市场东京都的粮食以及蔬菜的供应基地。

1960 年起，由于出口和投资大幅增长，日本迎来了工业的迅速发展，国内经济稳步上升，但在居民收入等方面，工业大城市与农村之间的地区差别日益突出。为此，1962 年日本政府通过了第一次《全国综合开发计划》①，其基本目标是：将工业分散来解决作为经济原动力的工业的布局偏差。为了循序渐进地实施此项措施，日本政府提出了“据点开发方式”的构想。具体做法是设立开发据点进行重点投资，在该地区扎根新的产业并提供就业机会，来促进该地区经济发展。②

（二）《第 2 次首都圈基本计划》③

从 1965 年 10 月到 1970 年 7 月为日本的经济发展黄金时代，这段时间的经济发展使日本成为仅次于美国的经济大国。在此背景下，日本国民的收入也随之增加，日本民众日益关注环境和精神的丰富。但是，在此期间，人口、产业向着大城市聚集的情况却一直没有得到改善。为了进一步解决这一问题，1968 年制定了《第 2 次首都圈基本计划》，以及 1969 年通过了《新全国综合开发计划》。④ 在《第 2 次首都圈基本计划》中，首都圈的开发对象区域扩展至 1 都 7 县，东京周边的 4 县也全部定为规划区域。

《新全国综合开发计划》的目标是永久保护、保存自然环境，将全国土作为开发区域，并着力于为人类创造丰富的环境。因此，通过完善全国网络的

---

① 内阁决议：《全国综合开发计划》，https://www.mlit.go.jp/common/001135930.pdf，最后访问时间：2020 年 11 月 7 日。

② ［日］峯岸邦夫：《特别简单道路的书》，日刊工业新闻社 2018 年版，第 44～45 页。

③ 国土厅编：《首都圈整备计划　首都圈基本计划（1 次～4 次）》平成 8 年度（1996 年）～平成 12 年度（2000 年），1997 年发布。

④ 内阁决议：《新全国综合开发计划（增补）》，https://www.mlit.go.jp/common/001135929.pdf，最后访问时间：2020 年 11 月 7 日。

大规模产业开发以及环境保护，将开发效果普及整个国土，谋求全国土的平衡利用。另外，将战略投资作为“大规模开发计划的构想”，并对其进行技术调查，从而依次选定投资目标。

在经济高速发展的背景下，《新全国综合开发计划》是一系列全国综合开发计划中“开发”意向最强的计划。日本综合国际竞争力在这一阶段的发展下取得了显著成绩，尤其在发展重工业方面更是卓有成效。

《新全国综合开发计划》运用设立大规模开发项目的方式，修建呈网络结构的新干线、高速公路，以便把周边城市与大城市相连，促使核心大城市的经济增长效应扩散，实现全国的均衡发展。与第一次首都圈基本计划的效果相同，《第二次首都圈基本计划》和《新全国综合开发计划》为推动日本重化工业发展，提高日本综合国际竞争力取得了同样显著的效果。

（三）《第3次首都圈基本计划》[①]

1976年和1977年，日本政府又分别制定了《第3次首都圈基本计划》和《第三次全国综合开发计划》。[②] 这两项计划的出台，是为了应对日元升值、中东石油危机、尼克松危机等，对日本经济造成了巨大损害。并且随着地价高涨，导致通货膨胀等社会问题，使得日本当时的社会经济环境也随之恶化。所以，即使《新全国综合开发计划》尚未到期，也紧急制定了《第三次全国综合开发计划》。另外，在《第3次首都圈基本计划》中，把首都圈划分为东京大都市区域（原有城市区域、近郊整备地带）和周边区域（东京大都市区域以外的地区）。进行这种划分的目的是使东京周边的埼玉县、千叶县、神奈川县和山梨县的工业、农业生产得到加强的同时，其社会、文化也能得到发展，从而达到4县居民就地就业、就地享受闲暇时光的目的。《第三次全国综合开发计划》以有限的国土资源为前提，在发展地域特性的同时，也重视地

① 建设广报协议会编：《关于第3次首都圈基本计划》，载《建设月报》1977年第2期。

② 国土厅编：《第三次全国综合开发计划》，https：//www.mlit.go.jp/common/001135928.pdf，最后访问时间：2020年11月7日。

域的历史与传统文化。其目标是创建人类与自然和谐安定，充满健康、文化氛围的人类居住环境。因此本次计划将自然、生活、生产环境的利用、保全、整备、管理等作为一个整体，提出了确立能够充分反映住民意愿的新生活圈“定居构想”。另外，作为具体的推进方案，决定在全国44个地方选定“受欢迎的定居圈”，并在相关区域的行政机关的协助下，优先实施整备计划。

《第3次首都圈基本计划》和《第三次全国综合开发计划》理念的完成度非常高，其对推动日本都市建设起到了重要作用。但是，随着提倡“田园都市国家”的内阁总理大臣大平正芳的突然逝世，《第三次全国综合开发计划》也戛然而止。随后，便进入了全国综合计划以及首都圈整备计划的第四个阶段。

（四）《第4次首都圈基本计划》[①]

《第4次首都圈基本计划》和《第四次全国综合开发计划》[②] 先后颁发于1986年、1987年。其背景是东京圈内人口自然增长率提高，同时又出现新一轮的人口集中现象。在此阶段，由于产业结构快速转换，原材料型产业和出口依存型产业不景气等问题导致地方范围内的就业问题更加严重。同时，在信息化和人们闲暇时间增多等的背景下，人们的活动区域进一步扩大、地方上各种各样的交流也逐渐增多。另外，随着信息处理和研究开发等多种产业振兴政策的开展，日本政府需要尽早完成连接地方主要城市的全国性网络，并需妥善应对各种产业日渐国际化等的问题。

《第4次首都圈基本计划》将适用范围圈定为东京大都市圈（东京都、千叶县、埼玉县、神奈川县及茨城县南部）和东京大都市圈的周边区域（首都圈之外的茨城县北部、栃木县、群马县、山梨县）。本次计划的发展目标依然为解决产业和人口向东京都内聚集的问题。做法依然是在保护自然以及人文

---

① ［日］入沢元：《第4次首都圈基本计划》，载《产业立地》1986年第8期。

② 国土厅编：《第四次全国综合开发计划》，https：//www.mlit.go.jp/common/001135927.pdf，最后访问时间：2020年11月7日。

环境的前提下，重点建设地方都市圈，促使其形成多核多圈型的地域结构，使东京大都市圈的周边地区以核心都市圈等为中心集成。《第四次全国综合开发计划》的目标是成立多数有特色的都市（极），以形成区域间、国际间相互补充、相互交流的多极分散型国土。另外，以创造各自主导的个性丰富的地区为目标，提出了建设促进各地区交流的基础交通、信息、通信体系，以及可以增加交流机会的交流网络的构想。具体的方案为制定《多极分散型国土形成促进法》（1988 年），并推进振兴据点地区和业务核心城市的开发整备，以及行政机关的转移等。

（五）《第 5 次首都圈基本计划》①

1998 年 3 月，随着全球化时代、高度信息化时代的到来，日本也进入了人口减少与老龄化时代。面对这些问题，桥本内阁制定了于 2010 ~ 2015 年实施的《第 5 次全国综合开发计划》。② 本次计划的目标是为 21 世纪的国土建设设计长期规划。本次计划的核心是：将一极单轴型的国土构造转换成多轴型的国土结构，在充分开展有地域特征的建设的同时，为更多样的生活提供可能性。具体的战略措施为：在 2010 ~ 2015 年期间，在谋求多种主体参加和地域间合作的同时，（1）创造多种自然居住型地区；（2）对大城市进行革新；（3）开展区域合作；（4）形成广域国际交流圈。

根据《第五次全国综合开发计划》的内容，1999 年 3 月，日本政府制定了《第 5 次首都圈基本计划》。本次计划旨在将首都圈从“分散政策型”向“分散型网络构造”转换，其核心为在首都圈形成一个“大环状都市群”。这种“分散型网络构造”的目标是：（1）以基地城市为中心，形成高度自给自足的区域，构建能够功能互享、相互协作的区域结构；（2）推进首都圈内外的广域合作基地，以及区域内各种活动的中心“区域基地”的建设和维护；

---

① 国土厅：《第 5 次首都圈基本计划》，https：//www. mlit. go. jp/common/001116836. pdf，最后访问时间：2020 年 11 月 7 日。

② https：//www. mlit. go. jp/kokudokeikaku/zs5/index. html，最后访问时间：2020 年 11 月 7 日。

(3) 通过基地间的合作交流，形成东京都市区的“环基地城市群”，以及关东地区北部、东部、内陆西部的“首都圈大环合作群”。而实现此目标的具体做法是：在推进区域发展的过程中，根据各地区情况，有效利用原有城市区域、近郊整备地带、都市开发区域的措施，推动活用商业核心城市制度，完善交通、信息系统等广域基础设施的建设。在广域合作基地和区域基地中，积极推进城市空间的重整与维护，全面更新和聚集城市功能，完善城市基础建设，提升基地水平。

(六)《第 1 次首都圈整备计划》①

前五次首都圈基本计划的实施，虽然在住宅用地的供给、交通体系的整备等方面取得了很大的成果，但仍然没有解决大城市问题。虽然东京的人口、各功能的集中正在缓和，但迄今为止累积的人口依然很多，而且业务机能等各功能集中在东京中心部的影响也很大。因此，东京的便利性虽然很高，但是上下班拥挤、长时间上下班、住宅问题、交通堵塞、环境问题等各种大城市问题依然严重。另外，从防灾的观点来看，发生地震等大灾害时，东京的很多中枢机能同时遭受毁灭性打击的可能性很大，成为国土构造上的大问题。

关于第 4 次首都圈基本计划中计划在东京都市圈形成多核多圈型区域结构，虽然一部分地区正在按照计划的目标进行，试图形成独立都市圈，但剩下的课题仍然很多。比如，向多核多圈型地域构造转换的战略对东京都的一极依存构造虽然有一定效果，但仍处于培养阶段。而且，近年来也有部分业务功能回归东京中心部的动向。

在关东、山梨地区，县厅所在城市和一部分城市开发区域，人口、就业场所、高次城市功能的积累在不断推进，形成了得天独厚、宜居的地区，但在偏离广域交通体系轴线的地区和中间地区等，人口和就业人数则出现了减少。近年来，在关东东部地区，人口增加、各种功能密集的城市已经形成。

---

① 国土交通省：《首都圈整备计划》，https://www.mlit.go.jp/kokudokeikaku/vision/s-plan/s-planhonbun.pdf，最后访问时间：2020 年 11 月 7 日。

此外，到目前为止，在以东京为中心辐射方向的交通系统下，关东东部地区得到了发展，今后将通过完善北关东机动车道等以地区为环状方向的交通体系，来寻求新的合作、交流的节点，对关东地区进行发展。

另外，都市圈各城市原有的市区作为各种活动的场所发挥着重要的作用，但是，支撑城市顺利活动的交通基础设施不足，公园绿地等休息空间不足，防灾上危险的老化木造建筑仍然密集于市区内等，在急剧的城市化过程中产生的很多问题还没有解决。而且，近年来，城市中心部和临海部等低、未利用地的增多，人口减少，各设施向郊外地区迁移等导致了中心市区的衰退、空洞化等。

针对上述问题，2006 年日本政府在首都圈第 5 次基本规划的基础上开始了第 1 次首都圈整备计划的制定，规划内容与第 5 次基本规划并无太大差别，只是在序言部分增加了首都圈今后要探讨的课题这一项内容，为首都圈将来的发展提供了方向。① 其中应当注意的是，第 1 次首都圈整备计划提到了首都功能转移，通过将国会及行政及司法的中枢功能转移到东京圈以外的地区，有助于纠正东京一极集中，强化国土的灾害应对力，恢复东京适宜的空间，同时也有可能成为整个国政改革的契机。首都功能转移是与国民意识和价值观密切相关的课题，同时也对 21 世纪日本的现状产生了巨大影响，今后国会也将积极对此进行讨论，同时也将面向国民征求意见，一致意见的形成需要进一步的努力。

（七）《第 2 次首都圈整备计划》②

从 2008 年开始，日本真正进入了人口全面减少社会。随着出生率的连年降低，少子化和高龄化发展迅速。在国际环境中，亚洲的主要城市迅速发展，国际城市间的竞争也日渐激化。为了增加日本产业的国际竞争力，吸引海外

---

① 魏涛、范少言：《日本首都圈规划的最新动向及启示》，载中国城市规划协会编：《活力城乡美好人居——2019 中国城市规划年会论文集》，中国建筑工业出版社 2019 年版。

② https：//search. e – gov. go. jp/servlet/PcmFileDownload？ seqNo = 0000141066，最后访问时间：2020 年 11 月 7 日。

投资，为此进行环境整备是日本政府所面临的课题。同时，世界范围内对食品、水、能源等的需求急剧增加，确保将来这些资源可以稳定供给、循环使用、应对地球环境问题也是接下来日本政府持续关注的课题。此外，随着近年信息通信技术等的革新，在解决上述问题时可能给社会带来巨大变革。

同时，随着日本社会的日益成熟，国民的价值观、生活方式也变得多样化。另外，由于日本是一个多自然灾害的国家，国民对安全、安心的生存环境也越来越关注。随着人口的减少，市区的低/未利用地、荒废的农地、空房、没有必要种植的森林、难以判断所有者的土地等问题也越来越明显。

在首都圈范围内，虽然经过从《第 1 次首都圈基本计划》开始的一系列开发规划，首都圈的“一地依存”现象有所缓解。但是，人口减少、人口向东京圈集中，导致首都圈范围内交通堵塞、日本经济整体风险日益提高等问题仍然存在。同时，在首都直下型地震、大规模水灾害等巨大灾害的风险日益高涨的情况下，作为日本经济的中枢——东京的受灾风险也在提高。另外，考虑到日本经济对国际社会的影响，东京都的“一地依存”发展趋势也会增加世界经济的风险。为了减轻风险，在强化东京圈的机能的同时，谋求缓解“一地依存”的政策仍然是重中之重。

在此背景下，2016 年 3 月，日本政府出台了《第二次国土形成规划》，以及在此基础上的《第 2 次首都圈整备计划》。本次首都圈整备计划的目标是：在安全、安心的基础上，创造出“面的对流”，为世界贡献解决问题的能力，成为尖端领域、文化的创造地，同时也拥有丰富的自然环境，具备优质的、高效的、精细的，让定居于此的人们感到亲切的，并被世界各国人民憧憬的“成熟的首都圈”形象。

为了加强东京都的国际竞争力，同时纠正“一地依存”现象，本次计划强调了创造“面的对流”的重要性。对东京大首都圈进行“面的对流”的转换，是由于形成一个新的聚集点并不能解决当下“一地依存”的问题，本次计划认为最大限度地活用面上的交互式网络，在整个首都范围内创造出作为对流中心的“合作集群”，并在“合作集群”处产生新的对流才是解决首都圈“一地依存”的关键。

为了形成“合作集群”，首都圈整备计划设想了以纵贯、横穿国家土地广域区域的综合合作为目标的“轴概念”；在广域区域以特定主题下的联合为目标的“区域概念”；在多个城市、据点之间进行合作的“区域群概念”；以及承担广域节点、合作功能的“对流据点概念”四个基本概念。并且在描绘以此为中心的战略空间概念的同时，在首都圈内创造出多个“合作集群”，强化东京圈和它们之间的网络联系，将首都圈转换为对流型，提高首都圈整体的国际竞争力。

另外，不单通过协作创建对流型结构，也通过“合作集群”进行更广泛的协作（共同工作、合作），从而构筑单独地域无法完成的、具有魅力的广域观光旅游路线，以及防灾方面的广域合作，这些都有助于提高首都圈整体的防灾能力。并且这种“面的对流”也会由首都圈发展到全国，为日本的整体发展做出贡献。

为达到这一目的，首都圈整备计划涉及10个方面：（1）强化防灾、减灾一体化的成长、发展战略和基础的防灾能力；（2）强化以超级巨大的经济区域为前提的国际竞争力；（3）应对包括都市和农村山林渔村之间对流的异次元的超高龄社会；（4）进一步提高社会系统的质量；（5）采取灵活且高效的生产系统来复兴日本经济的措施；（6）创造地域环境的革新与创新；（7）创造让年轻人、女性、高龄者、残疾人等都能够参加社会活动的环境；（8）以“回归田园”推动农村山林渔村的振兴；（9）将首都圈构建成全世界游客通行的观光地域；（10）以奥运会、残奥会为契机向世界展现一个成熟的首都圈和一个复兴的东北地区。

四、启示

（一）完善关于城市建设的法律法规

城市管理是一个依法行政的过程，要依法管理，就要在管理实践中不断完善法律法规。

根据前文内容可以看出，日本国土、地域的规划开发均经过“先立法再实施”的过程。首都圈的规划与开发也同样遵循着这样的流程。1950 年为了开发东京都，首先出台了《首都圈建设法》；随着制定首都建设计划的首都建设委员会被移出建设省，1956 年日本政府又颁布了《首都圈整备法》来保障东京大都市圈的发展与建设，同时，该法也规定了日本政府需每年向国会报告当年首都圈建设的情况。从此，《首都圈整备法》作为日本首都圈规划建设的基本法，在首都建设方面起到了重要作用。东京都也在以该法为基础出台的一系列整备计划下得到了良好的发展。在此期间，针对首都圈不同领域的开发，日本政府分别制定了多部法律。例如，1958 年 4 月的《首都圈城市街道开发区整备法》、1959 年 3 月的《关于限制首都圈的原有城市区域的工业的法律（工业等限制法）》等。同时，日本政府也十分重视新出台的法律与原有法律之间的关系，在出台新的法律的同时，都会对原有法律进行相应的修改。例如，1960 年修改了《自治厅设置法》，1961 年修改了《国家行政组织法》等。这些法律法规的颁布与相关法律的修改均体现了日本政府对依法行政的重视，也正是这种对法律的尊重才使得东京都得到了平稳、连续的发展。

日本在首都圈建设过程中经历了七次规划，每次规划都是先分析当前阶段所面临的问题，再针对这些问题提出规划的思路与政策。而这些具体政策均不是由单纯的行政层面的实施办法来规定的，而是通过制定和修改相关法律法规来实现的。这种做法使得日本首都圈的建设在形式上以及实质上都受到了严密的国家保护。“先立法后实践，在实践中不断完善法律制度”的原则使得相关法律从战略上可以为首都圈规划思路的变革提出引导，也从法律的层面上为各个阶段首都圈规划目标和政策顺利落实提供了法律依据和制度保障。①

关于实施依据，有学者明确强调：“必须加强法治建设。在推进城市一体

① 周姝天、翟国方：《日本首都圈规划发展的经验及启示》，载中国城市规划协会编：《活力城乡美好人居——2019 中国城市规划年会论文集》，中国建筑工业出版社 2019 年版。

化的初级阶段就要及时地制定相关的法律法规，以便在整个过程中做到有法可依，而不是仅依靠行政命令或是一些形式上的会议组织来进行协调协商。即使是以协商的方式来推进一体化，也要有一个协商组织的条例与组织法。我们应该制定一个相对原则的法律法规来指导城市一体化的建设，在实践中还要不断地修订完善，以便更好地指导城市一体化的建设。"①

日本在都县的跨区域行政方面以三大都市圈整备法为中心，在市町村的广域行政治理方面以《地方自治法》为主要依据，明确了相关行政机构的具体权限和管理流程，既考虑到国家和中央层面的综合统筹，又十分重视地方的诉求和利益。②

通过立法保障国土规划的法制性与规范性是各国规划的发展趋势。日本"先立法后实践"的原则充分保证了规划的严肃性和执行力，不断完善的规划法律、法规体系在确保规划权威性的同时也减少了规划制定和实施过程中的随意性。③ 现阶段，由于我国的各类城市群、都市圈规划并不属于《城乡规划法》保护的范畴，相关规划在编制和实施中常常面对诸多不便。④ 因此，通过对城市区域的开发进行立法来保障此类开发的正当性、合法性是必不可少的。同时，设置相应法律规划城市区域的建设对于城市的持续发展也至关重要。此外，统筹已有法规与新设法规的一致性，通过立法来保障城市区域开发，避免法律之间的冲突导致城市区域开发受阻也是此过程中尤为重要的一环。

另外，也需要建立完善的法律法规来监督、评估城市区域建设的成果。城市的发展与国家政策、国际局势等息息相关。由于这些因素瞬息万变，只有建立完善的法律法规来监督、评估规划实施的成效，并根据此评估及时调

---

① 俞慰刚：《日本首都圈政策及规划对长三角城市一体化的启示》，载《上海城市管理》2018年第2期。

② 杨官鹏：《日本跨行政区域组织机构管理经验及对长三角一体化发展的启示》，载《云南行政学院学报》2020年第2期。

③ 周姝天、翟国方：《日本首都圈规划发展的经验及启示》，载中国城市规划协会编：《活力城乡美好人居——2019中国城市规划年会论文集》，中国建筑工业出版社2019年版。

④ 周姝天、翟国方：《日本首都圈规划发展的经验及启示》，载中国城市规划协会编：《活力城乡美好人居——2019中国城市规划年会论文集》，中国建筑工业出版社2019年版。

整规划内容才能保障城市持续发展。根据日本的《首都圈整备法》，日本政府每年都向国会报告当年首都规划的完成情况及面临的问题，这使得日本政府能够及时了解到当前规划是否能解决当下面临的问题，并及时进行调整。然而，我国针对区域规划切实可行的监督机制仍为空白，为了防止各城市群规划和都市圈规划目标沦为空谈，各规划都需要尽快构建完备的规划监测评价指标体系和动态监测机制，并建立相应的法律法规进一步保障。①

（二）行政机构的联动协调

一个城市的发展并不是孤立进行的，而是与周边区域息息相关。所以，在对城市进行规划时必须考虑其与周边区域的发展之间的关系。而构建这种区域联动发展计划，不仅对目标城市的发展至关重要，对目标城市周边区域同样有所助益。上文提到，东京都的发展并不是东京都独立发展，而是“一都七县”共同、联动发展。其中不仅涉及了东京都内的各个行政部门，也同样涉及了周围七个县的各个行政部门。所以，这些行政部门之间通过沟通协作、确定各自的权限范围、做好权利范围的衔接至关重要。另外，首都圈整备计划大多涉及城市的各个方面，例如，交通、通信、水电、观光、农林等，只有负责这些方面的行政机关相互连通、相互协调，才能实现每一次的首都圈整备计划。

近年来，考虑到地方微观问题的解决困境，日本政府逐渐下放权力，地方政府有了更多的自主权，真正实现跨行政协商，推动了首都圈规划的顺利实施。此外，“关东地方行政联席会议”（1965）、“七都县首脑会议”（1979）、“首都圈港湾合作推进协议会”（2002），以及2016年第七次首都圈规划编制时的协议会、专家顾问委员会等一些“自下而上”的、非正式的协调机制也分别在首都圈规划的不同时期保障了区域研究和协调工作的开展。②

---

① 周姝天、翟国方：《日本首都圈规划发展的经验及启示》，载中国城市规划协会编：《活力城乡 美好人居——2019中国城市规划年会论文集》，中国建筑工业出版社2019年版。

② 周姝天、翟国方：《日本首都圈规划发展的经验及启示》，载中国城市规划协会编：《活力城乡 美好人居——2019中国城市规划年会论文集》，中国建筑工业出版社2019年版。

因此，在制定北京的发展规划时，也应当协同津冀地区，谋求共同发展。“一地依存”是大都市发展的共通问题，为解决这一问题，日本政府先后提出了“据点开发方式”“多级分散方式”“分散性网络结构”以及“面的对流”的构想，这些构想的核心均为大力开发东京都周边区域，增强东京周边区域的各种竞争力，以减少人口和产业向东京都过度集中。所以在开发面临同样问题的北京时，同样需要强调京津冀一体化发展。并且，这种一体化发展是地区之间既有合作，也有竞争的发展，一体化并不是消灭竞争，而是为竞争创造相对公平的环境。①

如上文所述，日本首都圈的建设和发展离不开与时俱进的规划调整、多行政部门的协调合作以及完善的监督评估机制。虽然日本首都圈的规划及其发展并未完全解决“一地依存”等大都市发展的共有问题，但在首都圈整备计划的实施下，东京都确实得到了良好的发展，其所面临的各种问题也得到了不同程度的改善。此经验对于我国开发、规划京津冀、长三角、珠三角等大城市区域具有重要参考意义。总而言之，城市群和都市圈作为地区经济社会发展的重要引擎和参与国际竞争的重要平台，区域的一体化协调发展不可能一蹴而就，应当建立在法律法规一体化、规划编制一体化、行政管理一体化和监测评价一体化的基础上，合理布局区域产业资源，共享发展成果，才是区域可持续协调发展之路。②

（三）关注首都周边区域

对于促进首都圈的发展，日本政府首先出台了《首都建设法》。由于该法律是针对东京都内区域的法律，所以造成首都周围的区域为配合东京都的建设发展而牺牲了其应得到的发展。考虑到东京都周边的区域对得到相应发展的诉求，日本政府将首都地区进行了统合，出台了《首都圈整备法》。

---

① 杨官鹏：《日本跨行政区域组织机构管理经验及对长三角一体化发展的启示》，载《云南行政学院学报》2020 年第 2 期。

② 周姝天、翟国方：《日本首都圈规划发展的经验及启示》，载中国城市规划协会编：《活力城乡 美好人居——2019 中国城市规划年会论文集》，中国建筑工业出版社 2019 年版。

借鉴东京圈发展的经验，北京在进行城市规划方面立法时也应考虑到京津冀地区的协同发展，京津冀协同发展的中心战略是缓解北京的非首都功能，这就需要各地区结合本地区发展的基础，有效配合京津冀协同发展的战略部署，利用本地区的优势产业和已有的经济基础，有效推进各地区的均衡发展。[①]

第二节　韩国《幸福城市法》研究

一、幸福城市内涵

（一）幸福城市法的产生

幸福城市目前的名字叫“世宗”[②]，是一个行政中心复合城市，韩国的首都仍然是首尔。[③] 幸福城市原来是由忠南燕岐郡南面、锦南面、东面和公州市长岐面、盘浦面等行政区域构成，2010 年《世宗市法》颁布后，以上地区和燕岐郡全体地区以及部分公州市和清原郡被编入世宗特别自治市。总统、统一部、外交部和国防部部长等依旧在首尔，国务总理和多数行政部门则入驻幸福城市。幸福城市居民的职业形态中，民营企业占多数，为54%，往后依次是农林渔业，占12.5%。幸福城市目前设有3个图书馆、5个博物馆，1个文艺会馆，1个地方文化院，有国乐、戏剧、美术等73个有关文化艺术团体活动。[④]

依据《为新行政首都后续对策而延期建设公州地区行政中心复合城市的特别法》（以下简称《幸福城市法》）第2条第1款之规定，幸福城市是一个

① 史艳玲、刘子轩：《日本首都圈建设及启示》，载《合作经济与科技》2018 年第 11 期。

② 《关于世宗特别自治市设立等的特别法》（以下简称《世宗市法》）第 1 条。

③ 《关于首尔特别市行政特例的法律》第 2 条。

④ 行政中心复合城市建设厅《幸福城市文化特化营销战略开发最终报告书》，2016 年 3 月发布，第 15 ~ 21 页。

以行政职能为中心的复合城市，具有自足性和复合性。① 所谓的自足性是指幸福城市应当具备与城市人口规模相适应的经济活动和功能，并通过适当的经济活动和城市基础设施确保城市持续的潜力和活力增长的能力。② 所谓的复合型是指幸福城市在功能上除了应当满足财政自立、产业基础、工作岗位等条件的经济独立性外，还应当具备文化、国际交流教育、高新产业、旅游休闲等多种复合功能。③ 依据《幸福城市法》第2条规定，幸福城市在性质上是一个有别于一般综合性城市的具有复合功能的行政中心城市，其意义在于消除首都地区人口、资源过于密集的现象，引导国家均衡发展。总体上，依据《幸福城市法》所定义的幸福城市，不仅应具有行政功能、居住功能，还应具备产业化的城市功能，是一个融合了文化、国际交流、研究开发、教育、尖端产业、旅游休闲等内容的自足性城市。

（二）建立幸福城市的意义和目标

1. 意义

韩国建立幸福城市，其意义主要有二。

第一，对韩国坚持国家均衡发展战略，提高国家竞争力具有重要意义。依据《幸福城市法》第1条之规定，建设幸福城市是韩国均衡发展政策的先导。韩国通过建设幸福城市，构建多层分散型国土结构，实现国家均衡发展。

第二，对提高韩国城镇水平，建设面向未来的可持续发展的模范城市具有重要意义。韩国通过将幸福城市建设成生活便利的先进城市、具有历史和文化气息的美丽城市以及对灾害能积极预防的城市，为后续建设的其他城市在各方面提供示范作用。

---

① 《幸福城市法》第2条规定，幸福城市是指根据第16条的搬迁计划，由中央行政机关及其所属机关（总统除外，以下称“中央行政机关等”）迁移，建设成以行政职能为中心的复合城市的城市，包括第2项预定地区和第3项周边地区。但是，依照第5条法律确定行政区域的，是指该区域。

② Chang Joon－Sang、Lee Chang－Moo，*A Study on the Change of Self－Containment Level of the Five New Towns in the Seoul Metropolitan Area*，Journal of Korea Planning Association，41 (2)，2006.4，p.44－45.

③ ［韩］金光鉉：《作为21世纪情报城市的幸福城市》，载《大韩建筑学会集》2005年第8期。

2. 目标

韩国建立幸福城市的目标具有多重性，表现在：第一，将幸福城市建设为和谐民主城市。韩国通过建设幸福城市，拟构建分散性功能的民主城市空间结构，构筑各阶层人民和谐相处的居住环境，并通过提供机会均等的高水平教育环境，保障文化多样性，增进人民福祉。

第二，将幸福城市建设成以市民为中心的开放型城市。韩国建设幸福城市，拟以亲民的面貌部署中央行政机关及研究机关，方便市民获得相关服务。

第三，将幸福城市建设为可持续发展城市。韩国拟将幸福城市建设为生态型、节约型的城市，促进城市自身的可持续发展。

第四，将幸福城市建设为便民先进城市。韩国拟以建立幸福城市为契机，在全国各地建立广域交通网，利用大众交通，方便市民出行，并通过建立方便、快捷的信息通信网，使大众受益。

第五，将幸福城市建设为具有历史文化底蕴的美丽城市。韩国拟通过建立幸福城市，创造自然与人工连在一起的城市景观，创造使生活变得富饶的文化环境，彰显魅力亲近感的建筑文化、地区传统文化与历史。

第六，将幸福城市建设为防灾减灾城市。为让市民能够安心生产和生活，幸福城市将建设一整套防灾减灾体系，增强防御各种灾害的能力。①

二、幸福城市的建设背景和过程

（一）幸福城市的建设背景

幸福城市的建设在很大程度上是因为首都资源的过度集中。在韩国，主要的经济力量都集中在首都地区。有资料统计，2000 年，韩国 46.3% 的人口集中在首都圈，同时韩国约 48% 的生产总值、57% 的制造业、65% 的金融交

① 中央大学产学合作团国家政策研究所《幸福城市的地位、辖区等的研究》最终报告书，2007 年 6 月 4 日发布，第 2～3 页。

易和税收收入，77%的风险投资企业，83.2%的国有企业以及20所名牌大学中首尔占65%。[①] 正是因为各项资源过度集中，导致首都圈内的土地及住宅价格暴涨，交通不便，环境污染，极大地增加社会成本和经济成本，同时也拉低了首都圈的生活质量，削弱了首都圈的城市竞争力。

从20世纪40年代开始，韩国政府就认识到首都地区人口过于集中所带来的一系列严重问题，并通过实施各种政策措施，重点控制人口流入。但尽管政策多样，首都圈的人口还是持续增加。由于首都圈资源和人口过度集中所带来的住房难、交通难、环境污染等问题依旧没有解决。在这样的背景下，韩国政府另辟蹊径，决定通过建设幸福城市来均衡国家经济发展，以期消除首都圈资源和人口过度集中带来的副作用，缩小首都圈与地方之间的经济实力差距，从而达到实现国家均衡发展，提高国家整体竞争力的目的。

20世纪70年代后期，韩国总统朴正熙以解决首都地区人口密集以及加强安全为目的，在忠清地区（忠北、忠南及大田）推行临时行政首都建设计划。朴正熙在忠清地区选定了3个候选地区，构想了50万人口、总面积85平方米的临时行政首都。但该计划因朴正熙突然逝世而流产。90年代中期，作为分散中央行政职能政策的一环，大田广域市曾建立第三政府大楼，将位于首都圈中央政府的10个厅级单位机关转移到地方。但即使如此，也未能解决中央行政机关在首都圈集中的问题。

2002年韩国总统竞选期间，作为总统候选人的卢武铉在选举承诺中提出了建设新行政首都的计划，其内容是从2007年开始在忠清地区建设可以容纳50万人口的新行政首都。卢武铉总统在位期间，提出了“新国土构想”，制定了城市开发方针，推出了面向未来的城市发展模式以及推进新行政首都建设、国家均衡发展、地方分权三大国家均衡发展政策。其中，作为分权分散型模范先导的就是幸福城市建设的母体——新行政首都项目建设，以此推进

---

① Lah, Tae - Joon, *Above and Beyond the Multifunctional Administrative City Construction*, Social Sciences, vol. 35, 1 (2005).

首都均衡发展战略。[①]

（二）幸福城市的推进过程

2003 年经过多次讨论会和公开听证会后，12 月在韩国国会上以赞成票 87% 的压倒性优势通过了《为建设新行政首都的特别措施法》。2004 年 7 月 5 日，韩国公布了 4 个行政首都候选地的评估结果。但在 2004 年 7 月 12 日，宪法诉愿代理人团提出了宪法诉愿，要求停止新行政首都建设推进委员会活动的临时处理申请。财政经济部在决定书中表示："《为建设新行政首都的特别措施法》没有按照宪法修改程序。韩国首都是首尔，这虽然是不成文惯例，但是迁都仍然要经过宪法修改程序，而不能通过制定新的法律来进行，否则会侵犯国民在现行法律修改过程中拥有的参政基本权——国民投票权。"同年 10 月 21 日韩国宪法裁判所做出的违宪判决称："迁都属于宪法修改事项或关于外交、国家统一、国家安全的重大事件，但并没有通过国民投票表决。"因此，8 位法官中 7 位认为该法违宪，并认为首都迁移必须在《宪法》中规定，需经过修改宪法的程序。

由于宪法法院的判决，《为建设新行政首都的特别措施法》失去了效力。对此，韩国政府于 2005 年 3 月制定了《幸福城市法》。但《幸福城市法》也与被定为违宪的《新行政首都迁移特别法》具有相同的立法前提，因此，之前主张《为建设新行政首都的特别措施法》违宪判决的宪法诉愿请求团又以侵害国民投票权、听证权、平等权等基本权利为由提出了宪法诉愿。宪法裁判所于 2005 年 11 月 24 日做出驳回决定，这一争论才告一段落。宪法裁判所的驳回理由为：第一，在信息通信技术发达的现代社会，即使彼此处在距离场所较远的地方，只要总统和行政各部之间能够确保顺利的沟通手段，总统就不难通过决策确保控制能力。因此，不能认为位于幸福城市的机关承担着具有国家政策控制力的中枢功能。第二，幸福城市不能被评价为获得首都地位的城市，不能根据该案的法律，将首都迁移到幸福城市或首都被划分为首

---

① ［韩］李英焕：《新行政首都特别法的宪法审查》，载《法律评论》2005 年第 19 期。

尔和幸福城市。第三，即使建设幸福城市，国会和总统仍然会位于首尔。另外，对外关系的形成和发展将在首尔形成，首尔仍然是国内第一大城市，将维持经济中心、文化中心的地位，大法院和宪法法院等司法职能的核心也将在这里形成。因此，首尔仍能履行国家的象征性职能。第四，国务总理的权限和地位从根本上不能说与地理所在地直接相关。另外，虽然提出请求的人主张，总统和国务总理必须位于首尔这个城市的“惯例宪法”存在，但我们认为不能承认这种惯例宪法存在。①

（三）幸福城市规划纲要的形成

2006年11月20日韩国确定了幸福城市的开发计划案。计划案的发布，经历了2次听证会和2次推进委员会委任委员恳谈会，并咨询了相关专家的意见。根据确定的开发计划，幸福城市总面积的52%（1550万平方米）将被建成绿地，住宅面积为484万平方米，将有20万户家庭被分配到低密度型住宅。教育设施预计占地85万平方米，文化、福利、医疗等社会基础设施总面积将从4%增加到6.7%。幸福城市预计在2030年建成。

幸福城市建设计划分为三个阶段：第一阶段从2007年到2015年，该阶段被称为“初期活力阶段”，计划人口为15万人，预计2014年末将完成9部2处3厅2委员会1室17个中央行政机关的建设，同时计划完成KDI、国土研究院等16个国策研究机关的建设。2014年将引进世宗市政厅和世宗市教育厅等城市行政功能。第二阶段从2016年到2020年，该阶段被称为“自足成熟阶段”，计划累计容纳30万人口，并计划积极引进大学、综合医院、国际交流、中层知识产业等民间部门。第三阶段从2021年到2030年，该阶段被称为“开发计划阶段”，即累计容纳50万人口的均衡发展创新据点完成阶段。②

---

① ［韩］李光潤：《世宗市建设的法理性回顾》，载《韩国土地公法学会学术大会》2009年第69期。

② ［韩］吴英均：《效率性与民主性：寻求适应后续变化的世宗特别自治市的合作方案》，2013年夏季行政学共同学术大会发表论文。

三、幸福城市立法的主要内容

幸福城市的建立，主要依据《幸福城市法》和《世宗市法》两部法，下面分别论述。

（一）《幸福城市法》

1. 构成体系和立法目的

《幸福城市法》由8章71条组成，具体如表3－1所示：

表3－1

章节	名称	具体内容
第一章	总则	目的，定义，国家和地方自治团体的责任，国家均衡发展政策的并行推进，幸福城市建设的基本方向，与其他规划的关系等
第二章	预定地区等的指定及管理	开发行为许可及建筑许可限制特例，土地交易许可区域的划定，指定预定地区等的基础调查，预定地区等的指定、公示、效果等，预定地区等内的行为限制等、中央行政机关的移转计划、广域城市规划等
第三章	幸福城市的建设	城市建设实施者的指定，建设基本规划，开发规划和实施计划，基础设施的设置，土地等的征用，成型土地的供应计划、竣工检查等
第四章	促进机构	委员会的设置等事项，建设厅的设置等事项，有关机关的协助请求事项，员工派遣请求事项，舆论征集，中央城市规划委员会咨询等
第五章	幸福城市建设特别会计	幸福城市建设专项会计相关事项，共有财产的无偿使用，贷款，盈余处理，国家预算支出上限等
第六章	对城市建设者的支持	地方税及负担金的减免，周边地区的支持政策，损失补偿政策，对国有土地、公有土地的处分限制等

续表

第七章	补则	与城市、郡计划相关条例，智能城市建设及产业振兴等相关特例，建筑条例、建筑许可等方面的特例，广域交通改善对策的特例，首都整顿基本计划等的特例，民间投资产业的特例，国家作为合同一方当事人的法律特例，关于建设工程现场检查的特例，外国教育机构的设立、运营，知识产权中心的设立及支持政策，对研究机构、国际机构以及综合性医院、大学的支持政策，公共设施的归属、管理等
第八章	罚则	
	附则	关于法律的实施日期等事项

依据《幸福城市法》第 1 条规定，其立法目的是通过建立幸福城市，消除首都圈过分集中产生的副作用，促进国家均衡发展，增强国家竞争力。为实现这一立法目的，《幸福城市法》第 4 条规定了国家在均衡发展中的作用，即国家为了实现各地区均衡发展，应与幸福城市的建设一起，推进公共机关向地方迁移、实施首都圈发展对策、开发落后地区、实现地方分权等国家均衡发展政策。同时，《幸福城市法》第 5 条规定了幸福城市建设的基本方向，即：(1) 幸福城市应是一个为国家均衡发展服务的具有行政中心职能的复合型自足城市；(2) 幸福城市应是一个自然与人类交融的绿色环保城市；(3) 幸福城市应是一个集方便与安全于一体的以人为本的城市；(4) 幸福城市应是一个文化与高技术相结合的充满文化气息且信息发达的城市。

2. 预定区域的划定和管理

(1) 开发行为许可和建筑许可限制的例外规定①

国土交通部长官在为指定预定地区及周边地区（以下简称预定地区等）进行调查的过程中，对可能出现无秩序开发和房地产投机的地区，可不适用《关于国土规划和利用的法律》第 63 条和《建筑法》第 1.8 条的规定，直接适用《关于国土规划和利用的法律》第 56 条规定或是《建筑法》第 1.1 条规

① 《幸福城市法》第 8 条。

定对开发许可行为或建筑许可行为进行限制。在此种情况下，国土交通部长官可以根据《幸福城市法》第29条之规定，由幸福城市建设推进委员会对此进行审议。同时，国土交通部长官实施限制行为时，应当在官方公报上公告限制地区、限制内容和限制期限等，并在限制目的消失或者限制地区、限制内容、限制期限等需要变更时，做相应的解除或者变更。解除限制或者变更限制内容的，应当在公报上公告。

（2）预定地区的指定

预定地区指定机关为国土交通部长官，其在获得总统的批准后可指定预定地区。预定地区将在韩国忠清南道燕岐郡及公州市的地区中指定。

国土交通部长官在设定预定地区前，需要履行调查程序，即应该对被指定为预定地区的地区进行人文、自然环境和土地利用状况等调查，必要时可以委托有关专家或有关机关、团体等进行调查。

国土交通部长官在设定预定地区等的界限时，除应该考虑自然地形、环境、经济及行政区域等各种因素外，还必须举行听证会，听取居民和相关专家的意见及相关地方自治团体负责人的意见，然后经过委员会的审议并需与有关中央行政机关长官的协商。听证的内容包括：开听证会的目的，举行听证会的预定时间及场所，预定地区等指定案的概况等。听证会须在当地通用的报纸上提前14日进行公告。

国土交通部长官指定或变更指定地区等时，应当在官方公报上公告下列事项，并将有关文件的副本发送有关地方自治团体的负责人，收到有关文件复印件的有关地方自治团体的负责人，应当允许公众查阅：幸福城市建设项目的名称；建设目的和实施单位；预定地区的位置及面积；周边地区的位置及面积；需用或使用土地的明细。①

（3）中央行政机关等的迁移计划

中央行政机关的迁移计划由行政安全部长官制定，内容包括：作为迁移对象的中央机关（其中外交部、统一部、法务部、国防部、妇女部5个部门

---

① 《幸福城市法》第9条、第10条、第12条。

将被排除在迁移对象之外）；迁移的方法及时间；迁移费用的估算；中央行政机关迁移带来的行政效率提高方案等。

行政安全部长官制定迁移计划，应事先举行听证会，听取国民及有关专家的意见，并与有关中央行政机关长官进行协商。国土交通部长官在协商时应提出委员会的意见。行政安全部长官的迁移计划被批准时，应当在官方公报上公告。①

（4）广域城市计划

国土交通部长官可根据总统令将预定地区和邻近地区之间的空间结构及功能相互联系，并保护环境，系统整顿广域设施，将与预定地区等邻近地区和其邻近的广域市、特别自治市、市或郡的全部或部分指定为幸福城市广域规划圈。在指定之前，国土交通部长官必须听取市长或者郡守的意见，然后经过委员会的审议。②

3. 相关机构的设置

（1）幸福城市建设推进委员会

为审议有关有效推进幸福城市建设的重要政策，国土交通部长官下设幸福城市建设推进委员会。该委员会隶属国土海洋部长官，由相关副部长及民间人士等30人以内的委员组成。其中，包括委员长2名，政府委员10名。政府委员包括国土海洋部长官，计划财政部副部长，教育科学技术部副部长，国防副部长，行政安全部副部长，文化体育观光部副部长，农林水产食品部副部长，知识经济部部长，环境部副部长，建设厅长。③ 幸福城市建设推进委员会中的民间委员，是指在学识和经验丰富的人中，经建设厅长推荐，由国土海洋部长官委任的人。幸福城市建设推进委员会职能为：指定预定地区等事项；推进幸福城市广域城市计划；推进基本计划、开发计划、实施计划有关事项；推进有关土地供应的重要事项；制定组成土地及生地供应价格评估

---

① 《幸福城市法》第16条。

② 《幸福城市法》第17条。

③ 《幸福都市法》第29~34条。

标准等；推进基础设施设置的事项；推进幸福城市建设专项会计管理运用的重要事项；推进有关广域交通改善对策的事项等。委员会的会议，由出席委员过半数通过。为有效审议委员会委任的各项重要事项，可以在委员会中设立小委员会，小委员会由5~7名委员组成。只有当委员会把小委员会的审议看作委员会的审议时，才视为委员会的审议。

（2）建设厅

为有效推进幸福城市建设工作，国土交通部长官下设幸福城市建设厅。建设厅设厅长1名，副厅长1名。建设厅的组织及运营等必要事项由总统令规定。建设厅长的权限包括在预定地区等地的实施许可行为，制定幸福城市广域城市计划，制定基本计划、发展规划，批准实施计划，竣工验收，建设专项会计的管理运用，幸福城市建设工作统筹协调等。①

4. 幸福城市的建设

（1）幸福城市的建设者

幸福城市的建设者由国土海洋部长官指定，为有效实施幸福城市的建设事业，建设执行者在必要时，可根据总统令的规定，并在得到建设厅长的批准后，让公共机关或是民间团体公共机关与民间团体共同设立的法人承担一部分幸福城市的建设工作。

（2）幸福城市的基本规划、开发计划和实施计划

幸福城市的基本规划由建设厅长制定，其内容包括：幸福城市建设工作纲要；人口安排及土地使用的基本构想；被转移的中央行政机关的部署方向；城市交通与景观环境保护的基本方向；教育、文化、福利等设施设置的基本方向；道路、上下水道等主要基础设施建设的基本方向；资金筹措方案；开发计划的方针等。建设厅长制定基本计划，应事先举行听证会，听取居民及有关专家的意见，并听取有关地方自治团体负责人的意见。基本计划必须经过国土交通部长官的批准。国土交通部长官批准基本计划前，必须与有关中央行政机关的长官进行协商，然后经过委员会的审议。国土交通部长官在认

---

① 《幸福都市法》第38条、第39条。

可基本计划时，应向有关中央行政机关长官通报，并向建设厅长报送有关文件。在这种情况下，得到相关文件的建设厅厅长应该根据总统令的规定公布其内容，并允许大众阅览。

建设厅厅长将以基本计划为基础，通过委员会的审议，制定“实施计划及地区单位计划的指针”——开发计划。开发计划提出了土地利用、交通处理、环境保护、基础设施建设、财源筹措及阶段性开发等具体计划。

实施计划由建设者制定，经委员会审议，报建设厅长批准。实施计划应依据《城市交通整顿促进法》第16条第4项的改善必要事项以及《环境影响评价法》的环境影响评价结果制定。建设厅长批准实施计划时，应当按照总统令的规定进行公告，并将有关文件的副本发送给有关地方自治团体的负责人，收到有关文件复印件的地方自治团体的负责人，应当允许公众查阅实施计划。

（3）幸福城市的建设

依据《幸福城市法》相关规定，幸福城市建设包括基础设施建设、土地利用、竣工验收等内容。[①] 首先，国家应扶持预定地区所需的道路、上下水道等依据总统令规定的基础设施和附属设施的建设，其扶持的范围和对象等需要事先经过委员会的审议。地方自治团体则应优先支援预定地区等以外的基础设施的设置。在预定地区内，项目实施者在必要时可以根据《为公益事业的土地等取得及补偿的相关法律》的相关规定征用或使用土地等。施工人员完成幸福城市建设工作的全部或者部分时，应当立即接受建设厅长的竣工验收。建设厅厅长如果认为竣工检查的结果是按照实施计划完成的，就应该向事业施工者发放竣工检查书，并根据总统令的规定公告工程结束，如果没有按照实施计划完成，就应该立即下达补充施工等必要措施的指令。

5. 幸福城市建设专项会计[②]

为给幸福城市建设提供财政支持，《幸福城市法》专门规定了幸福城市建

---

① 《幸福城市法》第23～28条。

② 《幸福城市法》第44条、第45条、第51条。

设专项会计制度。该会计由建设厅长管理和运营，重要事项必须事先经过委员会的审议议决。税收由按照搬迁计划搬迁到幸福城市的中央行政机关等楼堂馆所及附属设施及其用地（包括中央行政机关等所在的楼堂馆所建设中需要的土地）的出售价款、使用费、租赁保证金回收金以及从有关财产中产生的其他收益，一般会计转入特别会计的转入金、借款、预备费、剩余资金的处理等组成，支出包括购买办公大楼用地、建设基础设施，周边地区扶持项目等。为消除政府财政对幸福城市建设的过度竞争，《幸福城市法》引入费用上限制，即为建设幸福城市，规定政府大楼等公共建筑物的建设和广域交通设施的国家预算支出限额不得超过8.5万亿韩元。

6. 对项目实施人等的扶持[①]

（1）税收扶持

为顺利实施幸福城市建设事业，《幸福城市法》第52条规定，在必要时，地方自治团体可根据《地方税特例限制法》的规定对项目实施人减免所得税、登记税和财产税等税收。国家和地方自治团体为顺利实施幸福城市建设事业，在必要时，可根据《农地法》《草地法》《山地管理法》《自然环境保护法》《关于大城市圈广域交通管理的特别法》以及《关于指定开发限制区域和管理的特别措施法》对项目实施人减免各种费用和税金。

（2）对周边地区的扶持

为增进周边地区居民的生活便利和福利，建设厅长可以制定周边地区支援工作的相关计划，但应当与管辖周边地区的直辖市市长、市长、郡守和项目施行者提前进行协商。国家、地方自治团体或者事业施行者可以全部或者部分负担周边地区建设事业所需的费用。

（3）建立相关对策

为保证幸福城市的建设工作顺利进行，国土交通部长官应当制定与建设材料和人力资源相关的政策，有关中央行政机关负责人应制定对入住幸福城市的居民及迁移机关工作人员（包括建设厅所属公务员）的扶持政策。建设

---

① 《幸福城市法》第52～59条。

厅厅长或项目实施者对因幸福城市建设事业而失去生活基础的预定地区居民，应提供职业转换培训，支持其创业，并应当按照总统令的规定建立和实施居民财政落实的扶持对策。

（二）《世宗市法》的内容

1.《世宗市法》的体系构成和目的

《世宗市法》不分章节，由30个条文和2条附则组成，内容分为设立的目的、适用范围、国家责任、世宗市责任、管辖的区域、特殊规定、世宗特别自治市支援委员会，特别委员会、监察委员会的设置、居民参与的预算制度等。《世宗市法》的立法目的和《幸福城市法》的立法目的是一脉相承的，即“纠正首都圈过度集中引发的副作用，并为地区开发及国家均衡发展和加强国家竞争力做出贡献”。该法以该立法目的为中心，设置了关于行政、财政支援方案的内容，包括开发地区、均衡发展等。其立法体系如表3—2所示：

表3—2

内容	条文
目的及责任	目的 适用范围 国家责任 世宗特别自治市的责任 与其他法律的关系
设置及辖区	设置 辖区 世宗特别自治市设立的法令适用上的特殊规定
支援委员会	支援委员会的设置 支援委员会的审议措施 世宗特别自治市事务委托特殊规定

续表

特殊规定	世宗特别自治市内地区均衡发展 对世宗特别自治市的特别支援 财政上的特殊规定 组织上的特殊规定 国家与世宗特别自治市之间的人事交流与派遣 不利益排除原则 对公务员公证待遇的保证 关于公职的特殊规定 条例制定，修改或废止条例的特殊规定 第 26 条　惩戒 · 问责事由时效中止等 第 27 条　保密义务 第 28 条　国家均衡发展特别会计账户设置特殊规定 第 29 条　关于地方自治团体基金管理的特殊规定 第 30 条　居民参与预算制度
监察委员会	第 21 条　监察委员会的设置和职务等 第 22 条　监察委员长 第 23 条　监察委员会 第 24 条　自治审计计划等 第 25 条　自治监察结果的处理等

2. 国家责任和世宗市的责任①

就国家责任而言，国家责任不仅包括国家应当在立法上和行政上采取措施，使世宗市在地方自治和实现地区发展方面的相关法令得到持续完善，而且还包括“制定世宗特别自治市和邻近地区能够实现相生发展的政策和支援方案”，以及“对世宗特别自治市的运营目标及其目标完成度的评估”“制定世宗特别自治市履行提高行政、财政自主权，引导国家均衡发展的中心作用的政策和方案”。就世宗市责任而言，其应当积极配合国家政策的制定和实施，并要与国务总理签订世宗特别自治市成果目标及评价协议（包括教育自治相关事项）等。国务总理应就各种特殊规定及放宽限制的规定等结果对幸福城市的发展和增长做出的贡献进行评价，以及根据其评价结果完善制度等。

① 《世宗市法》第 3 条、第 4 条。

3. 支援委员会和监察委员会的设置①

为使世宗特别自治市对地区发展和国土均衡发展做出贡献，设立世宗支援委员会（以下简称支援委员会），支援委员会隶属国务总理。支援委员会由25人以上30人以下委员组成，其中包括1名委员长。支援委员会的委员长由国务总理担任，委员由国务总理从相关中央行政机关的负责人、相关地方自治团体的负责人以及城市开发和地方自治相关学识和经验丰富的人士中任命或委任。支援委员会的权限在于：制定世宗市中长期发展方案相关事项，提高世宗市在行政、财政方面的自主权事项，对在公州市和清原郡等世宗市编入部分管辖区域的相关地方自治团体的行政性、财政性提供支援并防止支援对策空洞化的相关事项，签订协议及运用评估结果的事项，因支援委员会委员长或市长认为必要而向支援委员会复议的事项等。

监察委员会隶属于市长，其在其职务上具有独立的地位。监察委员会由7名以内的委员组成，其中包括1名委员长。委员由市长任命或委任具有市条例规定资格的人士担任，其中2名由市议会推荐，2名由市教育监推荐。监察委员长必须经过市议会的同意，由市长任命。自治监察的具体方法及范围、自治监察活动中应遵守的标准等相关事项，由监察委员长根据监察委员会表决结果确定。此外，监察委员会的组成及运营等必要事项，由市条例来决定。

4. 特殊的支援政策②

中央行政机关长官对世宗市辖区内的城市规划等各种地区开发，可以给予行政上、财政上的特别支援。中央行政机关的首长在制定各种政策工作时，可以优先支持幸福城市。世宗市长可不适用《地方税》基本法第8条第1款和第3款，将直辖市和区税的税目作为世宗特别自治市（幸福城市）税的税目征收。幸福城市设立的行政机构和地方公务员的定员可以根据人口规模、面积、城市发展阶段等行政需要确定。由于世宗特别自治市（幸福城市）的设立，被编入世宗市（幸福城市）区域的原地方自治团体或者特定地区享受

① 《世宗市法》第9条、第21条。
② 《世宗市法》第12~19条、第30条。

的行政上、财政上的利益不应丧失，亦不能给该地区居民增加新的负担。原地方自治团体的公务员应在人事上受到平等对待。在预算编制过程中，应当允许居民通过公开募集等方式参与。关于居民参与预算的范围、参与居民的选定方法及程序、居民参与过程等必要事项由市条例规定。

（三）幸福城市立法的优点和不足

1. 幸福城市立法的优点

（1）以立法促进城市变革，具有较强的稳定性

从以上幸福城市建立的背景和过程可以看出，幸福城市的建立完全是立法的产物，先有立法，才有城市建设。幸福城市建设这一模式，使得其建设的每一环节都有法可依。同时，关于幸福城市的立法层级都较高，是以法律的形式公布的。这就使得幸福城市建设过程中的各项扶持政策具有法治化特征，从而保证了政策实施的稳定性。

（2）设立多个建设机构，分工协作

如前所述，为建设幸福城市，韩国在中央一级设立幸福城市建设推进委员会、建设厅、支援委员会，在市一级设立监察委员会，并通过立法赋予各个建设机构一定的职责和权限。韩国政府通过相关机构的设置和职权的划分，既有利于不同机构之间的分工协作，也有利于明确各自的权责，避免出现问题时相互推诿。

（3）立法内容丰富，扶持政策多样化

幸福城市立法的内容涵盖城市的地域范围，各机关的设置，城市建设计划的制定、施工、检查，城市建设的预算，国家和地方政府的责任，公务员的待遇等，内容十分丰富。特别是扶持政策多样化，既涉及土地利用，也涉及税收，还包括周边地区居民的生活便利和福利，使得幸福城市的建设深入民心。

（4）重视居民的参与度

如前所述，幸福城市建设伊始就十分重视居民的意见。《幸福城市法》明确规定，在设定预定区域等的界限时，需要举行听证会，听取居民的意见。

依据一项调查显示，2015 年，市民建议处理事项的处理率为 100%，市民的市政监督课题参与率为 80%，同时，为保证市民参与的专业性，韩国还专门组织了相关的教育培训。[①] 这充分表明韩国政府十分重视当地居民的参与度。

2. 幸福城市立法的不足之处

（1）地域变更问题

由于建设幸福城市，可能会发生土地用途改变、地价上涨以及由此引发的一系列问题。首先，幸福城市及其周边地区建设涉及土地用途调整，这将导致商业功能急剧增加，可能会因税金负担增加等原因引起居民的不满。其次，土地用途变更可能导致地价上涨，由此会引发因开放空间不足而产生的日照、通风等卫生问题以及火灾、灾难等安全灾害问题、安全问题等。

（2）对国家均衡发展的影响

《幸福城市法》和《世宗市法》的立法初衷是消除国家行政职能集中在首都地区引发的副作用，为国家均衡发展和加强国家竞争力做出贡献。但有学者指出，虽然《幸福城市法》可以缩小首都圈和忠清圈之间的差距，但也可能阻碍其他落后地区的产业化，对落后地区的发展不利。因此，通过建设幸福城市，确保促进地区均衡发展的政策的实效性也存在疑问。

（3）幸福城市建设费用负担问题

可能会出现中央行政机关与国会、中央政府和地方政府、政府和国民之间沟通不畅，行政效率低下的问题。同时，幸福城市虽然拥有政府直辖的自治团体的法律地位，且《幸福城市法》第 51 条规定国家预算中支出的金额不得超过 8.5 万亿韩元，但由于可以追加预算，且幸福城市建设地区居民得到的补偿金达 4 万亿韩元，因此，建设幸福城市所需的总费用高达 45.6 万亿韩元。有专家预测，虽然不知道国家财政所需的费用会不会减少，但民间部门的费用很有可能会增加。因为，推进幸福城市建设事业的时间较长，而且有可能出现预想不到的基础设施建设负担，因此民间投资至少也要增加数十万亿韩元，这也极大地增加了财政负担。

---

① 国务调整室《2015 年度世宗特别自治市成果评价报告书》，2016 年 7 月发布，第 114～117 页。

（4）文物保护和文化遗产保护问题

《幸福城市法》虽然引入了环境评价制度，但缺乏有关文物保护和文化遗产保护的规定。幸福城市开发的地区中的百济文化区，是拥有最多民俗文化的历史故乡，随着幸福城市的建立，这些民俗文化是否会遭到破坏也受到质疑。同时，由于幸福城市的建设，将有数千万平方米的山野被砍伐，被沥青和混凝土覆盖，因此必然会带来水、大气、土壤等的污染和破坏，也可能会导致众多野生动植物的生存环境被破坏。韩国政府虽然对幸福城市建设进行了环境影响评价，但效果是否满意还存在疑问。

（5）行政效率问题

《幸福城市法》和《世宗市法》中并没有完善的政府机关之间的协同管理政策，同时，韩国政府对如何维持和增进国家安全管理效率也未能提出有效的方案，但是在管辖区域内却不设置基础自治团体，而是通过下设行政机关的邑、面、洞向民众提供服务。这种单一的自治阶层结构使得幸福市政府（广域市本厅）不得不同时执行广域及基础自治团体的职能，导致行政效率低下。[①]

四、启示

（一）幸福城市建设的成果评价[②]

1. 教育方面

根据相关调研，幸福城市在预定地区内加快建设学校以消除地区间教育差距，并取得了积极成果。截至 2015 年，幸福城市建设了 30 所学校，为改善学校设施教育环境和伙食环境，韩国财政拨款 302 亿韩元，使用率为 88.7%。同时，幸福城市不断扩大培养工程的数量，如修订人才培养方案，

---

① ［韩］吴英均：《效率性与民主性：寻求适应后续变化的世宗特别自治市的合作方案》，2013 年夏季行政学共同学术大会发表论文。

② 国务调整室《2015 年度世宗特别自治市成果评价报告书》，2016 年 7 月发布，第 27～103 页。

发展 STEAM 教育等，得到了高度评价。

2. 基础设施建设方面

在公共体育设施改善方面，幸福城市原计划人均公共体育设施面积为0.797平方米，但2015年仅完成0.633平方米，其原因在于幸福城市人口急剧流入，导致人均公共体育设施完成度没有达到预定计划。在医疗上，为配合行政机关的迁移及人口的扩充，建立了“世宗忠南大医院”。为提供更好的福利服务，幸福城市积极改善公共福利基础设施及福利财政体系，扩充福利人员，原计划每千名人口中有0.3名以上社会福利专职公务员，而这一目标已于2015年12月末完成，得到了市民的好评。从改善交通体系的实绩来看，2014年幸福城市引进免费换乘系统，节约交通费20亿韩元，完成路线改编，截至2015年建立公共汽车到达信息系统132个，公市民满意度较高。

3. 改善生活环境方面

在韩国，支援农渔村住宅改造项目是改善生活环境的一项重要工程，通过给农渔村住宅改造提供资金支持促进农渔村发展。该项目取得了令人满意的成果，2012～2015年，平均改造户数为47.7户。在防灾减灾方面，幸福城市广泛听取市民意见，积极利用各种消防措施并积极制定应急响应预案。幸福城市原计划针对危险因素的安全措施率为70%，2015年的完成度达98%，并且积极组织市民进行消防安全教育，得到了广大市民的认可。

4. 招商引资方面

2015年10月12日，幸福城市修订了《促进世宗特别自治市企业及招商引资条例施行规则》，在全国率先对未满3年的创业实体施行特惠制度。同时，幸福城市多次举办科技带科技协议会和区域技能研讨会，使得区域内各地方政府、高校以及相关行业建立了良好的产学合作关系网。2015年，幸福城市引资计划是50家，实际签订投资协议的企业是70家，超额完成了预定计划。

5. 均衡发展的政策实施方面

2015年幸福城市市教育厅、幸福厅、大田、忠南等4个地方自治团体以及公共机关签订了工作协议，合作体系的建立使得幸福城市能够根据政策灵活运用多种外部资源。同时，幸福城市发展委员会和协调委员会广泛听取市民意见，为决策的专业性提供了重要帮助。就均衡发展促进实绩而言，在幸福城市均衡发展实施计划中，通过对幸福城市内外的政策环境进行分析，提出了符合均衡发展这一政策目标的具体项目 20 项，并在经济开发及基础设施的建设等方面提出了具体的指导方针，超额完成了预定目标。

（二）对我国的启示

1. 我国首都的现状

目前我国也存在首都人口过密、资源过度集中以及由此带来的交通拥堵、环境污染等各种问题。为解决这些问题，2017 年 5 月 17 日，中共北京市委十一届十四次全会研究讨论的《北京城市总体规划（2016 年—2030 年）（送审稿）》中提出北京将构建“一核一主一副、两轴多点一区”的城市空间结构。①

2020 年 8 月，中央批复了《首都功能核心区控制性详细规划（街区层面）（2018 年—2035 年）》（以下简称《核心区控规》）。《核心区控规》共 5 章 78 条，是核心区发展、建设、管理的基本依据。依据《核心区控规》第 2 条规定，中央政务区的范围包括东城和西城两个行政区，共 32 个街道，面积 92.5 平方公里，战略地位定位为全国政治中心、文化中心和国际交往中心。为实现这一目标，《核心区控规》明确了 4 个方面的内容，一是规模控制，二是提高政务水平，三是加强老城整体保护，四是改善居住环境。最后，《核心区控规》指明了规划实现的路径以及问责制度。可以说，《核心区控规》的颁布，标志着我国首都建设从此进入新的历史阶段。2021 年 8 月 31 日，《中共北京市委办公厅、北京市人民政府办公厅关于印发〈北京市城市更新行动计划（2021 年—2025 年）〉的通知》中进一步细化了 2021 ~ 2025 年北京城市建设的项目类型、责任单位和目标任务，并明确了项目的实施路径和保障措施。②

---

① 朱竞若：《北京城市总体规划完成送审稿将上报党中央国务院审定》，载人民网，http://politics.people.com.cn/n1/2017/0517/c1001-29282736.html，最后访问时间：2022 年 3 月 30 日。

② 中共北京市委办公厅、北京市人民政府办公厅：《北京市城市更新行动计划（2021 年—2025 年）》，载《北京日报》2021 年 8 月 31 日。

2. 启示

韩国的幸福城市立法，其动因也是为了更好地发展首都，因此其法治建设在一定程度上对我国的首都建设也有一定借鉴意义，主要表现在以下三个方面。

第一，首都建设、发展法治化的必要性。如前所述，韩国幸福城市的建立是立法的产物，这有助于各项政策措施的稳定性。反观目前我国的《核心区控规》，其立法地位是规划，是一种战略性的计划，其与法律的区别主要表现在：一是规划比较宏观，很多条款仅为宣示性条款，相比于规划，法律规范更具具体性和可操作性；二是法律规范有具体的行为模式和法律后果，没有按照既定的模式行为的人将会承担不利的法律后果，而规划则不尽然，尽管《核心区规控》专章规定了保障规划实施的措施，但相对于具有可诉性的法律而言，其力度相对较弱；三是规划实施过程中，如与相关法律相冲突没有缓和的机制处理，而一旦规划转化为法律，则可通过“除外规定”的方式缓和与其他法律、法规的冲突。因此，将《核心区规控》转化为地方性法规或者规章，能够更好地保障规划的权威性和稳定性。

第二，应重视居民的参与度。虽然《核心区规控》明确规定要推进公众参与城市规划的编制、实施和监督，但是公众参与的方式是通过每个街道选聘责任规划师和责任建筑师来实现的，市民参与的力度并不大。反观韩国的幸福城市建设，在立法上明确居民的听证权利，保障居民的公众参与制度，同时通过培训来保障这种参与度的专业性，极大地调动了当地居民建设幸福城市的积极性。因此，在核心区建设过程当中，可以适当借鉴韩国的这一模式，充分调动核心区居民的积极性，使核心区建设顺利完成。

第三，核心区设置具体机构履行职责的重要性。城市建设是一项系统性复杂的工程，韩国为建立幸福城市，设立了幸福城市建设推进委员会、建设厅、支援委员会和监察委员会等众多机构，并通过立法赋予各机构不同的职责，这样有利于各级部门之间权责分工明确，提高实施效率，同时也有助于组织各方面的力量研究和解决开发过程中面临的各种问题和困难，以便及时有效地提出政策建议。而《核心区规控》第 69 条仅规定“首都规划建设委员会负责具体实施工作”“北京市承担实施的主体责任”，在《北京市城市更新行动计划（2021 年—2025 年）》中虽明确了具体的责任单位，但并未明确各自的权责，易导致行政效率低下。因此，建议应当设置具体的管理机构，明确各机构的权限和责任，提高行政效能，保证核心区建设的稳步发展。

韩国通过立法建立幸福城市解决首都圈资源过于集中的实践经验表明，立法对加强首都功能，提升城市的竞争力具有重大的推动作用。当前，我国北京正处于建立核心区，提升北京城市现代化治理水平的重要阶段，通过借鉴韩国建设幸福城市的立法经验，结合北京核心区自身发展的实践，完善核心区建设的法律规范，无疑将具有重要意义。

第三节　美国《哥伦比亚特区自治法》研究

本节拟对美国首都哥伦比亚城市规划、建设的法治理念、特区自治法及相关法律略加研究。

一、美国首都情况概览

（一）功能定位

作为首都，哥伦比亚特区以政府行政职能为主。具体而言，代表着美国最高立法权的美国国会大厦、代表着最高行政权的白宫、代表着最高司法权的美国最高法院均设立在哥伦比亚特区，其他联邦政府机关与各国驻美国大使馆也多设于此；同时，特区是世界银行、国际货币基金组织、美洲国家组织及许多国际组织总部的所在地。

在经济方面，从近年来美国各州和地区的 GDP 数值排名来看，处于前列的有加利福尼亚州、得克萨斯州、纽约州、佛罗里达州。其中，加利福尼亚州由于拥有着硅谷、好莱坞等巨型产业和资源，其在2019年的GDP达到了29643.32亿美元，在世界上达到第五大经济体的水平。相较之下，哥伦比亚特区的经济规模并不大，无法成为美国的经济中心。原因在于，哥伦比亚特区以行政职能为主，很少有工业企业和大型企业总部，工业用地面积不到4%[①]，其经济来源主要为联邦政府的拨款及其机构的开支以及专业性产业和商业。

在文化方面，哥伦比亚特区有许多历史遗迹与文化地标。除此之外，世界知名的史密森尼博物馆（Smithsonian Museum）属下的大多数博物馆都坐落于特区之中，其他参观区域包括唐人街、福特剧院、国家地理学会、华盛顿国家大教堂等。此外，美国最有影响力的报纸之一《华盛顿邮报》（*The Washington Post*）将总部设立在哥伦比亚特区。可见，在全国政治中心之外，哥伦比亚特区兼具全国文化中心的功能。总体来看，华盛顿特区的功能定位可以概括为“全国政治中心＋相关附属功能”。[②]

二、美国首都规划与管理相关法律

（一）立法步骤[③]

1. 一般立法

在哥伦比亚特区，一部法律的最初往往以一个意见（idea）的形式呈现。这个意见经书面化后被提交至哥伦比亚特区议会（Council of the District of Columbia，以下简称特区议会）的秘书处，它便成为一项议案（Bill）。提出议案的主体有三：特区议会的委员、市长、特许独立机构。

议案被提出后会被提交至特区议会下设的、该议案主要内容所关联的个别

① 张军扩、侯永志、贯珅、黄斌、熊鸿儒、郭巍、林晓宁、龙海波、单大圣、伍振军、周群力：《华盛顿城市治理经验：委托授权的协作治理》，载《中国经济时报》2016年8月24日。

② 张军扩、侯永志、贯珅、黄斌、熊鸿儒、郭巍、林晓宁、龙海波、单大圣、伍振军、周群力：《华盛顿城市治理经验：委托授权的协作治理》，载《中国经济时报》2016年8月24日。

③ 《议案如何成为法律》，载哥伦比亚特区委员会，https://dccouncil.us/bill-becomes-law/，最后访问时间：2022年4月10日。

委员会，由个别委员会组织听证并征求特区居民和政府官员对该议案的意见。对于该议案是否在此阶段“夭折”，决定权在于个别委员会。如果个别委员会希望该议案成为法律，便把议案呈至全体委员会（the Committee of the Whole, COW）。在全体委员会的会议上，该议案及其他事务一同被安排到议事日程中，以待在下一次立法会议上讨论和解决。经过连续两次且相隔十四天以上的立法会议，若均以多数意见通过，该议案即被提交至市长处。若市长表示同意，则进入下一阶段；若市长行使其一票否决的权利，则议案被退回特区议会，只有同意票数过2/3才可推翻市长先前的否决意见进入下一阶段。此时，该议案便会被给予一个法案编号（an Act number），议案由此转变而为法案（Act）。

法案成为正式法律仍然需要一定的过程。首先，法案会被提交至美国众议院和参议院，并且经历一段国会审查（congressional review）期间。一般来讲，该期间共三十天；如果法案内容是某些刑事立法，该期间共六十天。在这一审查期间，国会可以上下两议院的共同决议（a joint resolution）否决该法案。若总统同意该共同决议，法案即不会成为法律。若总统未在审查期间内对否决法案的共同决议予以同意，法案即被给予法律编号（a law number）并正式成为法律。

2. 特别立法

由上文可见，根据一般的立法程序，从议案到正式法律的过程复杂、耗时较长。然而，无论在任何国家，面对临时出现的特殊情况和危急情况，法律必须为临时的、紧急的立法提供空间。在哥伦比亚特区，国会为特区议会设置了一种在较短时间内立法的机制。具体而言，根据程序的繁简，共分为两种机制：紧急立法、临时立法。

紧急立法（Emergency Legislation）的有效期不得超过90日。此种立法不要求通过立法会议形式进行第二次研判，不要求进行国会审查，但仍然需要市长的审查意见。此外，根据《哥伦比亚特区组织法》的规定，紧急立法不需要被分发至个别委员会处，也无须经过全体委员会的相关程序。

临时立法（Temporary Legislation）的有效期不得超过225日。此种立法来自对以往实践的经验总结——针对临时出现的特殊情况，紧急立法所提供的九十日时间不足以让特区议会在此期间制定出一部常规的、有效期为永久的正式法律。根据《哥伦比亚特区组织法》的规定，特区议会允许在引入紧急立法的同时引入临时立法，二者同样可以跨越个别委员会和全体委员会的程序。但同一般立法程序一样，临时立法需要经过第二次立法会议的研判、市长审查和国会审查的程序。

3. 决议

为管理特区民众，除创制法律之外，特区议会还有其他立法相关的职责，决议为其中之一。决议（resolutions）用于两种目的：第一种，发表具有特殊或临时性质的简单决定、决策或指示；第二种，针对一项法案，对市长或政府部门[①]向特区议会提交的提议表示赞同或否定。值得注意的是，第二种决议的作出必须明确得到该法案的授权，并且旨在助长法案的完善和发展。决议仅需要通过一次立法会议的研判后即可生效，不需要经过市长或国会审查的程序。一般立法、临时立法、紧急立法、决议的必经程序如表 3－3 所示：

表 3－3

程序 \ 立法分类	一般立法	临时立法	紧急立法	决议
个别委员会	需要	不需要	不需要	
全体委员会	需要	不需要	不需要	
第二次立法会议	需要	需要	不需要	需要
市长审查	需要	需要	需要	不需要
国会审查	需要	需要	不需要	不需要

① 如选举委员会（Board of Elections）、公共服务委员会（Public Service Commission）、军械委员会（Armory Board）、教育委员会（Board of Education）、哥伦比亚特区大学理事会（the Board of Trustees of the University of the District of Columbia）、会议中心董事会（the Convention Center Board of Directors）等。

（二）现行法之一：《哥伦比亚特区法典》①

《哥伦比亚特区法典》（*Code of District of Columbia*）是一部总体性法规，共分为八个部分：特区政府，司法制度与司法程序，死者遗产及信托关系，刑法、程序及囚犯，地区商业事务，教育、图书馆及公共机构，财产，一般法律。

在“特区政府”部分中，主要内容有：政府组织，政府管理，哥伦比亚特区内委员会，社会关爱系统，警察、消防员、验尸官、法医学，房屋与建筑物限制及管理，人类健康与安全，环境及动物控制与保护，公共交通系统，公园、公共建筑、地面及空间。

在“司法制度与司法程序”部分中，主要内容有：法院组织及管辖权，救济权，总体司法程序，证明，判决及执行、费用及成本，特殊诉讼、程序和事项，审查。

在“死者遗产及信托关系”部分中，主要内容有：遗嘱，血缘、遗产分配和信托，遗嘱认证及死者遗产管理，信托关系及精神疾病患者。

在“刑法、程序及囚犯”部分中，主要内容有：刑事犯罪及刑罚，刑事诉讼程序，囚犯及其待遇。

在“地区商业事务”部分中，主要内容有：含酒精的饮料，银行及其他金融机构，商人、承包商和分包商的民事赔偿，商业票据及交易，其他消费者保护规定，商业组织，公司（已废止），酒店、出租公寓及短期出租，保险及证券，劳工，合伙（已废止），公共事业，铁路及其他运输工具，贸易惯例，重量、度量单位、交易及贩卖行为相关规定。

在“教育、图书馆及公共机构”部分中，主要内容有：教育机构，图书馆及文化机构。

在“财产”部分中，主要内容有：留置权，个人财产，不动产。

---

① 载哥伦比亚特区委员会，https：//code. dccouncil. us/us/dc/council/code，最后访问时间：2022 年 4 月 10 日。

在“一般法律”部分中，主要内容有：墓地及火葬场，慈善机构及医疗机构，法案的汇编及解释，家庭关系，税收、执照、许可、评估及费用，食品及药品，军队，机动车辆、非机动车辆及交通，社会保障。

（三）现行法之二：《哥伦比亚特区自治法》

《哥伦比亚特区自治和政府重建法》（*District of Columbia Self-Government and Governmental Reorganization Act*）一般简称为《哥伦比亚特区自治法》（*District of Columbia Home Rule Act*）。该法由国会起草制定，由特区选民投票通过。1973 年 12 月 24 日，该法正式通过，成为一部美国联邦法律。其立法目的在于以下几个方面：第一，重建哥伦比亚特区政府结构；第二，为哥伦比亚特区内的地方政府提供规定以供遵守，但前提是得到特区内多数登记合格的选民的同意；第三，将某些方面的立法权授予地方政府；第四，将哥伦比亚特区政府组织委员会（Commission on the Organization of the Government of the District of Columbia）提出的具体建议具体化、成文化，等等。

《哥伦比亚特区自治法》将特区的某些国会权力下放至地方政府，以进一步促进哥伦比亚特区的地方自治。较为特别的是，这一部法律包含适用于当选市长和哥伦比亚特区议会的“地区规章（District Charter）”，也称为“自治规章”。

1. 相关背景①

《哥伦比亚特区自治法》是特区居民不断推动本地区地方事务自我管理的结果，现有的地方政府，即联邦政府，是自特区建立以来最能体现自治的形式。1802 年前后，追求自治的华盛顿市居民曾组织抗议和集会，并向国会请愿，要求拥有一部市政规章（municipal charter）。根据国会通过的《规章》（the Charter），华盛顿成为一个合并的城市，并且赋予选民选举地方立法机构的权利。这一立法机构可以通过法律向不动产征税用以支付城市服务的费用。

---

① 载哥伦比亚特区委员会，https://dccouncil.us/dc-home-rule/，最后访问时间：2022 年 4 月 10 日。

七十年后，乔治敦、华盛顿市和华盛顿县被整合成一片新的领土，由地方政府进行管辖。这种地区管辖方式维持了三年后，临时成立、暂时存在的专员委员会取代了地方政府。在这一期间，特区居民和国会支持者一直在迫切要求地区自治，要求在国会中拥有投票权的地区代表。1948 年至 1967 年，参议院六次通过了包含一些自治形式的法案，但每一次类似法案都在哥伦比亚特区众议院委员会阶段“夭折”了。1967 年，由总统任命的一名市长专员（mayor – commissioner）和九名成员组成的市议会取代了专员委员会的管辖形式。

1961 年，随着《美利坚合众国宪法第二十三条修正案》的生效，特区居民赢得了选举美国总统和副总统的权利。1970 年，特区在众议院中拥有了无投票权的代表。在逐步推进争取地方自治的斗争过程中，国会，尤其是哥伦比亚特区众议院委员会，一直对特区内部事务行使着极大的权力。

终于，在 1973 年，《哥伦比亚特区自治法》在国会通过；次年，特区居民在一次特别全民公决中批准了该法。1974 年，特区居民选举出一位市长和哥伦比亚特区议会，实现了自我治理的一大历史性飞跃。此外，选民批准选举“地区建议委员”（Advisory Neighborhood Commissioners），每两千个居民中产生一位“地区建议委员”，针对存在的地区问题向哥伦比亚特区议会提出解决建议。

公民十分拥护新的地方自治政府，认为政府更好地代表了当地全体公民，并且能够对他们的需求及时作出回应。哥伦比亚特区议会所具有权力和职责已经具备与其他州、县和市的立法机构一分伯仲的地位，其中包括通过法律的权力和批准市长提交特区年度预算的权力。作为立法机构，哥伦比亚特区议会是一个与政府平行的组织，并且与其他州政府类似，是立法、司法、行政关系的组成部分。

但是，虽然特区由自治政府领导，但对于特区议会通过的立法，只有在国会进行审查后才可能成为法律，并且国会保留了在特区预算方面的权力。此外，总统对特区的法官有任命权，国会中也仍然没有拥有投票权的特区代表。由于这些以及在其他方面对地区自治设置的限制，特区公民还行走在争取和其他五十个州的公民拥有同等权利的路上。

1978年，国会通过了《投票权修正案》，赋予哥伦比亚特区以地区投票权。然而由于未能得到38个州的批准，这一修正案于1985年“宣告死亡”。1980年，选民通过了一项倡议，要求召开州制宪会议并制定宪法；两年后，选民通过了新哥伦比亚州（the state of New Columbia）的宪法。从这以后，选民在众议院和参议院中提出承认新哥伦比亚州为美国第五十一个州的法案以及其他意在扩大当地自治权力的法案，但均未受到国会的认可。1990年11月，根据制宪会议的授权，特区选民选举产生了两名州参议员和一名游说国会的代表。直到今天，推动地方自治的脚步从未停歇。

2. 主要内容①

《哥伦比亚特区自治法》共包含七个部分，每个部分之下设置不同的条款：第一部分，本法简称、立法目的及名词释义；第二部分，政府重建；第三部分，序言、立法权及修改程序；第四部分，正文；第五部分，联邦支出（已废止）；第六部分，国会权力的保留；第七部分，全民公决、政府内职位继任、临时条款、杂项、特区选举法修正案、建设规则及有效日期相关规定。

（1）第四部分：正文

第四部分的正文包括：哥伦比亚特区议会、市长、司法系统及司法部部长、特区预算及财政管理、借贷、独立机构及其职能。

A. 哥伦比亚特区议会

《哥伦比亚特区自治法》在“自治”这一问题上迈出了脚步，其中非常独特是哥伦比亚特区议会的设立。哥伦比亚特区议会是地方政府的立法机构，其成员由特区内登记合格的选民选举产生。成员包括一名主席和十二名成员：四名成员在整个特区中选举产生，另外八名成员分别在特区内的八个选区内选举产生。每一届特区议会的任期为四年，任期从其选举次年的1月2日

---

① 载哥伦比亚特区委员会，https：//dccouncil. us/wp - content/uploads/2018/11/Home - Rule - Act - 2018 - for - printing - 9 - 13 - 182. pdf，最后访问时间：2022年4月10日。

开始。

《哥伦比亚特区自治法》这一部分详细地规定了关于第一届特区议会的委员、主席的选举方式，以及主席位置空缺时的顶替办法。此外，进入特区议会后并非一劳永逸，而是可能在特定情况下经过既定程序受到职务免除："(1) 特区议会若发现成员的行为严重违背了个人和专业行为准则并有实质性证据对此加以证明，经过5/6成员投票，委员会可以通过免除该成员职务的决议。职务免除是最为严厉的惩罚性措施，是对程度极为恶劣的失格行为所作出的惩罚。对于成员违反法律，包括严重影响公信力的行为，如果特区议会认为其情节非常严重，可以免除该成员的职务。为保护特区议会成员的职权行使和至高无上的言论自由，特区议会均不得因其成员行使宪法第一修正案的权利或因其职务行为而免除其职务，不论这一行动或言论有多么令特区议会和特区公民反感。(2) 特区议会应当在其《组织规则》(Rules of Organization) 中规定对成员进行调查、评议、职务免除的程序。"

在特区议会的权力方面，不仅止于立法权。具体而言，特区议会具有在《哥伦比亚特区组织法》框架下的特区立法权。此外，特区议会有权创建、取消或组织特区政府的办公室、机构、部门，并有权规定其权力和职责。特区议会有权通过并发布议事规则，在议事规则中应包括充分通报其计划采取行动的规则。在法案正式成为法律后，特区议会有权领导对该项法律的公布和编纂工作。

特区议会及其授权的委员会或个人有权调查与特区事务有关的事项，为此可能需要证人出席作证、提供证言及出示书籍、文件等其他书面证据。如果特区议会正在进行调查，特区议会的委员可以发出传票，并酌情根据特区议会通过的相关决议进行宣誓。如果调查主体是特区议会授权的委员会，其成员享有与前者相同的权利。若传票相对人拒绝履行传票中的义务，特区议会可通过决议将这个问题反映至哥伦比亚特区最高法院，法院可以根据调查内容命令该传票相对人出席作证、提供证言或出示相关书面证据。如果传票相对人拒不执行这项命令，则视为其蔑视法庭，与在哥伦比亚特区最高法院发生的拒不履行传票和拒不作证的情形作同等处理。

B. 市长

在哥伦比亚特区，市长（mayor）由特区内登记合格的选民选举产生。市长的身份条件包括：第一，是合格选民；第二，截至选举之日前在特区内定居不少于一年；第三，在任职期间未因任何重罪而被定罪；第四，未参与任何雇佣关系（无论是作为受雇者还是作为个体经营者），未担任除市长之外的任何公职或职务。

市长是特区政府的首席执行官，除本法另有规定外，在本法框架下被授予与前文述及的专员委员会同等的职能。市长负责执行特区内的法律，并对在其管辖或控制下的特区事务予以适当管理。具体而言，其权利包括但不限于以下方面：

第一，市长可委任特区行政部门的一名或多名官员在其本人有残疾或缺席时行使市长的权力和职责。第二，市长可执行与市长办公室、特区行政部门、各类委员会和理事会人员的任命、晋升、处罚、离职和其他人力资源相关的法律。第三，市长可管理所有特区政府部门、委员会、办公室和专门机构的人事事项，本法另有规定的除外。第四，市长可监督和领导行政办公室、委员会和专门机构的工作。第五，市长可提交法案草稿至特区议会。第六，市长可授予自己的权力至市长行政办公室的官员、雇员或专门机构；也可下放至行政管理部门的负责人，且在经过市长同意的情况下，该负责人还可以将权力再次授予至其下属。第七，市长可任命一名城市管理人（City Administrator）。该城市管理人是市长的首席行政官员，依照市长的意思办事，并且协助市长的工作。第八，市长可向美国政府的行政或立法部门提出立法或其他举措的提议，不论该提议所涉及的内容是否实际与特区政府有关。第九，市长可依法使用或认证特区印章。第十，市长可对特区议会或其下设的个别委员会进行听证。第十一，市长可签发和执行行政命令。

在特区建设规划方面，市长是核心人物，对特区政府的大部分规划工作有进行协调的责任。在履行这方面职责时，市长应当听取民众和规划涉及主体的意见，并且与国家首都规划委员会之间进行联动。

C. 司法系统及司法部部长

哥伦比亚特区的司法权归属于哥伦比亚特区上诉法院（以下简称上诉法院）和哥伦比亚特区最高法院（以下简称最高法院）。最高法院对在特区内提起的民事诉讼和其他仅适用于特区法律规定的刑事案件具有管辖权，对根据国会法案（Act of Congress）规定涉及专属管辖的案件没有管辖权。上诉法院对最高法院的上诉案件有管辖权，并且在法律允许的范围内对市长、特区议会或其他特区专门机构的命令和决定具有审查权。

哥伦比亚特区内设置一位首席法官，由哥伦比亚特区司法人员提名委员会（District of Columbia Judicial Nominating Commission）从在职的普通法官中选定，任期为四年。

除了代表着自治精神的特区议会，《哥伦比亚特区组织法》还新设立了另一组织——哥伦比亚特区司法人员残障及职务委员会（District of Columbia Commission on Judicial Disabilities and Tenure，以下简称职务委员会）。职务委员会包含七名成员，无偿在委员会中从事职务。根据个人情况的不同，任期为三年、五年或六年。本法对七名成员的选定也作出细节化的规定：一名成员由总统任命；两名成员由哥伦比亚特区律师协会理事会任命，二人在受任命前应在特区内从事司法实践超过五年（连续计算）；两名成员由市长任命，其中至少一人不从事律师职业；一名成员由特区议会任命，不得从事律师职业；一名成员由哥伦比亚特区首席法官任命，必须是特区工作的在职或退休法官。此外，为了职务委员会的正常运转，特区政府有义务对任期委员会提供信息、服务、记录等必要的协助和便利。

从人员的精简程度和特区政府的协助义务来看，职务委员会是一个十分重要和严肃的政府组织。相应地，其拥有的职权也较为广泛和重要。职务委员会的职权主要有二：根据本法的相关规定对哥伦比亚特区法院的法官予以停职、退休和免职处理，以及根据哥伦比亚特区法典的相关规定对特区法院的高级法官（senior judges）进行举荐。

之所以本部分小标题将“司法部部长”与“司法系统”二者隔离开来，原因在于《哥伦比亚特区组织法》本身就将“司法部部长”部分（PART C THE JUDICIARY）列为“司法系统”部分（PART C – I THE ATTORNEY GENERAL）的附属部分。司法部部长（the Attorney General）是美国司法部的领导者，由特区内登记合格的选民在党派基础上选举产生，任期为四年，与市长办公室人员的任期保持一致。本部分并未对司法部长的定义或权限进行规定，只是对如司法部部长席位空缺的处理办法、身份资格等偏向于程序性的规则进行了规定。

D. 特区预算及财政管理

在《哥伦比亚特区组织法》的财政规定方面，使用的时间单位为财务年度（fiscal year）。财务年度开始于每年十月的第一天，结束于次年九月的最后一天。在每一财务年度，市长应准备并提交年度财政预算至特区议会，并且将其内容向社会公开。同时，本法对年度财政预算所必须包含的内容进行了十分详细的规定，包括下一财务年度中请求拨款的专门机构及其资金用途、上一财务年度的财政计划与实际绩效的对比、未来几年特区政府专门机构的整体计划及资本改良计划、特区法院系统维护和运营的支出预算和拨款计划、给排水相关职权部门预算等。

此外，本部分对市长在财政方面的职责作出了规定——市长是特区财政事务的总负责人，具体有以下义务：一是监督并负责所有财务交易，以确保对收入和资源方面进行全面管控，以及确保实际支出不超过拨款总数；二是维护会计系统和内部管理系统；三是在特区议会提出要求时向其提交财务报表；四是在每个财务年度的二月一日向特区议会提交一份完整的财务报表，并且就下一财务年度进行报告；五是监督并负责所有特区税收范围内财产的评估或特别评估工作，制作税收地图，并根据法律规定发出有关税收和特别评估的通知；六是根据法律规定监督并负责征税、特别评估、证书费用、联邦政府拨款等收入情况；七是监管所有属于特区或特区政府部门的公共资金；八是监管特区政府所进行的所有投资；九是分配拨款和资金，使其得到最有高效的使用。

在审计方面，《哥伦比亚特区组织法》为特区设立了特区审计办公室（the Office of District of Columbia Auditor）。此外，该办公室负有向国会、市长和特区议会提交审计报告等职责。

E. 借贷

在这一部分中，《哥伦比亚特区自治法》对以下方面进行了明文规定：一般借贷、短期借贷、债券和票据的支付、完全信用贷款、税收豁免等。其中的内容涉及公共基础设施、创新型工业技术、水污染治理、融资等，规定十分细致，专业性极强。

F. 独立机构及其职能

《哥伦比亚特区组织法》对以下独立机构及其职能进行了集中规定：

哥伦比亚特区选举委员会（District of Columbia Board of Elections，以下简称选举委员会）。选举委员会包括三名成员，成员选定由特区议会进行建议和合意，由市长任命。

公共服务委员会（Public Service Commission），其职能为确保特区内的每一项公共事业单位所提供的公共服务和公共设施合理、安全且充分。公共事业单位在履行各自职能必须是合理的、公正的、非歧视的，否则其行为将被视为违法行为。

除此之外，本部分还就城市规划委员会（Public Service Commission）、军械委员会（Amory Board）、教育委员会（Board of Education，已被废止）、独立财政管理部门、人事部门、特区给排水部门的采购权作出了相关规定。

（2）第六部分：国会权力的保留

如前文所述，虽然哥伦比亚特区民众在经过长期对地区自治的追求后取得了更大的自治权，但美国国会仍然保留了许多重大的权力。《哥伦比亚特区组织法》第六部分从四个方向对国会所保留的权力作出具体阐释：宪法权力的保留，特区议会的职权限制，预算流程、借贷及支出限制，对特定特区事务的国会介入权。

首先，宪法权力的保留是指美国国会保留其作为特区立法机关的宪法权力，并可以逾越《哥伦比亚特区组织法》中的规定随时行使。所谓“作为特区立法机关的宪法权力”具体指美国国会制定特区法律的权力，其制定的法律可以具有修正或废止其他现行法律的效力，且被修正或废止的法律可以是特区议会通过的一切法案，且不论该法案通过于《哥伦比亚特区组织法》颁布前还是颁布后。

其次，国会对特区议会的职权限制以明文列举的方式在这一部分加以呈现。例如，特区议会无权对美国或其他任何州收税，无权为私人事务提供公共信贷，无权对非特区居民的个人收入收税，无权制定任何有关公共健康委员会（Commission on Mental Health）的法案、决议或规定，凡此种种共十项。

此外，在预算流程、借贷及支出限制一部分中，本法主要从一般债务债券的相关问题出发进行了强制性的规定。

三、组织

（一）大都市政府委员会[①]

大都市政府委员会（Metropolitan Washington Council of Governments, COG），是一个独立的非营利组织，成立于1957年。其成员遴选自24个地方政府、马里兰州和弗吉尼亚州的立法机关、美国国会的官员和专家团体。其中内设的部门大体可分为专业部门和行政部门两大类，前者如交通规划部门、环境项目部门、国土安全及公共安全部门、社区规划及服务部门，后者如行政办公室、宣传办公室、财务会计办公室、人力资源管理办公室、信息技术办公室、设备及采购办公室。每个月，上千名成员和专家通过COG这一平台共享信息，致力于解决地区内部存在的重大问题，辐射面涵盖环境、住房、就业、交通、公共安全、公共健康等各个方面。通过对这些问题的不断解决

① 载大都市政府委员会，https://www.mwcog.org，最后访问时间：2022年4月10日。

和完善，建立一个更为强大的华盛顿大都市。此外，COG 的资金来源有三：成员地方政府的拨款、联邦和州的赠款和契约费、基金会和私营企业的捐助。

董事会是 COG 的管理机构，对 COG 作出的决策负责，并对工作项目及预算享有批准权。每一年，董事会成员由 COG 的成员政府及马里兰州和弗吉尼亚州立法机关代表团共同任命，最近一届董事会共包含 34 人。在大部分月份的第二个星期三，董事会召开会议。会议向大众公开，经常有媒体代表参加。可见，COG 管理机构的工作内容相对透明，随时受到公众监督。此外，近年来，董事会着眼于住房、平等、经济竞争力和地铁系统的问题。

加强 COG 与州和联邦立法机构的关系被董事会置于优先的地位，其正确性已经通过实践经验得以证明。例如，在切萨皮克湾的生态修复、国土安全、地铁系统的投资等问题的解决上，COG 均受益于与美国国会的联动。COG 积极邀请国会议员前来董事会，就立法建议或联邦与地区的合作机会等问题作报告。同时，在联邦机构和部门确定立法重点时，也会参照 COG 的意见，COG 也一直在寻求与这些机构和部门的合作机会。COG 董事会的成员有许多在较大的州或国家性组织中担任重要的领导职务，COG 致力于对这些关系加以更好地利用。

在社区的建设方面，为建设更宜居、更繁荣的社区环境，COG 对居民的经济及住房选择等问题进行规划。COG 会向不同地区的决策者提供有关人口、就业和住房的预测报告、有关经济适用房和无家可归者问题的优秀实例和数据、关于土地合理使用的策略等信息。在公共卫生问题和儿童福利项目中，也多见 COG 及其成员的身影。同时，COG 内部的人类社会服务政策委员会（Human Services Policy Committee）、卫生医疗技术委员会（Health and Medical Technology Committee）、无家可归者服务规划和协调委员会（Homeless Services Planning and Coordinating Committee）等多个次级组织负责着这一方面的工作。

在交通系统的建设方面，COG 得到了国家首都地区交通规划委员会（National Capital Region Transportation Planning Board，TPB，以下简称交委会）的支持和帮助，其规划和建设的涵盖面包括公路、中转系统、步行区域和骑行区域等各个方面。根据交委会的指示，目前所面临的重大挑战包括道路及交通系统拥堵和高效物流等问题。针对这些问题，交委会支持和鼓励 COG 提出跨领域的综合决策。COG 曾发起智能道路安全运动（the Street Smart Safety Campaign），旨在减少哥伦比亚特区中行人和骑行者的伤亡。在这个运动中，创意广播和电视、公交候车亭和公交车侧部都展示出宣传汽车避让行人的广告；此外，还通过分发传单和小卡片的方式，使更多驾驶员和行人的道路安全意识得到提高。在这一方面的工作中，涉及的 COG 内部组织包括华盛顿大都市联合直升机咨询小组（Metropolitan Washington Joint Helicopter Advisory Group）、地下铁路安全委员会董事会（Metrorail Safety Commission Board）等。

在环境保护方面，COG 力图建设特区为水源清洁、空气清洁、土地清洁的可持续地区，并且在减少空气污染的规划和宣传中发挥着至关重要的作用。具体而言，COG 所作的规划主要关注废水和雨水的再利用、能源替代、节能减排、绿色建筑、林业及农业资源保护等方面。例如，COG 内设的气候、能源及环境政策委员会曾提出地区气候和能源行动计划（Regional Climate and Energy Action Plan）。在该计划中，COG 提出了减少交通工具及能源设施碳排放量的具体途径，从而帮助特区实现温室气体减排的目标。除此之外，COG 还曾提出“2012 年蓝色平原城际协定”（Blue Plains Intermunicipal Agreement of 2012）、“给水及干旱问题意识响应计划：波托马克河流系统”（Water Supply and Drought Awareness Response Plan：Potomac River System）、空气质量计划（Air Quality Plan）等。此外，COG 也实施过许多项目，如“管道保护运动”，即教育公众对家庭管道进行合理使用和护理，旨在治理废水、保护水质。又如“回收吧！”运动，这一运动对居民进行了有关物品回收的系列教育，鼓励居民在工作场所、家庭、公共场所等地方随时随地进行回收；在该运动的官方网站上，可以查询到回收站的地点信息，并可以链接到包含回收相关信息资源的外部网站。在这一方面，COG 的相关内部组织包括地区农业工作小组（Regional Agricultural Workshop）、干旱问题协调技术委员会（Drought Coordination Technical Committee）以及各项计划和项目的专项负责小组等。

在国土安全和公共安全方面，COG 的目标在于为特区居民和旅客创造安全的环境。COG 召集领导人员，以加强地区内针对人为和自然灾害的防备和应对能力。COG 与警察局长、消防局长以及其他第一线急救者进行合作，应对从犯罪预防到消防安全的各种公共安全问题。COG 所实施的特色项目之一为“首都预警”（Capitalert）——地方政府与 COG 进行合作，建立并维护一个公民预警系统，以迅速向居民提供重要信息。通过该技术，警报可以被发送至可以接收的设备，如智能手机、家庭固定电话、计算机、平板电脑等；同时，居民能够以更便捷的方式知悉来自不同司法管辖区域的警报。COG 内设的区域警报通知系统（Regional Alert Notification Systems）、消防局长委员会（Fire Chiefs Committee）等多个次级组织在这一方面共同发挥着各自的作用。

COG 这一组织十分庞大，但是其权力并不大，它所发挥的作用主要在于特区及其周边地区的事务规划。虽然这些规划都是倡议性的、非强制性的，但却是具有专业性和可操作性，因此对特区及其周边地区的各领域问题进行了不同程度的改善和解决。从 COG 成员的微观层次上来看，其成员包括各领域的专家、联邦政府官员和国会议员，他们所掌握的知识和信息最真实、最前沿、最专业；从 COG 组织整体的宏观层次上来看，COG 虽然是一个非官方性质的组织，但是具备着与政府进行沟通的话语平台，其意见和倡议均有一定分量。同时，COG 的成员来自各个周边地区，任何一项规划、一个项目的产生都来自他们共同的沟通交流和建言献策，这些成果便具有更强的合理性和可操作性，并且同时有助于加强特区与周边地区的协同关系。在法律规定的层面，美国联邦法律要求交通、住房和环境拨款通过区域组织进行分配，那些不参与这些组织的地方政府没有资格获得联邦拨款。这极大地调动了地方政府参加 COG 的积极性，也间接促进了都市经济圈内的区域合作。①

① 张军扩、侯永、贾珅、黄斌、熊鸿儒、郭巍、林晓宁、龙海波、单大圣、伍振军、周群力：《华盛顿城市治理经验：委托授权的协作治理》，载《中国经济时报》2016 年 8 月 24 日。

（二）国家首都规划委员会[①]

国家首都规划委员会（The National Capital Planning Commission，NCPC，以下简称首都规划委员会），由美国国会设立于1924年，其设立和权力来源均来自经过修正的《1952年国家首都规划法案》（National Capital Planning Act of 1952）。首都规划委员会是联邦政府在首都地区的主要规划机构，通过规划制定、政策制定及项目审查，保护并促进联邦政府的利益。通过审查联邦和某些地方规划项目、监督针对未来发展所制定的长期性规划、监督联邦机构的资本投资，首都规划委员会为地区内的土地和建筑物提供总体性的规划指导。首都规划委员会的组织宗旨在于与联邦各机构部门进行合作，力求保护和改善国家首都地区内非凡的历史、文化、自然资源和联邦财产，从而支持联邦政府的各项需求，并且丰富游客、工作人员及居民在地区内的生活。其工作的具体内容包括：综合规划、联邦资本改善、联邦计划及项目的审查和批准、地区标识性事务规划；同时，首都规划委员会还与负责规划国家首都地区内建设和翻修工作的联邦部门相协调，在多个地区的规划委员会中代表联邦政府，并鼓励公众参与联邦机构和部门的工作。除八月以外，首都规划委员会每个月召开一次会议，在会上就对国家首都地区有影响的计划和项目予以通过、批准决定或为其提供建议。

首都规划委员会包括12名成员，他们分别代表着联邦和地方选区，对美国首都的规划事务涉及他们的利益。在这12名成员中，有三名由美国总统任命，其中包括委员会主席。在总统任命的人员中，至少有一名是弗吉尼亚州居民，一名是马里兰州居民，第三位的居所地不限。另外，有两名由哥伦比亚特区市长任命，他们均应为哥伦比亚特区的居民。剩下的七名成员为“当然委员”（ex officio），包括哥伦比亚特区市长、哥伦比亚特区议会主席、在地区内拥有关键地位的三个行政分支机构的负责人、对哥伦比亚特区有监督职责的众议院和参议院委员会负责人，他们通常会指定代理人在委员会会议

---

① 载国家首都规划委员会，https：//www. ncpc. gov，最后访问时间：2022年4月10日。

上代表他们出席。除此以外，首都规划委员会还受到规划人员、建筑师、城市设计师、景观设计师及其他专业人员的技术支持。

首都规划委员会的工作涉及多个方面，主要包括：纪念性作品、大使馆及外国使团、洪灾及修复、建筑物高度及城市视野、公共安全、公共交通。

1. 纪念性作品

首都委员会认为，雕塑等纪念性作品是哥伦比亚特区象征性景观中的关键元素，它讲述着美国的历史和传统、标识着重要事件。通过制定相关政策和审查，首都规划委员会在纪念性作品的位置和具体设计方面发挥着至关重要的指导作用。

2. 大使馆及外国使团

哥伦比亚特区是世界上最重要的外交中心之一，特区内有着来自 185 个国家的使团，而这些使团对于美国政府与国际机构和组织建设外交关系而言十分重要。除了对国家之间和平与稳定具有促进作用之外，外国使团还有吸引游客和创造商机的能力，对特区存在积极的经济影响。首都规划委员会与美国国务院密切合作，以确保与外国使团的关系。

3. 洪灾及修复

哥伦比亚特区和周围国家的首都地区曾遭遇过严重的洪水侵袭，时至今日，它们仍处于这样的风险之中。洪水问题应当被给予足够的、严肃的对待，因为许多博物馆、纪念馆和其他建筑均处于城市中易于发生洪灾的区域，洪水对居民、政府运作和文化遗产等均具有很大的影响。为了保护居民和重要资产的安全，首都规划委员会与其他联邦和地方机构合作，共同提高洪水防御能力，并规划建设一个更安全和修复能力更快的首都。

4. 建筑物高度及城市视野

清晰的天际线和通透的城市视野是哥伦比亚特区的形象基础。1910 年的联邦法案《建筑物高度法》（*Height of Buildings Act*）在塑造城市形象方面发挥出核心作用，因为该法根据建筑物所面对的街道宽度对建筑物高度进行调整和管制。首都规划委员会通过相关项目审查、城市规划研究及政策制定，为美国首都建筑物高度和城市视野管理作出贡献。

5. 公共安全

进入21世纪之后，安全需求扩大，一些限制公众进出公共场所的临时性解决方案并非长久之计。在此种情况下，首都规划委员会处于制定准则的第一线，通过这些准则，以全方位和平衡的方式解决城市安全性和城市规划相关问题。一直以来，在保证哥伦比亚特区公共空间的开放性的同时，首都规划委员会开发和制定有效的公共安全方案，增强了公民意识。通过制定规划、制定政策、审查项目，首都规划委员会持续推进新方法、新方案，从而提高国家首都地区的公共安全水平、达到公共空间的理想状态。

6. 公共交通

交通运输影响公民生活、公民工作、环境质量，从而影响整体发展模式。美国首都地区是产生创新型公共交通解决方案的先行者，但仍然面对着持续增多的公共交通难题、加剧的交通堵塞现状、加重的基础设施老化问题。首都规划委员会在其长期计划中制定政策以解决公共交通问题，并且鼓励采用多式联运策略，将其作为审查联邦规划和发展项目的重点工作。

·第四章·

我国首都北京治理的若干法律问题

第一节　首都北京"大城市病"形成及其法律治理

首都是国家最高权力机构所在地，是国家中心和"心脏"，也是《宪法》规定的国家象征之一。纵观历史发展进程，首都的快速发展以及取得的辉煌成就一方面离不开总体规划的指引，另一方面离不开坚实的法律保障。但在首都发展过程中逐渐显现出来的"大城市病"等问题，也从侧面暴露出规划实施的效果和法制保障存在的不足。因而，结合首都规划建设的历史进程及法律规范体系，从法律层面探寻首都"大城市病"的成因及化解路径，对于治愈首都"大城市病"，保障首都的健康可持续发展有着重要意义。

一、我国首都规划建设的历史进程及法律规范体系

（一）我国首都规划建设的历史进程

我国首都规划建设的历史进程，与每一部北京城市总体规划的编制与实施密不可分。城市总体规划是对一定时期内城市的性质、发展目标、发展规模、土地利用、空间布局以及各项建设的综合部署和实施措施[①]，在指导城市有序发展、提高建设和管理水平等方面发挥着重要的先导和统筹作用。首都职能是北京城市的首要职能，也是城市发展的根本动力之一，决定着北京的城市规模、性质和基本功能。[②]

① 朱深海：《城乡规划原理》，中国建材工业出版社2019年版，第95页。
② 刘欣葵：《首都体制下的北京规划建设管理》，中国建筑工业出版社2009年版，第12页。

2005年的城市规划[①]提出建设“宜居城市”的发展目标，确立了“两轴——两带——多中心”的城市格局，提出建设多中心城市，奥运场馆等设施建设全面提速基础设施和公共设施的建设进程，北京进入中心城功能优化和新城加速建设的新时期。2016年的城市规划[②]围绕实现“都”的功能来谋划“城”的发展，在空间布局上突出首都功能、疏解导向与生态建设，确立了“一核一主一副、两轴多点一区”的空间格局，提出构建以首都为核心的京津冀城市群体系，准确把握城市规模与资源环境承载力的关系，创新完善了“中心城区——城市副中心——新城——镇——新型农村社区”的现代城乡体系。

可见，在我国首都的发展过程中，城市总体规划覆盖了城市发展的各个阶段。历次北京总规都深刻把握首都规划的特殊性，决定了之后一段时期的发展方向、建设思路和目标，始终发挥着引领首都建设发展的重要作用。

（二）我国首都规划建设的法律规范体系

日趋完备的法律规范体系是我国首都规划建设与发展的重要支撑。现代国家和社会的治理首先表现为规范体系的治理，规范体系是从国家和社会治理的视角对各种规范内容、种类的涵括和整合。[③] 法律规范体系是当代中国规范体系的重要组成部分，是建设法治国家和法治社会、促进首都治理及规划建设法治化的首要规范体系。我国首都规划建设的法律规范体系可分为两个方面：国家立法层面和地方立法层面。

国家立法层面的法律渊源主要包括宪法、法律、行政法规和部门规章。我国历次版本的《宪法》都毫无例外地规定了“首都条款”，在现行《宪法》中体现为第143条[④]，这表明了首都特殊的政治地位和法律地位。首都的规划建设活动主要依据《城乡规划法》以及与规划建设相关的法律法规，相关规范覆盖法律法规体系的各个层面并涉及诸多领域。具体而言，从法律层面上看，

---

① 指《北京城市总体规划（2004年—2020年）》，于2005年获中共中央、国务院批准实施。

② 指《北京城市总体规划（2016年—2035年）》，于2017年获中共中央、国务院批准实施。

③ 刘作翔：《当代中国的规范体系：理论与制度结构》，载《中国社会科学》2019年第7期。

④ 《宪法》第143条规定：“中华人民共和国首都是北京。”

规划建设活动应遵从的规范涉及土地及自然资源[①]、历史文化遗产保护[②]、市政建设与管理[③]、建设工程与管理[④]、房地产管理[⑤]、城市防灾[⑥]、保密管理[⑦]、行政执法与法制监督[⑧]等领域。同时，城乡规划作为政府行为，还必须符合国家行政程序法律的有关规定。[⑨] 在行政法规和部门规章层面，也出台了关于城乡规划特定领域和相关领域的规范，同样涉及上述诸多领域。[⑩]

地方立法层面的法律渊源主要包括地方性法规、地方政府规章、自治条例和单行条例。从北京市的地方立法来看，为了推进城市建设与发展，保障城市总体规划的有效实施，北京市于2009年颁布《北京市城乡规划条例》，并于2019年修订。在与首都规划建设相关的其他领域颁布了《北京历史文化名城保护条例》[⑪]《北京市基本农田保护条例》[⑫]《北京市森林资源保护管理条例》[⑬]《北京市实施〈中华人民共和国水法〉办法》[⑭]《北京市矿产资源管理条例》[⑮]《北京市建设工程规划监督若干规定》[⑯]《北京市建筑工程施工许可办法》[⑰] 等。

规划是城市建设与发展的龙头，规划管理法律体系是城市建设法律体系的重要组成部分。首都的规划发展以《城乡规划法》和《北京市城乡规划条

---

① 如《土地管理法》《环境保护法》《环境影响评价法》《水法》《森林法》《矿产资源法》等。

② 如《文物保护法》等。

③ 如《公路法》《广告法》等。

④ 如《建筑法》《标准化法》等。

⑤ 如《城市房地产管理法》等。

⑥ 如《人民防空法》《防震减灾法》《消防法》等。

⑦ 如《军事设施保护法》《保守国家秘密法》等。

⑧ 如《国家公务员法》《行政复议法》《行政诉讼法》《行政处罚法》《国家赔偿法》等。

⑨ 如《立法法》《行政许可法》《测绘法》《物权法》《节约能源法》等。

⑩ 如《风景名胜区条例》《历史文化名城名镇名村保护条例》《土地管理法实施办法》《城市规划编制办法》《城市总体规划审查工作规则》等。

⑪ 于2005年颁布，目前《北京历史文化名城保护条例》（修订）正在研究当中。

⑫ 于1994年颁布，并于2016年修订。

⑬ 于1999年颁布，并分别于2010年、2016年、2018年修订。

⑭ 于2004年颁布，并于2019年修订。

⑮ 于1998年颁布，并分别于2006年、2016年修订。

⑯ 于2001年颁布，并分别于2007年、2018年修订。

⑰ 于2003年颁布，并于2018年修订。

例》为核心依据，结合相关领域的法律、法规和规章，共同构成首都规划管理的法律体系。

二、我国首都规划建设过程中的“大城市病”现象

（一）我国首都“大城市病”问题的具体表现

从世界各国发展经验来看，首都在经济社会快速发展过程中不可避免地会遇到人口、资源、环境等协调发展的问题。北京作为我国的首都，同时作为我国的中心城市、超大城市以及世界一线城市，承载着“首都”建设和“城市”发展的双重职能。随着经济的快速发展，在长期的发展过程中，北京在发挥首都核心功能之外，也逐渐承担了过多的非首都功能，积累了一些深层次矛盾和问题，经济发展、人口资源与生活环境矛盾日益凸显，人口过快增长、交通拥堵、资源环境压力等“大城市病”问题十分突出。

首都的“大城市病”问题首先表现为人口的过度膨胀。2019 年末，全市常住人口 2153.6 万人，其中城镇人口 1865 万人，占常住人口的比重为 86.6%，常住外来人口 745.6 万人，占常住人口的比重为 34.6%。[①] 常住人口总量的快速攀升，对城市基础设施和公共服务资源的需求和要求急剧增加，给城市建设和运营带来巨大压力。“大城市病”问题其次表现为交通的日益拥堵。在全国 100 座主要城市中，北京在工作日的交通拥堵情况位居第三。[②] 在早晚高峰时段，城区道路 90% 以上处于饱和或超饱和状态，市民的通勤路况不容乐观。这一方面缘于人口和机动车保有量的快速增长，另一方面也与城市功能的过于集中、城市道路设计的先天不足有重要关系。此外，北京还面临着资源短缺、环境污染的重大压力。北京土地面积为 1.64 万平方公里，城

① 《北京市 2019 年国民经济和社会发展统计公报》（2020 年 2 月 8 日发布）。
② 《2020 年第 3 季度中国城市交通报告》。

乡建设用地面积将于2035年减至2760平方公里，平原开发强度将下降到44%。[①] 在未来建设用地减量的发展思路下，建设用地将进一步紧张，土地集约利用程度会呈现出由中心向外围梯度递减的态势。土地资源的相对稀缺成为制约城市增长的重要因素，水资源短缺也是北京承载力的短板，而人口的膨胀以及水资源总量的不足是导致水资源短缺的重要原因。全市人均水资源量约176立方米，远低于国际上的500立方米极度缺水警戒线。[②] 在空气质量方面，北京虽然逐年好转，但2020年前三季度PM2.5均值仍达到39微克/立方米，累积重污染天数为10天。[③] 这些问题能否妥善解决将影响到城市发展和居民生活，同时这也倒逼着城市发展的全面转型，从战略性、全局性的角度寻求综合解决方略。

（二）"大城市病"问题阻碍首都城市发展进程

"大城市病"是"城市病"的一种类型，是资源配置方式不当导致城市整体运行效率低下、城市系统机能紊乱、聚集与扩散功能失调、居民幸福感下降的问题。[④] 城市的健康发展要做到各方面资源要素的平衡，协调好保护与开发的关系，当各方面资源的供给不能满足城市发展的需求时，城市的发展质量和速度就会受到制约和阻碍。

首都的空间布局、资源的集中以及大量的就业机会是造成人口膨胀的原因之一。人口的膨胀进一步稀释了城市基础设施和公共服务资源的供给增量，导致供需关系失衡，在一定程度上引发了交通堵塞、环境污染、资源短缺等问题，也造成北京长期的超负荷运转。人口膨胀带来的另一个问题是房价的攀升和住房困难，与全体居民户有所居的愿景还有差距。传统的单中心"摊大饼"式规划布局，加剧了城市中心地区的"大城市病"症状，城乡发展不

---

① 《北京城市总体规划（2016年—2035年）》。

② 王飞、石晓东、郑皓：《回答一个核心问题，把握十个关系——〈北京城市总体规划（2016年~2035年）〉的转型探索》，载《城市规划》2017年第11期。

③ 张雪晴：《北京前三季度PM2.5同比下降7.1%》，载《中国环境报》2020年11月16日。

④ 宋迎昌：《"大城市病"治理刍议》，载《城市》2015年第2期。

均衡问题进一步突出，从侧面揭示了首都空间结构的不合理问题。首都长期以来的粗放型发展模式，导致人口增长与资源环境承载能力矛盾凸显，大气污染物排放总量超过环境容量，生态用地不断被挤占和蚕食。生态环境问题的加剧，削弱了北京的生态宜居水平，进而影响对高端人才、跨国集团等资源的吸引，对北京的可持续发展构成严重挑战。综上所述，“大城市病”问题，一方面，严重影响北京作为大国首都的形象和示范性作用，弱化了首都的区域辐射和带动作用；另一方面，也是阻碍首都城市建设发展，影响首都功能发挥的重要源头。

三、我国首都“大城市病”现象的法律成因

北京总规在引导首都规划发展上起着重要作用，但规划的编制与实施作为一种政府行为，不能从根本上代替法律的规范作用。首都的规划建设和发展应当有完善的法律制度作为支撑。从法律层面上看，现行法律规范在首都规划建设方面的规定存在不足，给首都“大城市病”的萌发和加剧留下生存空间。具体而言：首都规划建设专门立法的缺失，导致首都功能与城市功能发挥的界限不清，首都功能发挥受限，非首都功能疏解路径缺少法律支撑；现行法律规范体系中上下位法间的衔接存在滞后性，在具体的规范内容上存在法理冲突等问题；规划实施的保障制度不完善，导致规划实施不充分，刚性管控力度不足。

（一）缺少首都规划建设的专门立法

首都在发展的过程中，逐渐积累了较为突出的“大城市病”问题，这些问题与城市的规划发展思路和引导方式有关，而更深层的原因在于缺少首都规划专门立法。首都的规划发展应当立足首都城市“四个中心”战略定位和提升“四个服务”水平，围绕建设国际一流的和谐宜居之都的发展目标和疏解非首都功能展开，应当从立法上予以明确并提供相应的支撑。

从法律层面上看，首都规划建设领域的活动主要依靠《城乡规划法》《土地管理法》等法律进行调整。《城乡规划法》等法律的适用具有一般性特征，即对全国范围内普遍意义上的城市、乡镇、村庄等规划区域内规划建设活动的调整。首都的规划建设目标和思路不同于其他城市，有其特殊性。《城乡规划法》等法律在调整首都规划建设活动方面难以作出较为详细的专门规定，不能突出首都的独特地位以及首都规划的特殊性，因而在规范内容设计上不能完全发挥出首都的核心功能。从法规层面上看，《北京市城乡规划条例》依据《城乡规划法》并结合北京实际情况而制定，规定了城乡规划的制定、实施和修改等内容，在调整北京市城乡规划和相关城乡建设活动方面起着重要作用，但作为地方性法规，在调整范围上仅限于北京市行政区域，在协调京津冀协同发展、雄安新区承接非首都功能疏解、辐射引领全国各城市发展等跨城市的区域发展方面所受限制较大，超出了地方性法规的调整范围，难以对其他城市作出相应的规定和统筹。可见，从现有法律规范体系上看，首都的规划发展所应重点考量的几个方面缺少较为完善、系统的法律予以规范和支撑，会加大首都发展过程中的“大城市病”风险，导致首都功能发挥受限，并影响首都的可持续发展。

（二）上下位法之间衔接深度不足

完善的法制保障不仅体现为健全的法律法规，还应当做到法律体系内部的协调统一，以及上下位法之间的有序衔接。上文述及，我国当下的法律体系中缺少关于首都规划建设的专门立法，在立法上存在空白。从体系上看，上下位法之间的衔接深度不足并由此引发法理冲突。

从法律效力上讲，下位法不得与上位法相抵触，下位法可以在上位法规定的框架范围内进行细化，但不能超越上位法规定的程序、权限和范围。《城乡规划法》关于首都规划的内容主要体现在第 23 条：“首都的总体规划、详细规划应当统筹考虑中央国家机关用地布局和空间安排的需要”，并无其他特殊规定，关于总体规划的审批规定应当由市政府报国务院审批。2019 年修订的

《北京市城乡规划条例》首次将党中央写入北京城市总体规划的审批主体中。此外，首都功能核心区和城市副中心的控制性详细规划也应报党中央、国务院批准，在城市总体规划实施过程中遇到重大问题、审批和备案过程中遇到重大事项，也应向党中央、国务院请示报告。该修订是对“首都规划权属党中央”[①]的直接体现和拥护，将北京城市总体规划的地位提升到前所未有的高度。

上下位法之间衔接的深度不足，另一个方面体现为缺少与上位法相对应的下位法来提供更加精细、完善的法律支撑。上文提到，首都的规划建设活动还涉及土地管理、自然资源保护、环境保护、历史文化遗产保护等多个领域的内容，我国已出台相应的法律对这些领域的活动予以规范，但从首都发展的角度上看，北京的地方性立法仍存在不足，亟须加以完善。

（三）规划实施的保障制度不完善

规划实施保障制度的不完善也是加重首都“大城市病”的重要制度成因。规划的生命和权威在于实施[②]，不被遵守的规划将失去意义。从历次北京城市总体规划的内容上看，对人口规模、用地规模等指标进行限定的管控理念已有所体现。但从规划实施的效果上看，总体规划规定的管控要求和目标没有得到有效实施。如 2004 年版北京城市总体规划对人口规模的管控目标是到 2020 年常住人口总量不超过 1800 万人，而实际上，常住人口规模在 2010 年就已达到 1961.2 万人[③]，提前 10 年突破了人口总量管控目标。规划中划定的管控指标对于城市的空间布局、产业发展、市政交通等有重要指导意义，对管控目标的突破不仅削弱规划的稳定性和权威性，同时也不利于资源的合理利用和城市的高效发展。规划的目标大打折扣，重要的原因在于规划实施的保障机制仍不完善。一方面，现有法律体系中对首都规划实施保障的规定主要见于《北京市城乡规划条例》，法律位阶不够高，在规划实施监督和法律责

---

① 《首都规划建设委员会召开全体会议 丁薛祥主持 蔡奇出席》，载《北京日报》2019 年 12 月 26 日。

② 刘亭：《规划的生命和权威在于实施》，载《浙江经济》2014 年第 3 期。

③ 《北京总体规划 2013 年重编》，载《北京日报》2011 年 5 月 24 日。

任方面的规定较为笼统，对违规行为的责任承担情形规定得不够细致；另一方面，在规划实施过程中，各方主体应当可以通过公开的渠道掌握实时的实施进展情况，但规划实施的实时监督和动态评估制度不完善将减弱各方参与的效果，延缓问题的暴露，导致规划应有的作用难以完全发挥。

四、我国首都规划建设与法治保障体系之完善

党的十八届四中全会提出全面推进依法治国的总目标是“建设中国特色社会主义法治体系，建设社会主义法治国家”，实现这一总目标的重要任务是形成完备的法律规范体系，这为首都的规划发展提供了破题思路和可靠路径。在实施全面依法治国战略的背景下，有序疏解非首都功能，破解首都“大城市病”难题，实现首都的健康可持续发展，应当回归法治道路，将首都规划建设工作纳入法治轨道，推进首都规划建设法治保障体系的不断完善。

（一）制定我国的“首都法”

首都发展涉及规划、管理、治理等多个方面，为了保障最高国家机关的正常运转，治愈首都的“大城市病”问题，维护首都的稳定，应当有专门的立法给予保障。从首都规划建设法律规范体系上看，未来我国可以制定专门的“首都法”，对首都建筑、首都的功能发挥进行规范。①

从我国现有立法来看，制定“首都法”有先例可循。我国于1990年颁布《国旗法》、1991年颁布《国徽法》以及2017年颁布《国歌法》，对国旗、国徽、国歌的内涵以及使用予以规范。从我国《宪法》第143条规定来看，该条位于我国宪法正文的第四章“国旗、国徽、国歌、首都”中，表明首都和国旗、国徽、国歌一样具属于国家象征。因而，制定“首都法”既是对首都的国家象征意义的维护，也是对首都的建设发展现实意义的保障。

从国外立法来看，许多国家在首都规划建设方面颁布了相应的法律予以

---

① 王锴：《论宪法上的首都》，载《中国法律评论》2017年第6期。

支撑，这也为我国“首都法”的制定提供了可资借鉴的经验。英国、日本和韩国在首都的建设发展过程中，逐渐从单一都市发展为如今以首都为核心的城市群，也称为首都圈或者都市圈。英国伦敦首都圈是首都圈规划和新城运动的发源地，在这一发展过程中始终有相应的法律作为支撑。如1946年颁布《新城法》[①]，大规模推动新城建设，以缓解伦敦中心城区人口压力。1963年颁布《伦敦政府法》[②]确立了“大伦敦”概念。1999年颁布《大伦敦政府法》[③]，成立大伦敦政府。同时，英国还通过制定各个层级的战略、规划为伦敦首都圈的发展和疏解提供支撑。[④]日本以建设首都圈的模式推进首都及周边区域的协同发展，并依托首都圈立法和首都圈规划予以保障。日本自1956年颁布《首都圈整备法》之后，又陆续制定了《城市规划法》《建筑基准法》《土地基准法》等数十项相关法律为规划实施提供保障。[⑤]韩国首都圈的规划发展基于1982年颁布的《首都圈整备规划法》，为韩国首都圈项目开发与改善、人口和产业空间分布、基础设施建设制定基本方针。[⑥]国际性都市圈的发展经验表明，首都圈的形成始终与法律法规相伴出现，法律在首都规划发展的进程中发挥着必不可少的作用。

“首都法”的制定能够解决我国首都规划建设领域规范不完善、治理手段不足的问题。制定此立法，一方面，应当从改革、发展、稳定的大局出发，着眼于首都稳定的特殊需要。[⑦]结合首都规划建设的历史进程，总结多年来首都规划建设的有益经验，使之形成更加成熟、科学、权威的制度并纳入法律中。另一方面，在立法内容上，规划应当是首都立法不可或缺的，应对首都的规划权属、原则、程序等予以规范，突出首都的定位、核心功能、发展战略以及区

① New Towns Act, 1946, http://www.legislation.gov.uk，最后访问时间：2021年3月17日。

② London Government Act, http://www.legislation.gov.uk，最后访问时间：2021年3月17日。

③ Greater London Authority Act, http://www.legislation.gov.uk，最后访问时间：2021年3月17日。

④ 如《英国住房战略》《大伦敦规划》等。

⑤ 常艳：《日本首都圈的规划建设对京津冀协同发展的启示》，载《经济研究参考》2014年第59期。

⑥ 胡若函、邢海峰、赵星烁：《日韩空间规划发展经验评析》，载《城乡建设》2018年第10期。

⑦ 梁惠：《关于维护首都稳定的思考》，载《公安研究》2002年第1期。

域协调、央地事权等，为首都的规划建设提供更加充分和完善的法律保障。

（二）加强法律规范之间的衔接与更新

完善我国首都规划建设的法制保障体系，除了通过制定新法的方式之外，还应从国内现有法律体系出发，加强各法律规范之间的衔接和更新，确保体系内部逻辑统一，内容严密，法理顺畅。具体而言，一方面，应加强现有体系内上下位法之间的衔接，对于存在矛盾和冲突的内容加快修订进程。在规划领域，《城乡规划法》与《北京市城乡规划条例》在北京城市总体规划、首都功能核心区和城市副中心的控制性详细规划的报审程序上，以及首都规划重大问题、重大事项向党中央、国务院请示报告制度等内容上，应当进行充分衔接，消除法理冲突。此外，对于首都规划工作涉及的其他领域法律法规，如土地管理、环境保护、历史文化保护等方面也应当加快修订和衔接。另一方面，应考虑未来制定的"首都法"与现有法律法规的衔接。从法律规范调整内容以及北京城市总体规划实施的实际上看，《首都法》的制定与现有法律法规并不冲突。《首都法》应对现有法律法规中关于首都各领域发展的内容进行统合，既要避免与宪法、法律产生冲突，也要合理平衡规范制定的广度和深度。从规划领域上看，"首都法"与《城乡规划法》同为法律层级，有各自的规制范围，在内容上可有所吸收，但应避免出现冲突。在与《北京市城乡规划条例》的衔接上，"首都法"将提供更加直接、更为明确的上位法依据，为条例的内容以及后续的修改完善提供支撑。

（三）完善规划实施的保障机制

城市规划在城市发展中起着重要的引领作用，经法定程序编制和审批的规划，应当严格实施，非经法定程序任何组织或个人不得随意更改。保障规划实施的顺利和良好效果，应当有完善的规划实施保障机制。

规划实施保障制度的完善应从以下三个方面入手：第一，加快制定我国的"首都法"，在规范设置上对规划实施的保障机制予以规定。"首都法"的位阶属于法律层级，具有仅次于宪法的约束力和强制性，在其内容中纳入对规划实施保障的规定，是对首都规划实施活动的有力保障。第二，补充完善关于违规行为的类型化责任承担和处理规定。现有法律规范中关于违规行为的情形认定和责任承担，多为违法违章建设和相关部门渎职失职等行为。而在超出总体规划管控要求、超越规划建设主管部门职权范围的违法违规行为的处理、惩戒措施的明确等方面，尚存在遗漏。应当在《北京市城乡规划条例》以及未来出台的“首都法”中作出规定，加以明确。第三，加快构建北京城市总体规划的实施保障制度，并逐步实现从政策层面向法律层面的转化。总体规划的实施是过程性的、持续性的，总体规划中要求的各项管控指标的落位和实现，应当从制度上加以保障。新版总体规划在第八章中对保障规划实施等内容作出规定，具体为建立多规合一的规划实施管控体系、建立城市体检评估机制、建立实施监督问责制度、完善规划实施统筹决策机制，多个体制机制共同构成规划实施的保障制度。应推动落实上述规定，加快细化完善，先从政策层面制定出台相应的制度、机制，进而在指导规划实施过程中总结执行效果，提取共性规范标准，逐步纳入法律层面中，以提供更加明确的、强力的制度保障。

第二节　首都地区历史文化街区的法律保护

一、问题的提出

历史文化展现了一个国家或地区的文明变迁，是其魅力所在，而城市是历史文化的重要载体。历史文化名城是改革开放以来重视历史环境保护思潮下提出的一种概念。1982 年，国务院转批《关于保护我国历史文化名城的请示的通知》，将保护文物极为丰富且具有重大历史价值和革命意义的城市选定为“历史文化名城”。自此，我国逐步建立起了以文物保护、历史文化名城、历史文化保护区为核心的多层次历史文化遗产保护体系和一套比较完整的关于文物、历史名城和历史街区保护的法律法规，为我国的历史文化遗产保护工作奠定了良好的基础。①

历史文化街区是历史文化名城的重要组成部分。北京地区历史悠久，具有3000多年的建城史和860多年的建都史，作为我国历史文化名城之首，其文化与历史价值更具个性与特色。历史文化街区作为历史文化名城中承载着一座城市历史风貌与文化脉络的区域，对首都地区的发展也起到重要作用。《文物保护法》将历史文化街区列为保护范围，是历史文化街区受法律保护的重要基础。2020年12月，北京市人大常委会发布了《北京市中轴线文化遗产保护条例（草案征求意见稿）》议案，2021年1月27日会议通过《北京历史文化名城保护条例》修订等举措，体现了首都地区对历史文化保护的重视。随着《首都功能核心区控制性详细规划（街区层面）（2018年—2035年）》的颁布与实施，进一步明确了北京作为历史文化名城的核心价值，成为推进历史文化街区保护的一个承前启后的节点。在首都地区历史文化街区保护过程中，通常会出现历史文化保护与城市发展、公共权益与个人权益冲突等问题。首都地区历史文化街区保护中的问题值得探讨与分析，对更好地保护和传承古都历史文脉具有十分重要的意义。

二、首都地区历史文化街区概述

（一）历史文化街区的划定标准

历史街区是名城传承留存下来的连片建筑群体，保存着城市发展过程的历史信息，是城市历史沿革的实物见证，反映着城市的特色和风貌。② 传统意

① 方志远主编：《旅游文化概论》，华南理工大学出版社2005年版，第4页。
② 赵明：《浅谈历史街区保护》，载《中国名城》2001年第2期。

义上的历史文化街区的内涵主要强调历史文化街区内部的古建筑及整体的文物环境，体现历史传统风貌的地段、区域等。

20世纪80~90年代，我国历史文化街区保护通常出现在以请示、通知、报告为形式的行政规范性文件中。1986年城乡建设环境保护部和文化部发布的《关于请公布第二批国家历史文化名城名单的报告》中首次明确对一些文物古迹比较集中，或能较完整地体现出某一历史时期的传统风貌和民族地方的特色的街区、建筑群、小镇、村寨等，可以予以保护。各省、自治区、直辖市或市、县人民政府可根据它们的历史、科学、艺术价值，核定公布为当地各级“历史文化保护区”①，提出应保护文物古迹及具有历史特色的街区。中国的历史文化街区保护虽起步较晚，但是目前已建立以历史文化名城为中心，历史文化街区、名镇、名村为保护对象的保护体系。2003年，建筑部公布《城市紫线管理办法》，该办法第2条将城市紫线定义为“指国家历史文化名城内的历史文化街区和省、自治区、直辖市人民政府公布的历史文化街区的保护范围界线”。② 虽然届时没有明确“历史文化街区”的定义，但为历史文化街区保护提供法律依据。

正式将历史文化街区进行法律定义的是2008年颁布、2017年修订的《历史文化名城名镇名村保护条例》，其附则第47条明确了定义。在2018年颁布的《历史文化名城保护规划标准》中，历史文化街区指经省、自治区、直辖市人民政府核定公布的保护文物特别丰富、历史建筑集中成片、能够较完整和真实地体现传统格局和历史风貌，并具有一定规模的历史地段。③ 修订版《北京历史文化名城保护条例》中，第七章附则第76条第8款将历史文化街区界定为保留一定数量的不可移动文物、历史建筑、传统风貌建筑及街巷胡同等历史环境要素，能够较完整展现历史格局与风貌并具有一定规模的区域。

---

① 《国务院批转建设部、文化部〈关于请公布第二批国家历史文化名城名单的报告〉的通知》（国发〔1986〕104号，1986年12月8日发布）。

② 《城市紫线管理办法》（中华人民共和国建设部令第119号，2003年12月17日发布）。

③ 住房和城乡建设部：《住房城乡建设部关于发布国家标准〈历史文化名城保护规划标准〉的公告》（2018年11月11日发布），https：//www.mohurd.gov.cn/gongkai/fdzdgknr/tzgg/201902/20190228_239602.html，最后访问时间：2021年2月1日。

《住房和城乡建设部办公厅关于进一步加强历史文化街区和历史建筑保护工作的通知》给出供参考的历史文化街区划定标准，应满足两个要点：一是具备历史文化价值，二是具有一定规模和真实物质载体。对于历史文化价值的认定有三项，满足其一即可：（1）对城镇发展过程中起到重要作用，与历史名人和重大历史事件相关，能展现城镇历史发展的整体风貌；（2）空间格局、肌理和风貌体现传统文化、地域特征、民族特色等元素；（3）街区内保留非物质文化遗产和优秀传统文化，保持传统生活延续性，承载历史记忆。① 历史文化街区的传统格局应基本完整，构成街区的主要元素为历史留存的原物，核心保护范围面积不小于 1 公顷且保护范围内的文物建筑等总用地面积不得小于核心保护范围内建筑总用地面积的 60%。

综合来看，历史文化街区应有三点要素，即具有一定数量的物质形态历史环境要素、真实且完整体现历史风貌、一定的区域。该三点要素体现出对历史文化街区内部客体及外围景观的一定要求，其内部客体的构成主要包括不可移动文物、历史建筑、传统风貌建筑和其他建筑。也就是说，不仅是经官方机构认证的文物保护单位和历史遗留建筑可以作为历史文化街区的组成部分，只要是能够反映历史风貌和地方特色的建筑，抑或是优秀近现代建筑均可纳入其中。其次，历史文化街区要有一定的规模，《历史文化名城保护规划标准》明确规定历史文化街区核心保护范围面积不应小于 1 公顷，位于历史文化街区核心保护范围内的文物保护单位及建筑的用地面积不得小于总用地面积的 60%。此外，历史文化街区还应有明确的保护界限，用于区分城市其他用地与此的区别。但是，“展现历史格局与风貌”“建筑用地面积”描述的内涵较为抽象与模糊，在具体历史文化街区的认定上还需要具体评判。

（二）首都地区历史文化街区保护的特殊价值

历史文化街区承载着一座城市的文化底蕴，展现城市风貌和人文风俗，

---

① 住房和城乡建设部：《住房和城乡建设部办公厅关于进一步加强历史文化街区和历史建筑保护工作的通知》（建办科〔2021〕2 号，2021 年 1 月 18 日发布）。

具有很高的文化价值、经济价值和社会价值，因此保护首都地区的历史文化街区具有特殊的价值。

首先，城市是历史、社会、文化等多层次维度合成的产物，北京作为重要的历史城市之一，保护和维持其文化价值十分重要。首都北京作为千年古都，具备浓厚的历史底蕴，是闻名世界的历史文化名城，是中华文明的一张金名片。历史文化街区是历史文化名城的重要组成部分，保护首都地区历史文化街区有利于传承中华优秀传统文化、激励文化的创新与活力，向国际社会展现首都形象和中华文化的魅力所在。

其次，历史文化街区有很高的经济价值。北京的历史文化街区大多分布在老城的核心区，以中轴线为中心南北遍布。这些历史文化街区的周边人居程度很高，通过对历史文化街区的适度开发建设与保护，利用其优质的交通、知名度等资源，结合自身特点与周边区域的功能定位，最大限度将历史文化街区进行活化利用，不仅可以实现历史文化街区的保护，同时还能够带来很高的经济价值。

最后，一些历史文化街区内部会有一定规模的居住人口，街巷道路、居住环境等都会较为原始老旧。通过对历史文化街区的建设与保护，加强道路交通、房屋结构等基础设施建设，改善历史文化街区内部居民的生活条件，鼓励其共同参与到历史文化街区的保护队伍中。这样既有利于实现历史文化街区的保护，又可为街区居民生活带来额外的收入，在历史文化街区的保护中展现城市发展的历史轨迹，充分发挥其社会功能，实现人与城市高度统一的社会价值。

三、域内外历史文化街区保护制度考察

（一）域外历史文化街区保护制度

20 世纪以来，国际上把历史建筑及文化保护纳为重点领域。1933 年国际

现代建筑协会颁布了《城市规划大纲》。该大纲提出城市发展的过程中应当保留名胜古迹以及历史建筑①，对世界大战后欧洲各国重建城市的规划产生了深远影响。该大纲的颁布与实施，促进了历史古迹保护运动的发展，与此同时，学者专家意识到文物保护会不断地出现更加复杂多样的问题，于是进一步研究，促成了1964年《国际古迹保护与修复规章》（即《威尼斯规章》）的颁布。《威尼斯规章》首次明确指出城市历史地段保护的重要性，该规章肯定了历史文物建筑的重要价值及其作用，标志着历史文化街区保护观念的正式形成。随后，1982年通过的《佛罗伦萨规章》和1987年通过的《华盛顿规章》则是更进一步细化和扩大了历史文化保护的内容，扩展了历史地段、历史街区的保护范围，并强调城市中的历史文化保护须结合自身发展状况以及城市规划。② 对于历史文化街区保护思路，很多国家都各有其选择，在整体上可以分为两大类。

1. 政府主导模式

以法国、意大利等国为代表，这类国家历史文化街区的面积都中规中矩，历史建筑和传统民居较多，因此其保护模式以政府为主导，通过严密的法律体系及政府有力的财政支出为历史文化街区提供技术和物质支撑，进行全方位的保护。例如，世界上最早呼吁并对历史文化街区保护进行立法的大陆法系国家法国颁布了《历史性建筑法案》《历史文物建筑及具有艺术价值的自然景区保护法》《历史古迹法》《马尔罗法》《文物法典》等法律为历史文化街区保护提供系统化的法律制度支撑，设置历史文化街区的保护范围、个人与社会团体行为责任、奖惩措施等制度，内容十分全面和详尽。《文物法典》将“房屋建筑”“风景名胜”及“保护地域”认定为“历史纪念物”进行保护，“保护地域”的概念类似于我国《文物保护法》中的历史文化街区。而且，

① The Getty Conservation Institute：Charter of Athens（1993），http：//portal. uur. cz/pdf/charter – of – athens – 1933. pdf，最后访问时间：2021年1月25日。

② International Council On Monuments And Sites：The Florence Charter 1981，https：//www. icomos. org/charters/gardens_ e. pdf，最后访问时间：2021年2月1日；Washington Charter 1987，https：//www. icomos. org/charters/towns_ e. pdf，最后访问时间：2021年2月10日。

在保护工作方面采取国家建筑师制度，历史文化街区的利用和保护规划工作全权由专门负责区域的国家建筑师进行研究、制定与审核，国家建筑师由各省市的首长在征得文化部部长同意后选定，并负责编制专门的《保护区保护与利用规划》。也就是说，历史文化街区的一切建设活动及保护措施都要在国家建筑师的监督下进行，以保证历史文化街区保护的专业性和针对性。历史文化街区这类历史遗产的保护在法国被认为是一种城市可持续发展的概念，同时也是可持续发展的具体途径，一方面通过严格的审核、监督，确保历史文化街区的价值；另一方面通过适度利用，使其在现实生活中依旧能够发挥其独有作用，满足社会生活的需要。

2. 政府与社会公众共管模式

以美国、澳大利亚、日本等国为代表，该类国家的历史文化街区通常展现为现代文化的大型公共建筑。因此在保护过程中往往以市场经济原则为主，社团和个人是历史文化街区保护的主要执行者，政府只负责相关法律政策、优惠措施的制定和监督。① 以美国为例，1966 年通过的《国家历史文物保护法案》是美国历史文化街区保护的法律依据，该法案确立了由联邦政府、各个州政府及民间团体共同管理和保护历史文化街区的制度体系。依此建立起的“国家登记制度”将对美国历史、建筑、文化等方面具有重要价值的建筑、遗址等进行注册登记，纳入国家登记名册中，用于协助政府和民间鉴定、评估和保护历史文化街区。②

在美国历史保护运动中，历史文化街区的保护成为社会各部门共同参与的任务，全美历史保护信托组织这一非政府组织应运而生，同时获得了《国家历史文物法案》的指明认证。联邦政府和州政府利用经济优惠政策和税收优惠政策来鼓励业主进行历史建筑的维修和保护，同时利用周转基金制度和公共地役权等制度避免历史建筑被拆毁、破坏。周转基金制度简单来说就是

① 赵彦等：《关于我国历史文化街区保护因子的研究——基于中、美、法对比角度》，载《城市社会》2012 年第 12 期。

② ［美］贝弗莉·阿尔伯特：《美国历史建筑和遗址的保护》，载《北京建筑工程学院学报》1995 年 3 月。

各州和一些民间组织成立的历史保护基金会利用私人捐赠基金购买受损的历史建筑，将其出售给愿意修复和保护的买家，售后利润再转入周转性基金，以此往复操作来实现对历史文化街区的保护。公共地役权制度（也称保护地役权制度）是基于特定公共利益需要，国家或公益组织对不动产权利人权利的行使进行限制，从而使国家或公众取得一种要求不动产权利人承担某种负担的地役权制度。[①] 该制度广泛用于美国公共领域，历史建筑保护也在其中。在该制度下，政府或民间保护组织可以对历史文化街区中相关供役人的土地开发行为进行一定限制，以保障历史文化街区的生态环境，但同时供役人也将获得相应的税收扣减优惠。公共地役权通过合同的形式设立，因此可以通过协商的方式较好地实现公私利益平衡。[②]

（二）我国历史文化街区保护制度

我国历史文化街区保护制度的演进可以说是历史文化名城制度发展的一个缩影，随着历史文化名城制度的不断完善，历史文化街区制度也在不断更新调整。目前我国历史文化街区保护工作中，政府仍承担保护和监督管理的主要职能。具有重大历史意义的历史文化街区一般由中央政府进行资金支持与管理规划，省、自治区、直辖市的人民政府组成专家委员会进行历史文化街区认定公布工作，并报国务院备案。各级地方政府是当地历史文化街区保护的中坚力量，负责编制当地历史文化街区保护条例、执行相关法规同时组织历史文化街区的修缮工作等。历史文化街区的保护工作需要大量资金支持，因此政府的财政预算是历史文化街区保护的主要资金来源。各级政府将历史文化街区保护规划纳入城市发展规划中，并可通过申请专项保护资金的方式加大对历史文化街区保护的资金投入。资金来源包括年度财政预算、利用历史文化

---

① 赵自轩：《公共地役权在我国街区制改革中的运用及其实现路径研究》，载《政治与法律》2016年第8期。

② J. Peter Byrne, *Ten Arguments for the Abolition of the Regulatory Takings Doctrine*, Ecology Law Quarterly, vol. 22, 1 (1995).

遗产所获得的事业性和经营性收入、社会各界的捐赠和其他合法来源。[①]

同时，历史文化街区保护工作也鼓励社会公众的参与。如《住房和城乡建设部办公厅关于进一步加强历史文化街区和历史建筑保护工作的通知》规定对历史文化街区、历史地段内建筑物或构建物的更新改造或拆除要充分听取社会公众意见，保障公众的知情权、参与权和监督权。此外，历史文化街区保护还设置奖惩制度，对积极参与历史文化街区保护并在历史文化街区保护工作中做出突出贡献的单位与个人给予奖励和表彰，对破坏历史文化街区的行为进行惩治和罚款。

当前，我国历史文化街区保护方法主要有两种。第一种是严格保留历史文化街区的原貌，对历史文化保护区采取“博物馆式”的方式进行封存。第二种是动态调整式保护，即对历史文化街区进行修缮整治，再进行一定程度的改造。第二种保护方法一般用于内部文物、历史建筑或多或少已经遭受破坏的历史文化街区或发展商业经营的历史文化街区，根据受损程度来决定历史文化街区的整治改造程度。历史文化街区的价值不仅体现在内部拥有的历史文物、历史建筑等文化遗产上，更体现在当地居民真实生活环境所表达出的一种文化信息。因此历史文化街区的活化利用才是发挥街区文化现代社会价值的最佳途径，是历史文化街区保护中的最佳方法。

我国历史文化街区保护体系较为丰富，但由于其主要依托于历史文化名城保护的法律法规，再加上我国城镇化建设发展迅猛，导致历史文化街区保护相关法治建设与现实情况脱节，很多法律法规都只提出了概括性要求，很难进行具体操作和实施。我国历史文化街区保护体系整体呈现出一种自上而下的单向保护模式，政府包揽绝大部分工作，虽然呼吁社会公众参与历史文化街区保护，但由于公众普遍对历史文化街区的保护意识不强，没有足够有吸引力的激励奖励机制，因此实践中没有取得特别好的效果。再加上为追求经济利益进行房地产开发，“拆旧建新”“拆真建假”等现象时有发生。很难评价这些活动会对传承历史文化产生怎样的积极效果，但至少与历史文化街

---

① 梁剑宝：《论我国历史文化街区的法律保护》，西南政法大学2011年硕士学位论文。

区应反映真实历史风貌的特征有所相悖。同样，很多地方的历史文化街区由于开发利用不得当，使街区整体商业氛围浓重，丧失历史文化街区应有的“传统生活延续性”。

在当前的历史文化街区保护工作中，仍然存在很多立法逻辑不够清晰、单纯重复上位法的问题，还有统筹不够、社会参与度不高、利益协调等机制不完善的现象。这就需要在保护的过程中吸收借鉴国内外先进的保护制度，并对有效的保护利用经验进行总结提炼。

四、我国首都地区历史文化街区现行保护制度

截至目前，首都北京已正式公布的历史文化街区共有33片，全部集中在北京的老城，其中皇城、大栅栏、东四三条至八条3片街区被纳入中国历史文化街区名单。[①]《首都功能核心区控制性详细规划（街区层面）（2018年—2035年）》第27条明确了首都北京核心区11类保护对象中包含历史文化街区和特色地区，并提出要将北京历史文化街区占核心区总面积的比重由现状的22%提高至26%，达到占整个老城面积的38%。[②] 历史文化街区所占面积如此之大，推进历史文化街区保护工作已刻不容缓。

一直以来，首都北京的历史文化街区保护工作的法律依据为《文物保护法》《历史文化名城名镇名村保护条例》《北京历史文化名城保护条例》等法律法规。历史文化街区的保护以“历史文化名城”的申报为契机，对历史文化街保护的法规建设也在不断加强。2019年《北京历史文化街区风貌保护与更新设计导则》的颁布，对历史文化街区保护要素、整治要素及措施进行详细的规定，为历史文化街区保护工作提供了重要指引。目前形成了以《历史文化名城名镇名村保护条例》为延伸的历史文化街区保护体系。2021年1月

---

① 《北京历史文化街区风貌保护与更新设计导则》（2019年3月发布）http：//ghzrzyw. beijing. gov. cn/biaozhunguanli/bz/cxgh/202002/P020200220595400009126. pdf，最后访问时间：2021年2月23日。

② 《首都功能核心区控制性详细规划（街区层面）（2018年—2035年）》，http：//www. beijing. gov. cn/zhengce/zhengcefagui/202008/W020200902354838202786. pdf，最后访问时间：2021年2月23日。

27日通过的新版《北京历史文化名城保护条例》（以下简称新版《保护条例》），更是为首都地区历史文化街区保护提供了明确的制度规则。

（一）新版《保护条例》评析

新版《保护条例》与旧版相比，在四个方面更加明确。

1. 保护主体及保护对象

新版《保护条例》第4条规定建立健全北京市党委领导、政府统筹、单位实施、公众参与、社会监督的北京历史文化名城保护工作机制，第6条规定北京历史文化名城保护协会负责保护工作的总体策划、统筹协调、工作推进和监督落实。也就是说，北京市立志建立健全政府主导、社会公众参与的多层历史文化名城保护体系。新版《保护条例》第14条以列举的方式规定了11类北京历史文化名城的具体保护对象，历史文化街区被纳入第5项。与旧版相比更加明确和规范，并采取“法律、法规规定的其他保护对象”兜底条款适应社会情势的变迁。新版《保护条例》第13条规定，北京历史文化名城的范围涵盖北京全部行政区域，主要包括老城、三山五园地区以及大运河文化带、长江文化带、西山永定河文化带等。该条的规定将新版《保护条例》的保护范围从以老城为主扩展至全市，对北京市进行全域保护。也就是说，老城内部历史文化街区以外、目前尚未被评定为历史文化街区的街区也可以受到法律保护。

2. 保护标准

历史文化街区内部各种物质与非物质遗产要素是街区价值特征呈现的媒介，人们通常通过置身其中的体验得以感受、认知街区的价值内涵。[①] 新版《保护条例》通过实施分类管控的方法，加强对历史文化街区内部对象的保护。在历史文化街区的核心保护范围内，除市政公共设施建设及恢复历史风貌的修建以外，不得进行任何“新建、改建、扩建等活动”。例如，规定禁止

① 张广汉：《历史文化街区保护管理办法中几个关键问题的探讨》，载《小城镇建设》2012年第10期。

破坏拆除老城地区胡同、四合院等传统平房区和各类保护对象，实现应保尽保；严格控制历史文化街区的建设规模和建筑高度，保护传统风貌等。历史文化街区核心保护范围内在进行公共基础设施建设的同时应当严格保护历史格局、街巷肌理与历史风貌，新建、改建的应严格控制整体与核心保护区的风貌协调。同时新版《保护条例》还规定了历史文化街区内部禁止从事的可能造成破坏性影响的活动，如采石、开矿、在历史建筑上刻画等行为。整体来说，新版《保护条例》对历史文化街区的保护要求不仅新增了很多条款，明确列出很多禁止性行为，而且相比旧版而言保护标准更为严格。

3. 保护机制

新版《保护条例》历史文化街区保护机制的最大亮点是建立保护名录制度及保护责任人制度。

保护名录制度，首先由人民政府根据普查的情况组织专家论证，依据有关标准选出初步保护名录名单，向社会公众公示，随后由北京历史文化名城保护委员会负责评审相关材料，最终确定保护对象。任何单位和个人都可以向所在地的区人民政府申报、推荐保护对象。这样的机制促进民间自发的保护意愿，也鼓励社会公众通过更多途径来积极参与到具体保护工作中。而对于尚未纳入保护名录但被认定具有保护价值的历史文化街区，应当确定为预定保护对象采取相应保护措施，这使许多因评定资格与流程等原因无法及时得到保护的历史街区免遭破坏。

保护责任人制度则是明确历史文化名城的相关负责人，历史文化街区的负责人为所在地的街道办事处；历史文化街区内部历史建筑的所有权人为保护责任人，所有权人下落不明或权属不明则使用人为保护责任人；单独设置保护单位的则该单位为保护责任人等。① 这种责任到单位、到个人的保护机制意味着问责制度更加严格，有效避免出现问题无人负责的情况。

此外对于一些不符合规划要求，严重影响当地居民居住安全，同时又破坏街区肌理、传统风貌的建筑物，可以依法通过申请式退租、房屋置换、房

---

① 《北京历史文化名城保护条例》第33条。

屋征收等方式来实现该类建筑物的腾退或改造。

4. 历史文化遗产的活化利用

历史文化遗产的活化利用，是各国历史文化名城都在不断探索破解的终极问题。新版《保护条例》新增第五章“保护利用”，鼓励和支持历史文化街区的合理利用和有序开放，同时还制定了历史文化街区保护利用的正面和负面清单，明确各项鼓励、支持或限制、禁止的活动。历史文化街区可以根据规划要求发展多样化特色产业和适度开展旅游等与传统文化相关的经营活动，通过制定正面和负面清单为历史文化街区的活化利用提供很好的指导，这有利于规范各类主体在历史文化街区的行为，同时也有利于营造良好的历史文化街区保护氛围，将历史文化街区的利用价值发挥到最大化。在过去，有很多被政府腾退的历史建筑往往成立专门的事业单位再进行后续开发利用，但随着越来越多的历史建筑被腾退，全部交由政府进行管控实属吃力。因此新版《保护条例》还规定了历史建筑可以依法转让、抵押、出租，这为社会公众更多参与历史文化街区保护提供了法律依据。

虽然新版《保护条例》新设了很多的保护机制与措施，但并非足以包罗所有的问题，一些存在争议的法律问题仍尚待解决，比如，登记制度不健全、活化利用机制不完善、社会参与度不高等。下面将针对几个主要问题展开分析。

（二）现行历史文化街区保护制度中仍存在的问题

虽然新版《保护条例》与旧版相比有了很大的进步，涉及历史文化街区保护的内容明显增多。该条例在原则性保护要求为主的基础上丰富了很多保护机制与措施，保护标准更加严格，相应条款可操作性加强，提升了一定的法律执行力，可配合《北京历史文化街区风貌保护与更新设计导则》共同适用，但在具体执行上仍存在一些问题。

1. 制度设计不周延

历史文化街区保护应从整体风貌、建筑、街巷空间及附属设施三个层次进行规范，街区内的保护要素和整治要素不单纯仅限于建筑。历史文化街区内具有保护价值的要素包括物质要素和非物质要素，物质要素如历史建筑、街道、有保护价值的水域、古树等，非物质要素包括街区天际线、整体形态特征、色彩基调、人口社区结构等。以街道肌理为例，北京老城区内的东四、西四地区作为元代起就存在的街区，历史悠久且街区肌理十分规整，而什刹海地区则依托自然环境形成一种结构布局较为自由的城市肌理，什刹海湖泊同时也是具有保护价值的水域。历史文化街区内的整治要素则更为复杂，涉及交通设施、各类违法建设、地下空间开发利用等整治问题。因此，不同历史文化街区应针对不同街区样貌与街区功能特征，采取分类保护的方式更为合理。此外，新版《保护条例》规定了历史文化街区内除必要市政基础建设以外不允许任何新建、改建、扩建活动，而拆除更是严令禁止。如此严格的保护办法并不利于历史文化街区特别是老城街区的有机更新。

历史文化街区的保护措施直接关系到历史文化街区的整体质量和当地居民的生活质量，单纯倡导保护历史文化街区是不够的。历史文化街区的保护不仅要重视维护和修缮，也需要重视杜绝破坏的整治活动。虽然《北京历史文化街区导则》给出了更加详细的保护规范，但其适用范围仅限于北京市老城内的历史文化街区及中心城区范围内其他成片需要保护的地区。同时，北京市尚未建立起系统化的历史文化遗产登记制度，对于具体制度的要求还需要进一步明确。北京地区历史文化街区保护的立法仅局限于政府规章，法律位阶较低，涉及条款较少，保护较为死板。

2. 私有不动产利益和公共利益的冲突

受不同历史阶段住房政策和经济社会发展的影响，历史街区往往成为一个城市中房屋产权类型最为丰富的地区。[①] 历史文化街区中存在大量的历史建筑，历史建筑的所有权结构会出现政府公有、个人私人所有以及公私混合所有的状态。根据新版《保护条例》规定，历史建筑的所有权人、使用人应当负责日常维修和修缮，保持原有的历史格局和传统风貌。也就是说，历史建筑保护的负责人明确指定为建筑所有权人及使用人，且因维护和修缮历史建

---

① 段文、张杰：《历史街区保护更新中的产权问题》，载《中国文物科学研究》2017 年第 4 期。

筑所花费的金额也由自己承担。该条例第70条还规定，未履行历史建筑保护责任的，由相关行政部门责令改正，逾期则罚款。

私有历史建筑的所有权人对该历史建筑享有物权，其最大特征就是所有权人可以对历史建筑享有绝对排他性的权利，任何人都不可侵犯。一些历史建筑业主会为了实现自身利益最大化而对历史建筑进行改造或重建，投入商业开发、经营活动中。但由于历史建筑所具有的特殊社会公益价值，公共管理部门为城市发展公益目的会对历史建筑所有权人的使用、处分行为进行必要限制。不仅如此，私有历史建筑所有权人还承担对房屋进行维修和修缮的社会义务，这种义务会直接增加所有权人的负担，无论是金钱上还是时间上都要耗费大量精力。因此会出现私有历史建筑所有权人因资金原因不愿独立承担历史建筑的维护修缮费用的情况，或是所有权人由于时间等原因，有修缮和维护历史建筑的热情但心有余而力不足。

就新版《保护条例》来看，历史建筑保护相关条款仍以保护历史文化公共利益为重，强调义务本位，集体与个人都需要履行保护职责，限制相对较多。虽然在旧版基础上增添了可以获取历史建筑修缮补助资金的规定，但整体上不足以改善义务本位模式下保护机制剥夺私人历史建筑所有人个人权利的现实。为公共利益做出牺牲的私人历史建筑业主在权利义务不对等的保护机制下，极易降低保护积极性，甚至有一些历史建筑所有人会拒绝让私有建筑被评定为历史建筑而纳入历史文化街区保护体系中。基于私有财产利益与公共利益的巨大张力，义务本位型规范模式无法兼容公共利益与私人利益，很难让历史建筑权利人自觉地按照符合社会公共利益的方式行使其所有权。

3. 公众参与制度仍不到位

公众参与制度的目的在于让社会公众积极参与到历史文化街区保护工作中，通过赋予对保护规划的制定和实施提出意见和建议以及对破坏历史文化街区的行为进行监督、举报的权利，增强市民对历史文化街区的保护意识和历史文化的认同感，最终实现城市历史文化的传承。历史文化街区的保护工作与当地民众的生产生活息息相关，市民对法的参与程度会直接影响历史文化街区保护工作的执行力。公众参与强调公众机构和公众在参与过程中的互动性[①]，这说明公众参与不仅需要公民积极参与，同时还需要行政机关及时回应。虽然目前新版《保护条例》在注重社会公众意见的态度上已经有很大程度的改善，赋予了公民各项权利，但这种参与更多体现在地方立法、修订法律的环节，对于公众提出的意见和建议是否被采纳、基本缘由等信息是否回应很难知晓。历史文化街区保护是一个长期动态的过程，公众参与的持续性对实现历史文化街区的可持续发展尤为必要。

历史文化街区的保护核心不仅在于保护历史文化遗产，更应聚焦于历史文化的传承。长期以来，历史建筑保护与修缮、街道风貌整治是保护规划最关注的内容，而街区保护中“实现城市文化传承”的目标则被忽略。[②] 观察北京地区历史文化街区保护的立法例，公众参与多数停留在立法阶段，保护实践阶段公众更多需要履行历史文化街区的保护义务，而能够参与管理的部分少之甚少。实现历史文化的传承还是需要通过丰富公众的参与渠道、加强历史文化街区评审信息的公开以及提供更多激励机制等方式来激发公众参与的热情，对公众提出的意见、反映的问题及时吸收和反馈，避免流于表面[③]，让公众参与到历史文化街区保护的全过程中。

五、域外国家首都地区历史文化街区的保护经验

（一）法国巴黎

上文说到，法国历史文化街区保护路径主要是通过设定专门保护区、指定专门建筑师全权负责的方式进行。在实践中，特别是像首都巴黎这种极具历史文化传统的城市，对历史文化街区的保护并不局限于此种方式。在此基

① 蔡定剑：《公众参与及其在中国的发展》，载《团结》2009 年第 4 期。

② 胡敏、郑良文、王军、许龙、陶诗琦：《中国历史文化街区制度设立的意义与当前要务》，载《城市规划》2016 年第 11 期。

③ 顾爱平：《公众参与地方立法的困境与对策》，载《江苏社会科学》2017 年第 6 期。

础上，巴黎对于历史文化街区的保护更多会根据城市已有的传统风貌，结合地方性城市规划，将未列入《保护区保护与利用规划》中的符合标准的“非法定历史文化街区”同样给予相应保护。[①] 其整体的思路表现在两个方面，一是遵循城市原本的城市文脉和城市肌理，注重保护城市空间传统结构。二是注重巴黎的发展需要，对历史文化街区的保护工作既要维持街区本身的文化风貌，同时还应满足周边居民生活需求，以利于城市的可持续发展。此外，《法国城乡规划法典》第 L. 126—1 条往下规定了行政役权中的公共地役权，涵盖保护文化遗产[②]，用于保障在历史文化街区保护中相关土地空间权利人的合法权益不受侵害。

以巴黎的圣安东尼传统街区的保护为例。在 20 世纪 90 年代初期，由于新旧建筑交错纵横、过度拓宽交通要道、房地产公司的逐利心理导致圣安东尼区原本的风貌丧失殆尽。按照当时的法律流程，首先须通过文化部指定国家建筑师的审查才可界定是否符合“历史纪念物”的标准，然后才可启动保护措施，而此时圣安东尼传统街区已遭现代工业文明的破坏，并不满足“历史纪念物”的标准。1994 年巴黎市会议通过保护传统街区提案，将圣安东尼街区设定为特定区，专门制定特别法规、整改规划，并由巴黎市政府与基金会一同探究传统街区可持续发展的具体方案。同时，还对无翻新、改善老旧住宅的居住计划设置了奖励性政策。[③]

巴黎对历史文化街区的保护范围更加广泛，避免了城市中很多历史建筑和街区由于被认定为“非法定历史纪念物”而被拆除的命运，更有利于保护巴黎的传统风貌和人文社会环境的统一整体。

（二）美国华盛顿哥伦比亚特区

美国华盛顿哥伦比亚特区（以下简称华盛顿特区）议会于 1978 年制定了

---

① 刘健：《法国历史街区保护实践——以巴黎市为例》，载《北京规划建设》2013 年第 4 期。

② 汪洋：《公共役权在我国土地空间开发中的运用：理论与实践》，载《江汉论坛》2019 年第 2 期。

③ 联合国教科文组织亚太地区世界遗产培训与研究中心：《维系城市新旧交融的和谐：巴黎圣安东尼传统街区保护与都市适度更新》，载《世界遗产》2014 年第 5 期。

该市第一个全面的历史保护条例——《历史地标和历史街区保护法》（D. C. Law 2—144），该部法律将“地标名录”和“国家登记名册”中的华盛顿特区遗产名录合并，建立了华盛顿特区自身的历史遗产清单，加强对指定历史建筑的法律保护。[①] 历史街区保护有两个相关机构，即华盛顿特区历史保护办公室和历史保护审查委员会。历史保护办公室负责支持和辅助历史保护审查委员会（HPRB）和市长等政府官员的工作。历史保护审查委员会则是专门负责规划和管理指定历史遗产的政府机构，定期就华盛顿特区的历史保护事宜向室长提出报告与建议。历史保护审查委员会会为各个指定的历史街区制定适合该街区的保护指南，同时很多街区的非营利性组织也可能会为自己所在的历史文化街区制定保护指南。[②]

除此之外，华盛顿特区还有与历史文化街区保护相关的如联邦百人会议、华盛顿特区保护联盟和华盛顿特区历史学会等非营利组织，参与首都华盛顿特区的历史文化街区的保护工作。

（三）日本东京都

日本在历史文化街区保护方面采取政府与公民共管模式。《文化财保护法》规定了“传统建筑群保护区”即历史文化街区的选定及保护措施，由各都道府县制定保护规划，市町村一级具体实施，社会民众也在历史文化街区保护中发挥重要作用。“传统建筑群保护区”并非由当地政府决定，而是由该保护区内的居民对是否申请成为“传统建筑群保护地”进行投票表决，再通过提交认定申请的方式评定。全国各地的“传统建筑群保护区”审议会是历史文化街区保护和活化利用的常设咨询组织，为制定历史文化街区保护规划提供技术和学术支持，成员一般由市町村、都道府县、文化财产所有者、文

① D. C. Law 2—144. Historic Landmark and Historic District Protection Act of 1978，https：//code. dccouncil. us/dc/council/laws/2－144. html，最后访问时间：2021 年 2 月 7 日。

② About the Historic Preservation Review Board，https：//planning. dc. gov/node/1174666，最后访问时间：2021 年 2 月 8 日。

化财产保护利用志愿团体、智库专家、商工会、观光业团体等主体构成[①]，且制定历史文化街区保护规划的相关保护审议会应努力反映当地居民意见。

日本首都东京都在此基础之上以《东京都景观条例》（以下简称《景观条例》）作为法律依据，《东京都历史景观保全方针》（以下简称《景观保全方针》）作为具体实施细则。《景观条例》规定了东京都在城市规划与建设过程中应当对地形、自然环境、街区、历史、文化等因素加以考虑，以构建都民美好生活环境为目标。[②] 满足以下任意一项条件：（1）能够反映东京都的历史与文化；（2）是当地象征性建筑；（3）被多数居民喜爱且形成当地特色的核心建筑，即可被认定为“东京都选定历史建筑”给予保护，其他不满足认定标准但对周边地区具有重大影响的景观区域同样被纳入《景观条例》的保护范畴。“东京都选定历史建筑”的认定工作由东京都知事执行，须事先征求该建筑所有权人的同意并征求东京都景观审议大会的意见，认定完毕后东京都知事将作为“东京都选定历史建筑”的主要负责人完成各项保护工作的部署。此外，很多致力于提升地区活力、支援地区产业、满足市民生活需求、促进地区可持续发展和焕发地区活力的非营利组织也在历史文化街区保护中有着不俗的表现。东京都历史街区建设基金也是历史文化街区保护的重要组织，该基金为修缮和保护“东京都选定历史建筑”、具有重要影响的历史建筑及历史文化街区提供资金补助。

整体来说，非营利组织（non-profit organization，NPO）、市民及团体的实质性参与是日本历史文化街区保护的中坚力量，东京都亦是如此。非营利组织为历史文化街区的保护和改善提供了多样化选择，市民自身投入历史文化街区的保护工作，在保护历史文化街区文化风貌的同时，极大增强当地居民的公民意识与文化根源认同感，对基层历史文化街区的活化利用做出极大贡献。

---

① 文部科学省「文化財保護法及び地方教育行政の組織及び運営に関する法律の一部を改正する法律の概要」2019 年 4 月 1 日，http：//www. bunka. go. jp/seisaku/bunkazai/pdf/r1402097_ 01. pdf，最后访问时间：2021 年 2 月 16 日。

② 文部科学省「文化財保護法及び地方教育行政の組織及び運営に関する法律の一部を改正する法律の概要」2019 年 4 月 1 日，http：//www. bunka. go. jp/seisaku/bunkazai/pdf/r1402097_ 01. pdf，最后访问时间：2021 年 2 月 16 日。

六、我国首都地区历史文化街区保护的制度回应

历史文化街区的保护是一种广义的保护，不仅包括保护历史文化街区不遭破坏，还包括历史文化街区后续的开发与利用。对于历史文化街区的保护，不应只局限于对街区文物古迹与历史建筑的修复、历史风貌整治等空间表层问题，而应以一种街区内核发展延续相协同的方式去弥合保护与发展的矛盾。[①] 历史文化街区保护的不仅是街区内部历史建筑、街道等，整体空间都是保护元素，是一个综合体系。针对上文分析的在历史文化街区保护中仍存在的问题，北京地区的历史文化街区保护制度仍需进行回应和解决。

（一）进一步完善登记制，确立分类保护制度

关于北京历史文化街区的评定申报标准，目前尚未有法律法规及规范性文件给出明确数据，但可参考上位法规定，《国家历史文化名城申报管理办法（试行）》对历史文化名城的申报管理工作提供了相关指示。但该办法在历史文化名城申报条件标准的章节部分除去历史文化名城内部各类组成部分的规模数量这类硬性标准外，对历史文化名城的用词十分抽象，如“与中国悠久连续的文明历史有直接和重要关联”“与中国近现代政治制度、经济生活、社会形态、科技文化发展有直接和重要关联”“见证改革开放和社会主义现代化的伟大征程”等[②]，很难以此作为依据开展评定工作。而历史文化街区作为历史文化名城重要的组成部分，其评定标准应更加具体化，具有可操作性，同时还应展现北京历史文化街区的独有文化特色。

前文提到，历史文化街区的保护主要有两种方式，一种是“博物馆”式的全面保护，如故宫博物院。另一种是动态保护，根据不同历史文化街区的

---

① 肖竞、李和平、曹珂：《价值导引的历史文化街区保护与发展》，载《城市发展研究》2019 年第 4 期。

② 住房和城乡建设部、国家文物局：《国家历史文化名城申报管理方法（试行）》，http://www.mohurd.gov.cn/wjfb/202008/t20200820_246838.html，最后访问时间：2021 年 2 月 25 日。

现实情况，结合其发展规划、职能特征等因素进行综合保护。动态保护模式中，“菊儿胡同”的改造模式是一个典型案例。在20世纪80年代，城市高速发展导致首都拥挤不堪，疏解首都城市功能成为重中之重，且聚集在核心区老城的历史建筑存在十分严重的居住环境问题。“菊儿胡同”的改造采用“有机更新”的思想和“类四合院”的住房体系①，拆除菊儿胡同内部一些过于老旧的建筑，新建大面积的类四合院，在保护旧城风貌的同时改善住民的居住环境。

此外，近两年来在老城区试点的共生院改造，让生活在大杂院内的居民依照自己意愿开展“申请式”腾退，腾退空间重新设计用于开展文化活动等，这为位于首都核心区内的历史文化街区的有机更新提供了新路径。很多类似的保护利用经验都是经过考察具体历史街区的实际状况和综合环境所提出的针对性保护方案。可以看出，历史文化街区的动态保护应重视具体街区的具体情况以及所在地区的城市功能，统一适用同一套标准不利于街区的综合治理。因此，建立分类保护制度，除了从是否登记的角度，还可以结合街区内部的历史风貌、历史遗迹和文化内涵等因素进一步分类、分级保护，深化保护理论与方法。

（二）完善保护机制，平衡公私利益

在实践过程中，保护条例可以为历史文化街区保护提供法律支撑，同时历史文化街区的保护必须结合城市发展规划进行。从比较法来看，美国历史文化街区保护是将街区保护条例和城市规划相结合；法国则是直接通过历史文化街区保护专项规划进行保护，规划内详细说明了历史文化街区保护的各项注意事项以及对城市经济发展、公共设施等方面的具体要求。两个国家虽然方法有所不同，但都强调街区保护与城市发展规划应相互适应。美、法、日三个国家均将历史文化街区进行分类管理，但首都地区的保护范围较一般

---

① 谭佳音：《我国历史文化街区动态保护模式的比较研究》，载《安徽建筑工业学院学报（自然科学版）》2007年第5期。

法更加宽泛。新版《保护条例》也学习借鉴了域外国家的经验，将未被评定为历史文化街区的街区纳入保护范围，利于首都地区维护传统风貌的整体感和环境效益的改善。

公私主体利益冲突的问题，可以借鉴域外的公共地役权制度。公共地役权制度也称保护地役权制度，指基于特定社会公共利益需要，国家或公益组织对不动产权利人权利的行使进行限制，从而使国家或公众取得一种要求不动产权利人承担某种负担的地役权制度。[①] 公共地役权制度的目的在于通过对不动产权利人行为的限制来实现社会公共利益或不特定多数人的利益。随着社会发展，基于经济生活的需要而出现的新的地役权类型如商业地役权、自己地役权、环境地役权等，不仅为社会经济的发展发挥了极为重要的作用，更为加强动植物资源保护、促进国家之间的环境保护提供了有效的制度路径。[②]

公共地役权是传统私法上地役权的新发展[③]，有学者认为，公共地役权是为了实现行政目的并用以对抗第三人而要求私法财产权人持续承担某种负担的权力或权利，可以在私法财产上通过强制命令、行政合同、捐赠奖励等方式设立[④]，用于我国生态环境、历史建筑等的保护。虽然公共地役权在我国仍存在很大的理论问题，如公共地役权的法律属性、权利义务、补偿方式、纠纷处理等内容在学界仍未达成共识，但域外国家的实践经验及公共地役权特殊的法权构造对历史文化街区保护中公私利益冲突的解决具有重要的制度意义。

在所有权社会化思潮影响下，现代社会对随心所欲的财产处置逐渐加强了限制。[⑤] 历史文化街区保护可以适用公共地役权，调整公权力和私人之间因

---

① 赵自轩：《公共地役权在我国街区制改革中的运用及其实现路径探究》，载《政治与法律》2016 年第 8 期。

② 孙鹏、徐银波：《社会变迁与地役权的现代化》，载《现代法学》2013 年第 3 期。

③ 耿卓：《地役权的现代发展及其影响》，载《环球法律评论》2013 年第 6 期。

④ 肖泽晟：《公物的二元产权结构——公共地役权及其设立的视角》，载《浙江学刊》2008 年第 4 期。

⑤ ［德］罗伯特·霍恩：《德国民商法导论》，楚建译，中国大百科全书出版社 1996 年版，第 189 页。

物权关系导致的私人权利牺牲问题。私人财产为社会公共利益作出牺牲还得不到补偿费用，其不妥当不言而喻，而公共地役权制度可以在私主体权利义务不对等中取得平衡。政府或公共管理部门可以依照法律法规对街区内历史建筑所有权人对其建筑的使用进行一定的限制，同时也须向历史建筑所有权人支付相应费用，相关补偿方式与标准可通过第三方评估机构参与等平等协商的方法予以确定。当然，在制度选择上不能直接照搬域外的公共地役权制度，应结合北京地区历史文化街区保护的特色进行本土化建构。

（三）加强公众参与，构建共管模式

民间组织的介入可以为社区居民之间的沟通提供平台，还可以运用专业知识开展活动，有利于社区的可持续发展。[①] 历史文化街区得到可持续性保护与发展的真正动力在于当地居民的投入和参与。一方面需要提升社会公众参与历史文化街区保护的热情，通过组织历史文化街区宣传教育、科普活动等手段提高公众参与历史文化街区保护的能力；另一方面还需要不断传承历史文化街区内的特色文化，让居民意识到历史文化街区的特殊意义，在参与街区保护工作中获得自豪感与文化认同感，为北京历史文化和城市历史底蕴的发展提供强动力。

完善公众参与机制，不仅需要在历史文化街区保护立法过程中有所体现，更重要的是让社会公众参与到历史文化街区的实际保护工作中。相比于其他类型历史文化遗产的保护，历史文化街区在保存、保护工作上随着时代变迁会产生急剧变化，全面掌握历史文化街区现状，进行科学分析并制定相应对策是十分重要的。历史文化街区是当地居民日常生活起居的环境，居民对街区内每一个细小变化都很清楚。各个街区居民可以建立参与历史文化街区保护委员会或志愿者团体，培养对居住地区的管理能力，与政府和公共管理部门建立沟通、共同互动。

2021 年新版《保护条例》的颁布与实施，使得首都北京地区的历史文化

---

① 杨隆治：《我国公众参与历史文化遗产保护机制的研究》，载《山西建筑》2017 年第 19 期。

街区保护制度不断完善，各项标准也逐渐清晰，都表现出国家层面对保护首都北京历史文化街区的决心，但历史文化街区的保护仍有许多制度和实践层面的问题需解决。

在建立首都地区历史文化街区管理办法的同时，吸收借鉴域外国家历史文化街区保护中的丰富经验，结合北京自身的历史文化特征和城市肌理，积极完善法律法规的制度建设，明确各项保护措施与公众参与激励机制，推进历史文化街区保护在实践中进步。最终逐渐形成以法律为保护基础，政府与公众共同参与历史文化街区保护的共管模式。

第三节　首都北京文化创意产业发展的法制保障

文化产业立法是整体落实文化强国战略的法治保障，为文化产业的发展提供良好的制度环境，应与社会立法、民生立法获得同样地位。我国必须加快构建科学合理、层次分明、配套完善、切实可行的文化产业立法，推进文化产业政策法治化，确保文化强国战略的实现。如果说，制定国家层面的文化产业立法尚需谨慎、稳妥地推进，不可操之过急；那么，对于一些个别文化产业发展较快的城市，如北京，则完全可以先进行地方性立法探索，尝试制定和完善文化产业振兴、文化市场管理、文化产业投资等方面的法律法规，提高地方文化建设法治化水平。

一、文化创意产业的界定

（一）相关概念的提出

产业是伴随社会生产力的发展和社会分工的细化而出现的产物，它是由从事同类物质或精神生产以及服务的企业组织构成的经济系统。产业作为国民经济的组成部分，有不同的门类。目前，我国将产业进行了三次划分，第一产业为农业，包括林业、渔业、牧业等；第二产业为工业和建筑业，包括制造业、采掘业、电力、供水等；第三产业为上述第一产业、第二产业以外的其他产业，包括交通运输业、邮电通信业、商业、金融业、旅游业、咨询服务业、教科文卫体以及社会福利业等。而文化创意产业是现代产业中的新兴门类，无论是发达国家还是发展中国家，都将其视为提升国家综合经济实力的重要途径，并赋予其战略性的地位和意义。目前，学术界和实务界对于文化创意产业有不同的称谓，存在“文化产业”“创意产业”“版权产业”等各种表述。尽管在经济生活中人们对其不做严格区分，但不同称谓所表达的内涵和外延是不尽相同的。

有学者考证，首先提出的概念是“文化产业”，由西方马克思主义法兰克福学派霍克海姆和阿多尔诺两位学者在1944年出版的《文化产业：欺骗公众的启蒙精神》一文中率先用文字加以表述。[①] 然而，有的国家，如美国则使用“版权产业”的概念来表述商业和法律上的文化产业，并将版权产业作为国民经济中一个独立的产业来看待。至于“创意产业”一词，据学者研究，首先出现在英国。1998年，英国创意产业特别工作组首次把“创意产业”作为一种国家产业政策和战略产业理念，将其界定为“源自个人创意、技巧及才华，通过知识产权的开发和运用，具有创造财富和就业潜力的行业”。[②] 与此同时，其他一些英联邦国家，如澳大利亚、新西兰、荷兰、新加坡都纷纷提出大力发展本国创意产业的战略理念，并产生了巨大的经济效益。

在我国，从国家级的规范性文件看，更多使用“文化产业”的概念。2000年10月，党的十五届五中全会在《中共中央关于制定国民经济和社会发展第十个五年计划的建议》中第一次使用“文化产业”的称谓。2004年国家

---

① 李顺德：《中国的文化产业应该加强法律保护》，载《河南社会科学》2007年第4期。

② 王海英：《文化创意产业版权保护的困境及其法律选择》，载《中共福建省委党校学报》2009年第11期。

统计局、中宣部等部门联合颁布《文化产业及相关产业分类》，明确了文化及相关产业是指为社会公众提供文化、娱乐产品和服务的活动，以及与这些活动有关联的活动的集合。有趣的是，个别文化产业发展较快的城市，以北京为例，其颁布的官方文件中使用的是“文化创意产业”的概念。如《北京市促进文化创意产业发展的若干政策》，这一规范性文件没有使用文化产业或创意产业的概念，而是统称为文化创意产业。这些尚未统一的概念表述给人们的认识带来了较大的困惑，在一定程度上为我国文化创意产业发展制造了理论障碍。

（二）文化创意产业的内涵

在笔者看来，文化产业、创意产业各自所表达的侧重点有所不同，但都不如“文化创意产业”更符合事物的本来之意。“文化产业”的提出，是在工业时代发展到一定的阶段，当文化产品不再仅被视为一种意识形态的传播工具，而是可以进行产业化生产并获取经济利益的时候，必然出现的社会现象。因此，“文化产业”一词所强调的是该产业所生产的产品本身的属性，是一种文化产品而非以往的纯物质产品。从这一点上看，伴随图书、报刊等文化产品的出现，文化产业就开始萌芽了。

而“创意产业”，则是在世纪之交，全球经济有向知识经济转化的趋势后出现的崭新概念。知识经济与以往的经济形态相比，其显著不同之处在于劳动力、资本、科技这三个社会经济发展的主要动因中，后者所起的作用越来越大，成为经济发展的主导力量，成为第一生产力。科技强调知识、信息和创意，知识经济的核心就是创新、创意，创意产业所强调的是生产中创意本身的价值。在经济高速发展和竞争加剧的时代，没有创意的产品就无法产生经济效益。由此可见，许多传统产业加入创意的成分，就能在一定程度上成为创意产业，如工业设计。当然，由于创意本身是一种思想或理念，因此最容易和文化产业相结合，更能表达我国所欲发展的不是普通的文化产业，而是那些依靠创意，使用智力进行创作、生产、销售，并运用知识产权保护进行经营和持续发展的新兴产业。从这一点上说，使用文化创意产业的概念更有时代感，也更有前瞻性，比单纯使用文化产业或创意产业更符合我国国情。[①]

（三）文化创意产业的范畴

文化创意产业包括哪些范畴，世界各国理论界和实践界的理解并不相同。美国的文化创意产业以版权保护为核心，包括图书、报刊、音像、电子出版业；广播、电影、电视业；音乐、戏剧、舞蹈等艺术表演与其他娱乐业；工艺美术、建筑艺术、园艺设计业；电脑程序设计与软件开发业、信息网络传播业、广告业等。英国文化创意产业的范畴包括广告、建筑、艺术和文物交易、工艺品、设计、时装设计、电影、互动休闲软件、音乐、表演艺术、出版、软件、电视广播等。我国地方性规范文件，如《北京市文化创意产业分类标准》则将其分为文化艺术；新闻出版；广播、电视、电影；软件、网络及计算机服务；广告会展；艺术品交易；设计服务；旅游、休闲娱乐；其他辅助服务。

从以上规定可以看出，各方的理解和概括并不完全一致，原因在于分类标准的界定问题。既有的规范性文件大都采用单纯的列举式表述，而没有对文化创意产业进行划分标准的界定，从而造成似乎每一种分类都很相似，但具体内容却又不尽相同的局面。本书认为，科学界定文化创意产业的范畴，应当立足于一个国家经济行业的基本分类，同时根据文化活动的特点，特别是应考虑“创意”与产品或服务的构思、生产、销售、消费等过程的结合程度而加以分类。基于此，建议我国的文化创意产业可划分为以下四个层次：（1）核心的文化创意产业，包括报刊图书的出版发行业；广播、电视、电影业；广告业、艺术设计业；动漫业；计算机软件行业等。该层次产业的产品中渗透着创作者的创意，要完全依赖创作者个人的创作灵感与构思才华才能完成产品的制造，是最典型的文化创意产业。（2）紧密的文化创意产业，即

① 祁述裕：《文化产业还是文化创意产业》，载《学术探索》2009年第5期。

那些与核心层文化创意产业有紧密联系的相关行业，其特征在于创意的载体主要是服务，而不是物质产品，如网络文化服务业、文化艺术服务业等。具体而言，包括网吧、文艺表演、模特、艺术收藏与拍卖、古玩交易、会展、博物馆等。（3）外围的文化创意产业，即那些与核心层关系较为疏远，但能够为制作文化产品、传播文化服务、进行文化消费提供必需设备和用品的制造与销售业，如建筑业；电脑、电视、音响、家具、游戏的设备制造和销售业等。（4）边缘的文化创意产业，即那些本不属于文化创意产业，但公众可直接参与的旅游观光、休闲游乐、运动健身、文化研究等行业，它们推动了我国文化市场的多元化发展和健康繁荣，处于文化创意产业的边缘地带。

当然，文化创意产业的范畴并非一成不变，在全世界范围内会随着信息技术、网络产业和其他新兴产业的发展而不断与其进行融合，演变出新的行业。在现阶段的中国，也可能随着文化体制改革的不断深入而做出调整。因此，文化创意产业的名称、内涵、范畴还需要学界的不断阐释和丰富。

二、文化创意产业政策法治化的正当性

文化创意产业政策的法治化，其实质就是赋予政策以法的效力，将相对成熟的政策上升到法律（包括地方性法规和地方政府规章）的层次，使其具有较高的法律效力，以提升其执行力度和效果。文化创意产业政策的法治化是文化创意产业政策调控的必然选择，也得到了国外文化创意产业发展经验的证明。

（一）政策调控的缺陷

现代国家产业的发展离不开产业政策的支持和保障。产业政策是政府为实现一定的经济和社会目的，以本国产业为对象而实施的各种宏观经济干预政策和措施的总和。产业政策通过产业结构的优化、产业组织的高效、产业布局的合理、产业技术的先进、产业素质的提高来加强和改善国家的宏观调控，促进国民经济和社会发展健康、持续、稳定。因此，产业政策已成为政

府干预经济，进行宏观调控的重要手段。但是，从长远看，以政策作为主要的产业发展调控手段，其先天不足是显然的。

从理论层面分析，政策与法律并不是同种性质的事物。政策是党的领导机关、国家行政管理机关根据内部规则所制定的，不是国家立法机关通过法律程序制定的。以文化创意创业方面的政策为例，主要以政府相关职能部门的各种决议、纲领、宣言、通知、口号的形式加以体现，在内容上具有指导性与号召性，没有法定的权利义务机制，实施主要依靠宣传教育而非以国家强制力作为后盾。但法律是通过在公民之间创设权利义务的方式调整人们的行为，在全国范围内要求尽人皆知，对全体公民具有普遍的约束力，法律的实行主要在于国家的强制力。因此，法律稳定，具有最高的权威性和普遍适用的效力，而政策灵活，不具有强制力和普遍适用的效力，它们是性质完全不同的社会规范。[①] 这就导致政策在适用过程中变动性强、规范性弱、统一性差，不具有强制性、权威性和普适性。

从实践角度观察，在中国现有的国情体制下，出自政府机关之手的政策文件多倾向于管理和限制，保障和服务思想体现得远远不够。另外，由于政策一般比较原则性，因此对于大量问题无法进行直接的调整，而只能给出解决问题的基本方向，使得伴随经济社会发展而出现的一些新行业和新文化现象缺乏及时的规范。可以说，大量依靠政策调控手段，不仅与北京市乃至全国文化创意产业的发展不相适应，在某种程度上还可能阻碍文化创意产业的发展。因此，应当积极推动产业政策的法治化，将行之有效的文化创意产业政策以法律的形式确定下来，为产业发展提供更有力的制度支持。

（二）国外发展经验的明证

早在20世纪下半叶，欧美诸国就主动将产业政策纳入国家法治建设之中，以政府立法来推动并保障文化创意产业建设，成功实现了向创新型社会的转变。例如，在加拿大，政府非常强调文化产业的法律调控，在不同文化领域

---

① 沈宗灵：《法理学》，高等教育出版社1994年版，第174页。

均制定相关法律，先后颁布《国家图书馆法》《国家艺术中心法》《电影发展公司法》《广播法》《文化财产进出口控制法》《国家公园法》《艺术家地位法》《电讯法》《国家博物馆法》《官方语言法》等多部法律，将政府管理文化产业的政策全面落实为具体的法律，为文化产业发展提供了有力的法律保障。

在亚洲，日本早在1996年就正式提出《21世纪文化立国方案》，随后陆续颁布包括《内容产业促进法》等在内的多部立法，力推产业政策重心从GDP转向GNC（译为“国民幸福总值”），以实现该国经济结构向知识密集型转化。而经历了亚洲金融风暴的韩国更是明确提出“文化立国”的基本国策，出台了《21世纪文化产业的设想》，制定了《文化产业发展五年计划》《文化产业发展推进计划》等。随后，为执行这些重要的文化产业政策，制定了《文化产业振兴基本法》，首开世界范围内对文化产业进行综合性立法之先河，为韩国政府对文化产业的全面支持提供了强有力的法律依据。此外，韩国还修订《广播法》《影像振兴基本法》《著作权法》《电影振兴法》等法律，废止或修改的内容达70%，为韩国政府对文化产业的全面支持提供了坚实的法律依据。由此可见，文化创意产业虽然以市场为基础，但政府通过法律的制定可以为其营造一个适宜发展的外部环境，对文化创意产业的发展具有积极的推动作用。

在欧洲、大洋洲，众多国家均把完善产业政策和法制环境视为保障文化创意产业健康发展的关键因素之一。如英国1984年批准的《刺激企业资助艺术的规定》，对英国开拓文化发展与艺术保护的资金渠道起到了十分积极的作用。法国1986年通过《传播自由法》，为法国广播电视行业的发展保驾护航。而意大利1990年通过《公共和私人的广播电视系统管理法》，对播出的国外节目，特别是美国的节目进行法律限制，要求欧盟的节目不少于50%。瑞士于2003年通过《文化财产流通法》，重点规范艺术品展览、交易和流通问题。在澳大利亚，联邦议会和州议会的一系列法律，明确了政府及社会对于发展文化艺术的责任和义务，并以法律形式确认公共文化艺术机构的法律地位和运作程序。如著名的悉尼歌剧院就是以新南威尔士州1961年专门通过的悉尼歌剧院信托基金法案为依据进行经营管理的，该法案确认了悉尼歌剧院的法律地位与管理运作模式。

综上，决不能忽视文化创意产业政策提炼为立法之后，对于提升全社会对创意产业发展的重要性、前沿性和未来发展态势的理解和认识，特别是各级决策层认同的重要价值。各地的文化创意产业迫切需要通过立法以建立一个本地的总体规划，确定未来若干年发展的政策导向，完善和优化创意产业发展的内部与外部环境。

三、北京市文化创意产业政策的法治化

（一）北京市文化创意产业政策概况

北京市有着丰富的文化资源。特别是近年来，北京市在扶持重点文化创意产业、发挥财政资金效益、加强产业配套支持等方面又先后出台多项扶持政策。此外，各区县和重点文化创意产业集聚区根据自身实际和产业功能定位，也陆续出台了一些区域性扶持政策。据不完全统计，这些规范性文件包括：（1）宏观性文化创意产业政策。如中共北京市委、北京市人民政府于2007年发布的《北京市十一五时期文化创意产业发展规划》，北京市发展和改革委员会于2006年发布的《北京市促进文化创意产业发展的若干政策》，北京市委宣传部、北京市发展和改革委员会于2006年发布的《北京市文化创意产业投资指导目录》，2010年发布的《关于大力推动首都功能核心区文化发展的意见》等。

（2）行业性文化创意产业政策。如北京市人民政府于2008年发布的《关于全面推进北京市旅游产业发展的意见》，北京市文化创意产业领导小组办公室于2009年发布的《北京市关于支持影视动画产业发展的实施办法（试行）》等。

（3）专项文化创意产业政策以及相关实施办法。如北京市人民政府2007

年发布的《北京市展会知识产权保护办法》，北京市发展和改革委员会于2006年发布的《北京市文化创意产业集聚区认定和管理办法（试行）》，北京市财政局、北京市商务局2006年联合发布的《促进北京市商业服务业老字号发展专项资金使用管理办法》，北京市文化创意产业领导小组办公室2009年发布的《北京市文化创意产业担保资金管理办法》等。

（4）区域性政府机构颁布的配套文化创意产业政策文件。

由此可见，北京市目前已形成以宏观政策为基础，行业政策、实施细则、区域政策协调配套的文化创意产业政策保障体系。但仔细考察这些政策性文件，可以发现，众多北京市的文化创意产业政策只具有指导性作用，宣誓性、软约束性的指导性意见和办法较多，其法治化程度较低，不具有法律强制力，容易导致政策执行的约束力不大，可操作性不强，很难达到预期的效果。特别是文化创意产业所涉及的行业众多，如果北京市政府在每个具体产业、每个领域都制定相应的政策，其涉及面必然过宽、过滥，政府的产业调控反而会失去重心。因此，应当适时推进文化创意产业政策立法工作，提升这一领域的法治化建设水平。

（二）北京市文化创意产业政策的法治化途径

2014年，中共北京市第十一届委员会第四次全体会议通过了《中共北京市委关于认真学习贯彻党的十八届三中全会精神全面深化改革的决定》《中国共产党北京市第十一届委员会第四次全体会议决议》。在决议中，北京市明确提出加快建立健全中国特色、首都特点、时代特征的特大城市可持续发展体制机制，让一切劳动、知识、技术、管理、资本的活力竞相迸发。决议指出，到2020年，北京市应在重要领域和关键环节取得决定性成果，形成系统完备、科学规范、运行有效的制度体系，使各方面的制度更加成熟更加定型。基于此，文化创意产业的发展和调控政策必将以法治化方式完成由政策向法律的转型，以实现前述目标。笔者认为，可通过三个途径实现北京市文化创意产业政策的法治化，即基本政策的统一化、行业政策的具体化、配套政策的规范化。

1. 基本政策的统一化

文化创意产业发展有一些最基本的问题，如文化创意产业概念的内涵和外延、政府的义务和责任、产业的范围和产业的分类统计系统、文化创意产业领导机构的职责和运作模式、文化创意企业的准入和退出标准、行业协会的培育和发展等，必须有一个统一的规范性文件予以解决。否则，制定纷繁复杂的政策容易导致政出多门、保障不力、条块分割等诸多问题。北京市应采用地方性法规的形式，尽快出台促进文化创意产业发展的基本法，借助其较高的法律效力构建起文化创意产业的总体规划，确定未来若干年的发展方向，优化本地文化创意产业的制度环境，为其持续、快速、健康发展提供强有力的法制保障。

2. 行业政策的具体化

由于文化创意产业所包含的门类较多，如《北京市文化创意产业分类标准》将其分为文化艺术；新闻出版；广播、电视、电影；软件、网络及计算机服务；广告会展；艺术品交易；设计服务；旅游、休闲娱乐；其他辅助服务共九大类。而每一门类都有自己的特殊之处，这些具体的行业直接和经济社会实践发生联系，每个行业中的当事人都希望能够有清晰、具备可操作性的行为指引，而不是以宏观、原则性的政策作为自己实践活动的依据。对于调整具体产业的规范性文件，其内容应尽可能的细致，并能够对当事人提供可预期的行为准则。而通过政策达到这一目标很难，只能在必要的时候以规范性法律文件的形式进行产业规制，对产业中各类主体的权利和义务、相关知识产权保护等具体问题作出规定。①

3. 配套政策的规范化

文化创意产业所涉及的范围较广，需要大量的配套制度。应当梳理文化创业产业配套政策较为杂乱的现象，系统地按照市场准入、市场管理、市场退出等领域的不同需求制定规范性法律文件。如，在市场准入方面，可以通

---

① 李哲森：《文化创意产业的立法刍议》，载《党政干部学刊》2009年第9期。

过制定有关文化创意产业园区的法律规范，对园区的认定、规划、经营、园区内企业的税收优惠政策进行详细规定，以减少产业园区重复建设，避免盲目发展而形成恶性竞争。在市场管理方面，可以考虑制定文化产业投资法律规范，就投资主体、投资方式、投资渠道等共性问题作出统一规定；还可以借鉴国外的经验，设立文化产业发展基金法律制度，就文化创意产业基金的设立和运用，包括基金的来源、要求、运营、管理等方面政策进行详细规定。[①] 在市场的退出方面，可以结合破产法的规定，对文化企业的破产财产变价和分配进行灵活规定。

---

① 周亮：《文化产业的税收法律环境探析》，载《焦作大学学报》2004 年第 2 期。

· 第五章 ·

“首都法”立法前思

第一节　首都法立法的必要性

自党的十九大以来，党和国家对于政府管理治理能力提出了更高的要求。针对首都北京的城市发展，确立了“四个中心”的战略定位。结合“四个中心”的城市定位，进一步提出了“四个服务”的具体工作要求。北京市政府也在《北京城市总体规划（2016 年—2035 年）》中着眼于更广阔的空间，针对疏解非首都城市功能为首都的未来进行具体筹划。从党中央国家到北京市地方层面现有的针对首都的特殊政策规定，需要通过制定一部专门的首都法对此法定化、制度化。

北京作为我国《宪法》第 143 条规定的首都，在肩负国家象征的重要作用的同时，也是各国使领馆在华的办公地。但是，现有法律并未对首都北京的规划和建设进行具体规定，仅在《宪法》中宣誓性地规定我国首都是北京。北京作为全中国的首都，国庆阅兵等大型国事活动都在此举办，发挥着重要作用，承担着巨大压力。作为中央事权的首都建设，只有通过制定法律才能解决首都在各项活动中政府的依法执政、依法管理等问题。在全面依法治国的大背景下，建设中国特色社会主义法治体系需要将首都的各项事务专门立法，从而紧紧抓住依法治国这一重要抓手，完善大国首都的建设。

北京的规划属于中央事权，要坚决贯彻重大事项报告请示制度。首都的城市战略定位围绕“四个中心”展开，即政治中心、文化中心、国际交往中心、科技创新中心。[①] 四个中心的特殊定位展现出北京与我国其他地方大城市

---

① 北京市规划和国土资源管理委员会：《北京城市总体规划（2016 年—2035 年）》（2017 年 9 月 29 日发布），http：//www. beijing. gov. cn/gongkai/guihua/wngh/cqgh/201907/t20190701_ 100008. html，最后访问时间：2021 年 3 月 18 日。

的本质不同，作为四大中心的汇聚城市，首都的方方面面都展现着其特殊的功能属性。这种特殊的功能决定了首都发展是区域发展乃至全国协调发展的关键。如何更好地发挥出首都自身的特殊功能属性，尤为重要。

本章将基于政策需求、法治需求、首都的特殊性三个角度分析首都法立法的必要性问题。

一、政策需求

（一）推进国家治理体系现代化的必然选择

在党的十九届四中全会上，中共中央作出关于坚持和完善中国特色社会主义制度、推进国家治理体系和治理能力现代化若干重大问题的决定。其中，特别强调要完善坚决维护党中央权威和集中统一领导的各项制度。首都作为国家的象征，是中央机关的常驻办公区，也是全国的政治中心。首都的建设作为中央事权的一部分，其各项内容均应由党中央最终决策，只有这样才能够充分体现党中央重大决策落实机制的有关规定。适时制定首都法将完善首都规划、建设、管理的方方面面，将有关首都发展的各个方面法定化、制度化。有法可依才能切实保障首都按照党中央各项要求的目标方向发展，为首都专门立法，其本身也体现我国对于一国之首都的治理创新。首都法通过法律的形式对首都未来发展建设各项内容进行规定，在依法治国背景下，依据特殊之地的特殊法的形式对首都的治理，体现党和国家依法治国、依法执政的能力和水平，为推进国家治理能力和治理体系的现代化提供法治保障。

（二）落实四个中心，四个服务的必然选择

北京应立足“四个中心”核心功能，不断优化提升首都核心功能。“四个中心”是首都城市战略定位，即全国政治中心、文化中心、国际交往中心、科技创新中心；“四个服务”是中央对首都工作的基本要求，也是做好首都工

作的根本职责所在，即为中央党、政、军领导机关的工作服务，为国家国际交往服务，为科技和教育发展服务，为改善人民群众生活服务。①

要坚决贯彻首都北京“四个中心”的战略定位，必须以“四个服务”为根本要求而努力。北京市政府虽然是直辖市政府，但由于其同样是中央党政军机关的工作驻地政府，在其履行行政管理职责管理北京行政区划内的大小事务时需要同大量和它平级甚至更高一级的中央机关打交道，只有通过一部法律明确北京市政府在首都规划、建设以及管理等各方面的权限，才能真正达到依法执政的总目标。避免和减少因为职能不清导致管理不统一、不具体的问题，才能让北京市政府更好地落实为中央党、政、军领导机关的工作服务，为国家国际交往服务，为科技和教育发展服务，为改善人民群众生活服务的工作要求。

（三）完善《北京城市总体规划（2016 年—2035 年）》的必然选择

北京市政府在《北京城市总体规划（2016 年—2035 年）》中提到，要建设国际一流和谐宜居之都，充分落实城市战略定位，北京的一切工作都要坚持“四个中心”的服务要求。同时疏解非首都功能，统筹考虑疏解与整治、疏解与提升、疏解与承接、疏解与协同的关系。通过对首都北京的规划和建设单独立法的模式，以法律规制的形式解决好都与城的关系，将北京非首都功能疏解，从更大的战略空间来考量北京的未来发展。同时，依靠北京推动京津冀协同发展，建设以首都为核心的世界级城市群。

在中共中央、国务院对《北京城市总体规划（2016 年—2035 年）》的批示中重申了北京是中华人民共和国的首都，是全国政治中心、文化中心、国际交往中心、科技创新中心。要求北京城市的规划发展建设，要深刻把握好“都”与“城”，“舍”与“得”，疏解与提升，“一核”与“两翼”的关系，

---

① 北京市规划和国土资源管理委员会：《北京城市总体规划（2016 年—2035 年）》（2017 年 9 月 29 日发布），http：//www. beijing. gov. cn/gongkai/guihua/wngh/cqgh/201907/t20190701_ 100008. html，最后访问时间：2021 年 3 月 18 日。

履行为中央党政军领导机关工作服务，为国家国际交往服务，为科技和教育发展服务，为改善人民群众生活服务的基本职责。首都建设要在《北京城市总体规划（2016 年—2035 年）》的指导下，明确首都发展要义，坚持首善标准，着力优化提升首都功能，有序疏解非首都功能，做到服务保障能力与城市战略定位相适应，人口资源环境与城市战略定位相协调，城市布局与城市战略定位相一致，建设伟大社会主义祖国的首都、迈向中华民族伟大复兴的大国首都、国际一流的和谐宜居之都。①

《北京城市总体规划（2016 年—2035 年）》和党中央对规划的批复都深刻反映出北京市未来发展的重要性，重点强调了“四个中心”的城市战略定位。北京市在未来的发展中，为了进一步深入实施新一版城市总体规划，大力增强“四个中心”功能建设，注重减量瘦身、留白增绿，坚持战略留白，更好地履行北京作为首都的职责，就必须进一步明确首都规划建设委员会在管理首都各项工作中的权责问题。② 通过首都法对“四个中心”功能建设的方方面面进行具体规定，才能更高效地实现“四个服务”的工作要求，才能加快实现《北京城市总体规划（2016 年—2035 年）》中对北京未来 20 年发展的期望，同时，积极落实党中央、国务院对于北京市新总体规划的各项批示要求。

二、法治导向

（一）首都专项立法处于“立法空白”状态

由于目前首都本应规制的各项问题处于立法空白的状态，是否有必要将已有的较为稳定的大量政策性规定固定法律化，是制定首都法优先需要考虑

---

① 国务院：《中共中央、国务院关于对〈北京城市总体规划（2016 年—2035 年）〉的批复》（2017 年 9 月 27 日发布），http：//www. gov. cn/zhengce/2017 -09/27/content_ 5227992. htm，最后访问时间：2021 年 3 月 18 日。

② 新华社：《首都规划建设委员会召开第 38 次全体会议》（2019 年 12 月 25 日发布），https：//baijiahao. baidu. com/s？ id = 1653898566846279056&wfr = spider&for = pc，最后访问时间：2021 年 3 月 18 日。

的问题。随着依法治国的全面贯彻，减少临时性、随意性的政策规定是依法治国贯彻的基本要求。立法与改革本身就是互为依赖，互为条件，互相促进的。[①] 北京为更好地解决“都与城”的关系，可以通过首都法的制定推动首都的发展。“有法可依”并不仅要求形式上有部法规，而应当在实质上确立规则；并不仅是在某个部门、某种行为有法，而应当在所有行政部门、所有行政行为有法；不是行政机关自授权力，随意而行，而是行政权责由法律规定，政府奉法而行。[②] 解决职权法定问题，有利于北京市政府在首都的管理过程中发挥应有的作用。

（二）首都规划建设委员会的职权无法可依

首都规划建设委员会目前存在权责不明的现实问题，首都规划建设委员会办公室挂设在北京城乡规划委员会下，属于合署办公。[③] 首都规划建设委员会并非常设机关，目前其采用双领导模式，由中共中央政治局委员、中共中央办公厅主任和中共中央政治局委员、北京市委书记分别担任首都规划建设委员会办公室主任。一改过去由北京市委书记单独领导制，由中央办公厅主任牵头的模式，更体现出首都规划建设委员会办公室职能的发挥是由中央支持和指导的。充分体现出首都规划建设的各项内容是中央事权，必须由中央统一指挥和协调。

（三）首都法可以产生减少政策依赖性的作用

立法，是国家重要的政治活动，政治属性是立法工作的第一属性。只有坚持党领导立法，才能确保立法各项工作符合立法工作的本质属性。目前，关于首都发展的规划都是通过政策的形式展现的，更多依赖政府的权威属性

---

① 尹伊君：《社会变迁的法律解释》，商务印书馆1994年版，第269页。

② 何海波：《行政法治，我们还有多远》，载《政法论坛》2013年第6期。

③ 北京市人民政府办公厅：《关于印发北京市规划委员会（首都规划建设委员会办公室）职能配置内设机构和人员编制规定的通知》，载首都之窗，http：//www. beijing. gov. cn/zhengce/zfwj/zfwj/bgtwj/201905/t20190523_ 74535. html，最后访问时间：2021年3月18日。

作为保障。必须明确的是，通过将成熟的政策转化为法律，可以最大限度减少制度运行中对于政府权威的依赖。首都的规划和建设从本质上属于政府所管理的事项，而“四个全面”的战略布局要求政府的各项职能责任法治化，这是全面依法治国的题中之义。

首都“四个中心”的新定位要求北京市顺应时代发展，适时作出积极的改革举措，将北京这座城市未来的发展同首都应有的职能紧密结合起来。而首都改革赖以执行和推进的重要力量就是法治的手段。北京市政府作为北京日常行政事务的实际管理者，首都规划建设委员会作为北京发展的规划和建设的管理机构，二者均是完善法治政府的重要参与者和实践者。法治政府是贯彻依法治国中依法行政的目标①，在北京明确自身战略定位和未来发展方向的关键改革阶段，通过制定首都法约束北京市政府及首规委发挥自身的行政管理属性是坚决贯彻党中央全面依法治国的重要体现方式。

首都伴随“四个中心”战略定位的改革势必会引起举国上下的持续关注，一国之首都的发展牵动着全国人民的心，首都城市战略定位的确立会改变一系列涉及首都居民日常生活的现状。实现改革决策同立法决策相统一，要求重大改革于法有据，立法应主动适应改革和经济发展的需要②，改革和法治相互促进、相得益彰。③ 涉及首都的改革必须做到立法先行，用特殊之地的特殊法的形式来解决首都北京的规划和建设。

（四）推动京津冀协同立法不足的改善

京津冀协同发展需要考虑京津冀区域的整体战略利益，而这就要求充分考量并整合三个地区各自的地方利益。由于京津冀各方经济发展不平衡的现实情况，利益追求不一致，导致三地合作中出现激烈的利益博弈，严重影响

---

① 韩春晖：《从“行政国家”到“法治政府”——我国行政法治中的国家形象研究》，载《中国法学》2010 年第 6 期。

② 李玉璧：《完善立法体制，深入推进立法科学化和民主化》，载《西部法学评论》2014 年第 6 期。

③ 杨海坤：《“四个全面”战略布局下如何全面推进法治政府建设》，载《法学评论》2015 年第 5 期。

了区域法治建设的发展。[①]

京津冀协同发展需要完善的法制保障，运用立法的方式对京津冀协同发展过程中遇到的问题加以解决，这是最主要也是最根本的解决办法。相较于部分学者提出的探索建立跨省区域立法的新型法律制度，从我国目前“一元两级多层次”的现行立法体制角度出发考虑，更加现实可行的方式是通过顶层协同立法的建构推动京津冀的协同发展，即从中央层面建构协同立法机制，而首都法恰好可以作为重要推动力促成这种立法机制快速成型。不仅如此，首都法的构建也可以在京津冀协同立法问题上，先进行顶层设计，防止下位法先行，上位法不足的现象出现。

虽然北京、天津、河北均为省一级的地方，但是由于北京是《宪法》所规定的首都而存在政治地位的不对等。[②] 首都法作为首都北京未来建设发展的根本标准和指南，势必将涉及京津冀协同发展的各个方面。不回避首都北京同天津、河北在政治地位上的不同，充分利用这种不同，也可更好地发挥北京作为京津冀发展的龙头的带动作用。以首都法为中心将京津冀一体化的法制一体化部分牢牢编织起来，是解决当前京津冀一体化过程中面临的政策供给不足的重要手段。长期以来，京津冀区域合作发展之所以缓慢，在很大程度上是因为政府不能提供持续性政策供给，存在“各自为营”的现象。而京津冀未来的发展也不可能长期依赖政策的供给，因为政策供给本身具有较大的社会成本。[③] 可以通过首都法确立京津冀协同立法的原则，固定这种指导思想，彻底使未来三地地方立法具备可参照性和原则性，也为后续京津冀协同立法奠定坚实的基础。

---

① 王宝治、张伟英：《京津冀协同立法的困境与出路》，载《河北师范大学学报（哲学社会科学版）》2016 年第 5 期。

② 焦洪昌、席志文：《京津冀人大协同立法的路径》，载《法学》2016 年第 3 期。

③ 张瑞萍：《京津冀法制一体化与协同立法》，载《北京理工大学学报（社会科学版）》2016 年第 4 期。

三、首都的特殊性

（一）首都的特点

首都不同于大城市，大城市是指在经济和文化上重要的城市，但并不具有国家法或法学上的意义。也就是说，大城市是事实性概念，不像首都是规范性概念。① 首都的地位是《宪法》所赋予的，我国现行《宪法》第四章国旗、国歌、国徽、首都中第143条规定：“中华人民共和国首都是北京。”在一国根本大法中明确首都是哪里，体现出首都在宪法中的重要地位。首都同国旗、国歌、国徽在《宪法》中同处一章，都是国家的象征。

而首都除了作为国家统一的象征以外，还体现出其是国家最高政权机关所在地。② 这深刻体现出首都的政治属性，即它是一国的政治中心。从我国的现实角度来看，北京是中共中央、国务院、中央军委、全国人大常委会、最高人民法院、最高人民检察院等中央党政军机关的常驻地。同时，每年的全国人民代表大会会议、全国政治协商会议也均在首都北京召开。可以看出，虽然《宪法》上并未将首都定义为政治中心，但是我国已经形成了党的中央机关、最高立法机关、最高司法机关、最高行政机关均在首都开展日常工作的共识，体现出首都北京政治中心的地位。

在我国，首都除了政治中心的定位以外，还兼具全国文化中心、国际交往中心、科技创新中心的战略地位。拥有着多处世界文化遗产的北京，充斥着浓郁的古都文化气息；汇集全国以及北京各大顶尖高校与学术资源使其学术氛围浓厚，这都奠定了北京作为首都成为中国特色社会主义先进文化之都的地位。同时北京作为各国使馆的驻地，以及国家领导人在会见世界各国领导人的常用地，肩负着我国对外交往的重要责任。与此同时，2014年APEC

---

① 王锴：《论宪法上的首都》，载《中国法律评论》2017年第6期。

② 夏征农：《辞海》，上海辞书出版社1999年版，第2454页。

峰会、2016 年中欧工商峰会、2018 第七届中非合作论坛等重要多边会议均在北京举办，进一步凸显出北京的国际交往中心的地位。具备中关村国家自主创新示范区这一科技创新重要基地的北京，在科技创新方面具备一定的发展基础和潜力。

（二）首都的功能

德国学者黑伯乐将首都定义为：通过安置特定的国家机关、服务于特定的任务从而带有相应国家功能的地方。[①] 由此可见，首都是承载着某种特殊国家功能的地方，这种特殊功能就是首都功能。首都功能是服务于首都这一概念的，从首都是党政军国家机关驻地的角度来看，首都功能主要是政治功能；从首都是《宪法》上所规定的国家象征的角度来看，首都功能主要是文化功能；从首都是国家领导人接见外国访华领导人的角度来看，首都功能主要是外交功能。

首都的政治功能是最高国家机关所在地的应有之义，主要指国家意志的形成。首都的文化功能则是首都作为国家象征的必然结果，首都的文化功能就是要形成国家自身的文化，就我国而言，就是中国特色社会主义先进文化的集中体现。首都的外交功能是各国使馆所在地的题中之义，首都的外交功能就是充分发挥中国和世界各国及国际组织间的国家交往能力。

北京在我国的行政区划中具有双重地位，一方面它是直辖市，另一方面它是首都。这意味着北京事实上行使着两种功能，即和其他省级地方一样的地方功能，以及属于中央事权的首都功能。[②] 从现实的角度看，北京目前还是京津冀发展的带动者，这是北京作为地方所承担的重要经济功能。既然北京同时行使双重功能，二者之间必然存在位阶冲突。这种位阶冲突可以进一步解释为如何在进一步保障北京首都功能发挥的同时协调北京作为地方的经济

---

① 王锴：《论宪法上的首都》，载《中国法律评论》2017 年第 6 期。

② 根据我国《立法法》第 8 条第 1 项规定，国家主权的事项只能制定法律。而根据全国人大常委会法工委国家法室的解释，国家主权的事项包括：（1）国家领土；（2）国防；（3）外交；（4）国籍；（5）中国公民出入境和外国公民出入境制度；（6）国旗、国徽、国歌。参见全国人大常委会法制工作委员会国家法室编著：《中华人民共和国立法法释义》，法律出版社 2015 年版，第 44 页。既然在我国宪法中，国旗、国徽、国歌、首都同处一章中，故应视首都为国家主权应有之义。

功能的作用。

实现首都政治功能，需要通过法律的形式明确规定实现政治功能所需要的权利和与此同时应受到的限制。实现首都的文化功能，需要将首都作为国家象征单独立法，如《国旗法》《国徽法》《国歌法》，将其通过单独立法保护起来，维护首都的尊严，增强公民的国家观念，使每个公民和组织都尊重和爱护首都，进一步发扬爱国主义精神。除此之外，还应对首都作为古都历史文化传承和发扬的部分予以规定，进一步发挥首都的全国文化中心的作用。实现首都的国家交往功能，需要明确在对外交往过程中，由什么部门负责，如何保障这种功能的实现。实现首都的科技功能，也需要在首都产业结构调整过程中将需要遵循的理念、指导思想以及具体措施加以确定。

第二节 首都法立法的初步构想

一、立法模式的选择

（一）全国人民代表大会制定法律模式

国家标志象征是政治共同体的特质的外在表现，其作用不仅限于对外展示国家，在它的帮助下，公民不仅能感受到国家的存在和统一，也能了解到型塑和正当化国家的价值和指导思想，因此国家象征也履行公民教育的政治功能。[①] 通过它，国家获得了促进公民认同和共识的机会，公民能够具体地感受到国家的存在，从而产生归属感。国家象征使得国家这个抽象的事物变得具体化，这种具体化必须表现为一种载体，如国旗、国徽、国歌，首都的功

---

① 王锴：《论宪法上的首都》，载《中国法学评论》2017年第6期。

能亦是如此。

国家应维护这种象征作用，即保证这些载体的存续不被滥用，维护方式就是以国家根本法——宪法的形式加以规定，通过宪法赋予立法者一种立法义务去维护国家象征的象征功能，一方面保护国家象征的载体不被破坏，另一方面保证国家象征的使用必须与其象征意义有关，并且使用的效果不能对其象征意义进行贬损。正因如此，我国现行《宪法》正文的第四章“国旗、国徽、国歌、首都”对具有国家象征意义的标志进行了明确规定。除此之外，为了进一步加强对国家象征的保护，我国根据《宪法》第四章分别于1990年颁布了《国旗法》，于1991年颁布了《国徽法》，于2017年颁布了《国歌法》，以此作为宣誓法对国旗、国徽、国歌本身及其使用进行规范。反观同样作为国家标志象征的首都，其宪法地位的保障却相对较少，仅在《宪法》最后一条，即第143条中明文规定“中华人民共和国首都是北京”，宪法中首都的法律效力适用范围，有待立法或释宪来完善。①

然而事实上，我国的首都北京并非仅作为标志象征存在，其城市功能在现实意义上往往更应该优先考虑。北京在历史的长河中逐渐成为我国三大人口聚集城市之一，政治、经济与国际交往等复杂环境使得首都无法比照《国旗法》《国歌法》等国家标志象征法以宣誓法形式在十多条的法律条文中详尽得当，有效概括。作为一个城市，空间布局、城市发展，战略定位无一不应综合考虑，而定位为国家标志象征法显然无法将这些问题涵盖其中。因此首都法不应以国家标志象征法作为其立法宗旨，而应综合考虑北京市发展建设与规划，将首都建设与北京市“四个中心”的战略定位紧密相连，从可持续发展的角度出发，结合北京市实际发展情况构建首都法。

首都作为最高国家机关的所在地，为了保障最高国家机关的正常运转，必须在办公、交通等方面提供支持，这些都需要专门的立法给予保障。需要指出的是，经中共中央和国务院批准的北京城市总体规划虽然是由北京市负责起草规划的，但从首都建设与治理的战略性来看，则应是国家首都的总体

---

① 杨学科：《论宪法上的首都北京》，载《苏州大学学报（法学版）》2018年第2期。

规划，则属于中央的事权范围。

（二）全国人大授权国务院或北京市人大立法的变通模式

《立法法》第9条规定，本法第8条规定的事项尚未制定法律的，全国人民代表大会及其常务委员会有权作出决定，授权国务院可以根据实际需要，对其中的部分事项先制定行政法规。第74条规定，经济特区所在地的省、市的人民代表大会及其常务委员会根据全国人民代表大会的授权决定，制定法规，在经济特区范围内实施。在这种情况下，首都的立法工作可基于全国人民代表大会授权国务院或北京市人大及其常委会来完成，即立法模式是国务院或北京市人大及其常委会获得全国人大授权以后，根据宪法和法律的基本原则制定法规，依据首都的现实状况和发展需要，制定首都内部的法律规范，并报送全国人民代表大会常委会备案。

这种模式在中国存在应用并成功的先例。为了充分发挥经济特区的“窗口”和“试验田”的作用[①]，1988年第七届全国人大第一次会议审议了国务院关于建立海南经济特区的议案并决定划定海南岛为海南经济特区，授权海南省人民代表大会及其常务委员会，根据海南经济特区的具体情况和实际需要，遵循国家有关法律、全国人民代表大会及其常务委员会有关决定和国务院有关行政法规的原则制定法规，在海南经济特区实施，并报全国人民代表大会常务委员会和国务院备案。经济特区立法，本质上就是授权立法，具有比一般地方性法规更高的法律效力和权威性，能够根据具体情况和实际需要对上位法的有关规定进行变通，实施更加适合本特区、更加灵活、更加科学的制度和措施。[②] 授权立法的模式符合海南经济特区经济社会高速发展对立法的需求，能够结合海南经济特区的发展经验，制定出适应于海南经济特区高速发展的特殊性和专业性程度较强的法律。经过实践的检验，这种立法模式

---

① 关文诗：《浅析我国经济特区授权立法》，载《法制博览》2015年第7期。

② 郑勇、梅振中：《谈以经济特区授权立法推动海南经济发展与改革》，载《中国集体经济》2015年第30期。

不仅缓解了全国人大及其常委会的立法任务，而且方便了海南经济特区在高速发展的环境下特事特办，专事专办。[①]

尽管如此，这种模式能否成为首都立法的合法依据依然值得商榷。首先，首都作为一个国家的标志象征，对内统一人民，对外代表国家，首都的事是国家的事，是关系到全国人民的大事。法律最根本的特性是稳定性，基于稳定性演化产生了权威性、有效性及其他属性，尽管授权立法更加灵活，更能及时适应新形势下的新要求，授权地方可能会给我国现行法律制度甚至整个社会主义规则体系的稳定性带来一定隐患，有损于宪法至高无上的权威性与公信力，也有悖于我国所坚持倡导的“依法治国、依宪治国、依宪执政”的现代法治精神理念。[②]

其次，授权立法缺乏限制和监督。全国人大的授权决定和《立法法》在赋予经济特区授权立法变通权的同时，并没有对该项变通权的行使进行必要规范。从全国人大的授权决定和《立法法》的法条规定来看，仅有三条涉及对立法变通权的规范，在制约经济特区授权立法变通权滥用方面，现有的法律既没有积极规定哪些是可以变通的事项，又没有消极规定哪些是禁止变通的事项，这导致经济特区授权立法变通权太大，对其制约可以说仍是付之阙如。[③]

最后，授权立法在当前中国的社会形势下已经失去了存在的必要性。经济特区的授权立法是改革开放特定阶段的产物，在改革开放初期，国家中央立法还较为欠缺，很多民商事和社会管理的法律、法规的立法条件、时机还不成熟，更缺乏经验，在这种情况下，经济特区立法变通权的赋予虽值得商榷，但其为经济特区乃至全国的经济社会发展提供了重要和有益的探索经验。[④]但是，在中国法制体系逐渐健全的今天，地方立法应主要放在先行立法事项方面，即针对国内没有相关立法的情况可供援用。在全国普遍立法条件尚不具备时，根据实际情况，有针对性地进行相关领域的先行先试意义上的探索

---

① 洪家童：《论经济特区授权立法——以海南经济特区为例》，载《法制博览》2018 年第 12 期。

② 李猛：《中国自贸区授权立法问题研究》，载《甘肃政法学院学报》2017 年第 2 期。

③ 庞凌：《关于经济特区授权立法变通权规定的思考》，载《学习与探索》2015 年第 1 期。

④ 庞凌：《关于经济特区授权立法变通权规定的思考》，载《学习与探索》2015 年第 1 期。

性立法，而不应对中央法律、行政法规已经规范的事项进行直接的变通突破。因此，当前经济特区授权立法变通权失去了其继续存在的必要性。

首都具有国家象征属性，首都立法应由代表最广大人民根本利益的全国人民代表大会制定才最适当。

（三）北京市制定地方性法规模式

根据《立法法》第72条规定，省、自治区、直辖市的人民代表大会及其常务委员会根据本行政区域的具体情况和实际需要，在不同宪法、法律、行政法规相抵触的前提下，可以制定地方性法规。地方立法作为国家立法的重要组成部分，在引领、规范、调整、促进地方经济社会发展中，具有不可或缺的重要作用。根据《立法法》相关规定，地方立法的事项可以分为：实施性立法，即为执行法律、行政法规的规定，需要根据本行政区域的实际情况做具体规定的事项；自主性立法，即属于地方性事务需要制定地方性法规的事项；创制性立法，即除了《立法法》第8条规定的事项外，其他事项国家尚未制定法律或者行政法规的。因此，为了贯彻中共中央和国务院对北京城市总体规划批复的精神，北京市人大可依据《立法法》第72条规定，在不同宪法、法律、行政法规相抵触的前提下，仅就《北京城市总体规划（2016年—2035年）》的具体实施情况，先行制定北京市的地方性法规。

需要指出的是，北京市人大虽然可以按照《立法法》相关规定制定地方性法规，但由于地方性法规不仅具有浓厚的地方性色彩，更重要的是由于其法律位阶处于较低的效力位置，可能难以落实中共中央和国务院在对北京城市总体规划批复中所提出的重要指示与精神。综观上述三种立法路径，考虑到首都规划、建设、管理的特殊性，特别是首都问题的中央事权属性，笔者认为可优先采用第一种立法路径，即由全国人大制定专门的“首都法”。

二、立法前思

首都法在结构上可结合北京市实际情况将具体内容分为总则、首都规划与建设、首都管理与稳定等内容。可以添加序言部分，用以简要介绍首都北京的确立及变迁，点明首都法的设立背景及初衷，不断朝着建设国际一流的和谐宜居之都的目标前进。具体内容上，本书仅结合相关政策文件，提出一些立法中应考虑解决的原则性与框架性问题。

（一）关于总则

（1）应说明立法目的及宗旨，即为何制定首都法，可参照《国歌法》等进行说明，如为保证政务区安全优良，优化首都功能，使之成为富强民主文明和谐美丽的社会主义现代化强国首都、更加具有全球影响力的大国首都，依据《宪法》制定本法等。

（2）应说明行政司法机关的具体安排，如不设立单独一级政府及司法机关则应对具体政务安排及司法管辖进行分配。

（3）明确依法保障政务区居民和其他人的权利和自由，依法保护首都内公民合法财产。

（4）应对“首都”一词进行功能性定义。从首都作为最高国家机关所在地和国家象征的角度来讲，首都功能主要是政治功能、文化功能、国际交往功能和科技创新功能。首都的政治功能是首都作为最高国家机关所在地，是国家意志的形成地。首都的文化功能则是首都作为国家象征的必然结果，会形成国家的文化，通过建筑、纪念碑、文化地标等使得首都成为文化城市。首都的国际交往功能集中体现在各国大使馆的聚集地、来华使节的接待处及国际会议举办地以彰显大国形象。首都的科技创新功能是建设国际之都的必要条件，是发挥首都的引领作用实现科技兴国战略的重要体现。

（5）明确调整对象及范围。规定首都范围涵盖北京东城与西城，并以经纬度及公里数具体化标注以天安门为圆心的政务区范围，且应大于《北京城市总体规划（2016 年—2035 年）》中所提到的首都功能核心区范围，以供各中央机关逐步调整各自位置。

（6）明确本法的实践意义。结合《中共中央、国务院关于对〈北京城市总体规划（2016 年—2035 年）〉的批复》，明确首都发展的要义，坚持首善标准，着力优化提升首都功能，有序疏解非首都功能，做到服务保障能力与城市战略定位相适应，人口资源环境与城市战略定位相协调，城市布局与城市战略定位相一致，建设伟大社会主义祖国的首都、迈向中华民族伟大复兴的大国首都、国际一流的和谐宜居之都。①

（二）关于首都规划与建设

（1）明确首都规划决策机关为首都规划建设委员会并作为中央直属机构对首都进行规划。明确其职权范围为完善工作机制，发挥组织协调作用，加强对规划执行的检查，加强对重要问题的研究。完善首都规划建设委员会全体会议制度和议事规则，审议城市规划和规划管理的战略方针、阶段性工作成果及其重大调整、变更事项；审议本年度建设计划安排和上年度建设计划完成情况；审议重要地区、重大项目选址和规划设计。② 完善主任办公会议制度，研究处理有关首都规划、建设、管理的重要问题。首规委办公室负责处理首规委全体会议、主任办公会议决定的事项，处理闭会期间日常工作。完善首都规划建设委员会联络员会议制度，通报规划建设中的重要情况，研究协调在京各部门在规划建设中的有关问题。

（2）对首都的规划应结合《北京城市总体规划（2016 年—2035 年）》中对北京市的规划，综合考虑首都范围内的非首都功能疏解问题，疏解腾退区域性商品交易市场、疏解大型医疗机构、调整优化传统商业区、推动传统平房保护更新，为提升首都功能、提升发展水平腾出空间；突出把握首都发展、减量集约、创新驱动、改善民生的要求；严格控制中央政务区规模，以资源环境承载能力为硬约束，切实减重、减负、减量发展，实施人口规模、建设

---

① 《中共中央、国务院关于对〈北京城市总体规划（2016 年—2035 年）〉的批复》，载中国政府网，http：//www. gov. cn/zhengce/2017 -09/27/content_ 5227992. htm，最后访问时间：2021 年 12 月 29 日。

② 《第八章转变规划方式，保障规划实施_ 北京城市总体规划（2016 年—2035 年）》，载北京市规划和自然资源委员会，http：//ghzrzyw. beijing. gov. cn/zhengwuxinxi/zxzt/bjcsztgh20162035/202001/t20200102_ 1554605. html，最后访问时间：2021 年 12 月 29 日。

规模双控，倒逼发展方式转变、产业结构转型升级；明确发展目标、规模与空间布局，严格落实土地用途管制制度；科学配置资源要素，统筹生产、生活、生态空间；做好中央政务区内老城保护工作，保持老城传统色调，加强文物保护与腾退，健全古都保护相关配套法规政策。

（3）明确规划执行中遇有重大事项，及时向党中央、国务院请示报告。明确维护规划的严肃性和权威性，明确建设重点和时序，完善规划公开制度，加强规划实施的监督考核问责。要突出政治中心、文化中心、国际交往与科技创新中心的建设。坚持把政治中心安全保障放在突出位置，严格中心城区建筑的高度管控，治理安全隐患，确保中央政务环境安全优良。抓实抓好文化中心建设，精心保护好历史文化金名片，构建现代公共文化服务体系，推进首都精神文明建设，提升文化软实力和国际影响力。前瞻性谋划好国际交往中心建设，适应重大国事活动常态化，健全重大国事活动服务保障长效机制，加强国际交往重要设施和能力建设。

（4）着力加强文化建设，提升文化软实力。坚持以首善标准培育和践行社会主义核心价值观，大力弘扬以爱国主义为核心的民族精神和以改革创新为核心的时代精神，打造传承中华优秀传统文化、体现区域文化特色、符合时代要求的城市精神。充分发挥首都功能，利用重大活动、重要节庆日，组织有教育意义和有庄严感的典礼仪式，举办重大主题教育和重要主题展览，激发爱国热情，凝聚全市人民精神力量。

（5）加强基础设施建设，主要集中于提高交通、保障与服务能力等方面。适度超前、优先发展交通基础设施，提前规划控制交通战略走廊和重大交通设施用地。完善城市快速路和主干路系统，推进重点功能区和重大交通基础设施周边及轨道车站周边道路网建设，大幅提高次干路和支路规划实施率。坚持公共交通优先与需求管理并重，提高交通运行效率和服务水平，为中央政务区发展提供完善的基础设施。

（6）加强科技建设，为首都发展构建科技支撑体系与能力建设。充分发挥大数据、人工智能等领域优势，加快新技术研发和应用。整合创新资源、创新体制机制，为国家实验室在京建设提供坚强保障；深入对接国家科技创新重大项目、重点研发计划，积极争取承建“十四五”重大科技基础设施；主动承接5G等领域关键核心技术攻关重大任务；围绕量子、光电、医疗健康等领域，超前谋划基础研究、应用基础研究及国际前沿技术研究，推动设立科学研究基金、颠覆性技术创新基金；加快底层技术和通用技术突破；筹建北京应用数学研究院等一批新型研发机构。

（三）关于首都安全与稳定

（1）坚持系统治理、依法治理、源头治理、综合施策，从精治、共治、法治、创新体制机制入手，构建权责明晰、服务为先、管理优化、执法规范、安全有序的城市管理体制。推动城市管理走向城市治理，促进城市运行高效有序，形成与国际一流的和谐宜居之都相匹配的城市治理能力。

（2）明确中央政务区财政管理，健全相应法规，明确财政支出由中央财政专门保证，实现首都财政与北京市财政两条线。调整中央政务区经济问题，对在中央政务区的经济高质量发展作出规范。

（3）牢固树立和贯彻落实总体国家安全观，坚持政府主导与社会参与相结合，加强公共安全领域和重大活动城市安全风险管理，增强抵御自然灾害、处置突发事件和危机管理能力，降低城市脆弱度，形成全天候、系统性、现代化的城市运行安全保障体系，让人民群众生活得更安全、更放心。

（4）严格规划高度管制，治理安全隐患，以更大范围的空间布局支撑国家政务活动。

（5）加强首都安全保障。切实加强对军事设施和要害机关的保护工作，推动军民融合发展。加强人防设施规划建设，与城市基础设施相结合，实现军民兼用。高度重视城市公共安全，建立健全包括消防、防洪、防涝、防震等超大城市综合防灾体系，加强城市安全风险防控。

三、结语

自中华人民共和国成立以来，北京作为首都，城市建设取得了可喜的进步，但其功能定位反复摇摆变化的现象也较为突出。如果现在不能充分利用“疏解北京非首都功能、推动京津冀协同发展”的历史契机，抓紧制定“首都法”以推进首都城市发展和功能定位的制度化、法治化和定型化，最终确立北京“四个中心”的战略地位，明确北京“四个服务”的法律依据，今后首都北京的功能定位还将不断变化，导致前述问题无法得到根本性的解决。

因此，虽然北京市在疏解非首都功能方面做了大量工作，但从法治的角度而言，北京市这种对首都规划与城市功能的疏解并不妥当，也不符合现代法治精神。因为，这些做法没有全国人大关于首都建设与管理的立法为依据。在依法治国的环境下，建设与管理首都应当纳入国家立法的框架内，各项改革措施均应依法进行。因此，只有全国人大尽快制定“首都法”，才能为全面提升首都治理体系和治理能力的现代化水平提供制度保障。

特别是党的十九届四中全会以后，准确把握新时代首都发展所处的历史方位，担当好大国首都新的历史使命，充分发挥好首都核心功能，已成为我国实现“两个一百年”奋斗目标的重要组成部分。因此，制定“首都法”并在法律框架内规划、建设、治理好首都，不仅是重塑大国首都的政治需要，更是贯彻全会决定的需要，最终把北京建设成为富强、民主、文明、和谐、美丽的社会主义现代化强国首都、具有全球领导力的大国首都，并以崭新的面貌迎接“两个一百年”的到来。

我国关于“首都法”的探讨，基本处于空白地带。研究“首都法”探讨，是机遇，但挑战和压力也是巨大的，无论是立法资料还是学理研究均告阙如，更遑论其选题的政策性较强，难以驾驭和把握。故此，本书的研究更多从学术层面展开，为国家制定方针政策提供参考，还有许多问题有待进一步研究和分析。

附录

日本首都圈整备法[1]

（昭和31年法律第83号）[2]

第1章　总　则

第1条　（目的）

此法的目的是制定关于首都圈整备的综合计划，以及通过实施该计划使首都圈的建设达到符合其作为我国的政治、经济、文化等的中心的程度，使首都圈有序发展。

第2条　（定义）

本法中“首都圈”是指东京都的区域与政令所规定的其周边的地域作为一个整体的广阔区域。

本法中“首都圈整备计划”是指为实现首都圈的建设及有序发展而必要实施的首都圈整备的相关计划。

本法中“原有城市区域”是指在政令中规定的为实现在包括东京都及与其连接的枢纽城市的区域中，防止产业以及人口过度集中，维持及增进城市机能所必需的城市区域的所在地。

本法中“近郊整备地带”是指原有城市区域的近郊中，本法第24条第1项规定所指的区域。

本法中“都市开发区域”是指原有城市区域以及近郊整备地带之外的首都圈地域中本法第25条第1项的规定所指定的区域。

---

① 谢艺甜译。

② 首都圈整備法：載日本国土交通省，https：//www.mlit.go.jp/singikai/kokudosin/daitoshiken/2/08.pdf，最后访问时间：2022年3月15日。

第 2 章　国土审议会的调查审议等

第 3 条至第 17 条　删除

第 18 条　（国土审议会的调查审议等）

国土审议会（以下简称“审议会”）按照国土交通大臣的咨询内容，对于首都圈整备计划的制定以及实施相关的重要事项进行调查审议。

审议会可以针对本条第 1 项规定的事项向国土交通大臣陈述其意见。

第 19 条至第 20 条　删除

第 3 章　首都圈整备计划

第 21 条　（首都圈整备计划的内容）

首都整备计划按照政令的规定对以下事项进行规定。

首都圈内的人口规模、土地利用的基本方向以及其他属于关于首都圈整备的基本事项。

关于城市区域、近郊整备地带以及都市开发区域的整备的事项中应作为下列事项的基础的内容（为实现首都圈的建设及有序发展被认为特别有必要的首都圈之外的区域也包含在内）。

关于整备住宅用地的事项

关于整备道路的事项

关于整备铁道、铁轨、飞机场、港口等交通设施的事项

关于整备电讯通信等通信设施的事项

关于整备自来水管道、下水道、污水处理设施等的供给设施以及处理设施的事项

关于整备河流、航路以及海岸的事项

关于整备住宅等的建筑物的事项

关于整备学校等教育文化设施的事项

其他的政令规定的关于整备首都圈的事项

在有必要在广阔的区域中整备原有城市区域、近郊整备地带或者都市开发区域相关的交通信息体系或者供水体系的情况下，应作为前号所列（2）至（4）或者（5）及（6）事项的基础的内容（为实现首都圈的建设及有序发展被认为特别有必要的首都圈之外的区域也包含在内）。

首都圈整备计划应当保证与国土形成法［昭和25年（1950年）法律第205号］第2条第1项规定的国土形成计划保持一致。

首都圈整备计划应当恰当考虑防止公害。

第22条　（首都整备计划的决定）

首都圈整备计划由国土交通大臣听取相关行政机关的首长、相关都县及审议会的意见来决定。在此种情况下，国土交通大臣需在收到相关都县提出的意见申请之时，应当立即予以答复。

国土交通大臣在认为对于决定首都圈整备计划有必要时，可以要求相关行政机关的首长、相关地方公共团体以及有关事业的经营者（以下简称相关事业者）提供相关资料、意见陈述、说明以及其他的必要的合作。

国土交通大臣在决定首都圈整备计划时，需将其送交相关行政机关的首长、相关地方公共团体并同时在国土交通省令所规定的媒体上公开。

前一项规定的公开事项的利害关系人可以在公开之日起30日内按照国土交通省令所规定的方式向国土交通大臣提出意见申请。

按照前项规定提出意见申请的情形，国土交通大臣需考虑相关申请并采取必要措施。

第23条　（首都整备计划的变更）

随着情况的改变，国土交通大臣在认为其已经决定的首都圈整备计划不再适应当前环境，需要变更为其他更适合的首都圈整备计划内容时，可以听取相关行政机关的首长、相关都县及审议会的意见来对首都圈整备计划进行更改。在此种情况下，国土交通大臣需在收到相关都县提出的意见申请之时，应当立即予以答复。

关于首都整备计划的变更准用前条文第 2 项至第 5 项规定。

第 4 章 首都圈整备计划的实施

第 24 条 （近郊整备地带的指定）

为防止在原有城市区域的近郊发生无秩序的城市化，国土交通大臣可以有计划地整备市区，同时，可以将为保护绿地而必要的区域指定为近郊整备地带。

在国土交通大臣指定近郊整备地带时，需听取相关地方公共团体及审议会的意见，并与相关行政机关的首长进行协商。在此种情况下，国土交通大臣需在收到相关地方公共团体提出的意见申请之时，应立即予以答复。

近郊整备地带的指定于国土交通大臣按照国土交通省令的规定进行公告后发生效力。

第 25 条 （都市开发区域的指定）

在国土交通大臣认为有必要采取措施缓解产业及人口向原有城市区域过度集中的倾向，使首都圈地域内的产业及人口能够配置得当时，在原有城市区域及近郊整备地带之外的首都圈地域中，有适合作为工业都市、居住都市及其他类型的都市进行开发的区域，可以将其指定为都市开发区域。

关于都市开发区域的指定准用前条文第 2 项及第 3 项的规定。

第 26 条 （关于整备近郊整备地带等的法律）

除前两条规定之外，关于近郊整备地带以及都市开发区域内的平整住宅用地的作业，及其他整备近郊整备地带以及都市开发区域的必要相关事项，参照其他法律规定。

第 27 条 删除

第 28 条 （事业的实施）

对于基于首都圈整备计划而进行的事业，国家、地方公共团体以及相关事业者，除需按照本法规定外，还需按照与该事业相关的法律（包括基于该法律制定的命令）规定实施该事业。

第29条　（协助及建议）

相关行政机关的首长、相关都县及相关事业者应当尽其所能协助实施首都圈整备计划。

在国土交通大臣认为必要时，可以向相关行政机关的首长、相关都县及相关事业者提出关于首都圈整备计划实施的建议，并可以要求向其报告为实现其提出的首都圈整备计划实施的建议相关行政机关的首长、相关都县及相关事业者采取的措施及其他关于首都圈整备计划的实施的相关情况。

第30条　（设定关于整备计划的实施方案及建议）

为实现首都圈的建设及有序发展，在国土交通大臣认为特别有必要的情况下，国土交通大臣可以在听取审议会的意见后设定关于首都圈整备计划的综合性的实施方案。基于此方案，国土交通大臣可以向相关行政机关的首长及相关地方共团体提出建议，并可以要求向其报告为实现其提出的首都圈整备计划实施方案的建议相关行政机关的首长及相关地方共团体所采取的措施。

第30条之二　（向国会报告）

政府应当每年向国会报告首都圈整备计划的设定及实施情况，并将报告的概要公开。

第31条　（转让国家普通财产①）

国家认为有必要提供执行首都圈整备计划所规划的事业所需费用，可向负担该费用的地方公共团体转让普通财产。

第32条　（融资等）

除有其他法律规定，国家应当帮助实施首都圈整备计划所规划的事业的地方公共团体或相关事业者融资及斡旋。

第33条　（公司债）

对于地方公共团体基于首都圈整备计划所进行的地方公营企业法［昭和

① 普通财产是指行政财产以外的公有财产，是地方公共团体与一般个人处于同等地位而所有的财产。

27（1952年）法律第292号］中规定的地方公营企业的建设、改良等所需资金而设定的地方债中，与国土交通大臣和总务大臣协议规定的部分，在资金情况及该地方公共团体的财政状况允许的范围内，需得到地方财政法［昭和23年（1948年）法律第109号］第5条之三第1项所规定的协议中的同意，或者同法第5条之四的第1项或第3项规定的许可。

附　则

略。

主要参考文献

一、外文文献

1. Chang Joon - Sang、Lee Chang - Moo：*A Study on the Change of Self - Containment Level of the Five New Towns in the Seoul Metropolitan Area*, Journal of Korea Planning Association, 41（2）, 2006. 4.

2. J. Peter Byrne, *Ten Arguments for the Abolition of the Regulatory Takings Doctrine*, Ecology Law Quarterly, vol. 22, 1（1995）.

3. 文部科学省「文化財保護法及び地方教育行政の組織及び運営に関する法律の一部を改正する法律の概要」2019 年 4 月 1 日，http://www.bunka.go.jp/seisaku/bunkazai/pdf/r1402097_01.pdf。

4. 文部科学省「文化財保護法及び地方教育行政の組織及び運営に関する法律の一部を改正する法律の概要」2019 年 4 月 1 日，http//www.bunka.go.jp/seisaku/bunkazai/pdf/r1402097_01.pdf。

5. ［日］峯岸邦夫：《特別简单道路的书》，日刊工业新闻社 2018 年版。

6. ［韩］金光铉：《作为 21 世纪情报城市的幸福城市》，载《大韩建筑学会集》2005 年第 8 期。

7. Lah, Tae - Joon：*Above and Beyond the Multifunctional Administrative City Construction*, Social Sciences, vol. 35, 1（2005）.

8. ［韩］李英焕：《新行政首都特别法的宪法审查》，载《法律评论》2005 年第 19 期。

9. ［韩］李光润：《世宗市建设的法理性回顾》，载《韩国土地公法学会学术大会》2009 年第 69 期。

10. ［日］入沢元：《第 4 次首都圈基本计划》，载《产业立地》1986 年第 8 期。

二、书籍

11. ［美］阿瑟·奥沙利文：《城市经济学》，周京奎译，北京大学出版社 2008 年版。

12. 方志远主编：《旅游文化概论》，华南理工大学出版社 2005 年版。

13. 李韶鉴：《可持续发展与多元社会和谐：新加坡经验》，四川大学出版社 2007 年版。

14. 刘欣葵：《首都体制下的北京规划建设管理》，中国建筑工业出版社 2009 年版。

15. 陆建义：《向新加坡学习：小国家的大智慧》，新华出版社 2009 年版。

16. ［德］罗伯特·霍恩：《德国民商法导论》，楚建译，中国大百科全书出版社 1996 年版。

17. 彭兴业：《首都城市功能研究》，北京大学出版社 2000 年版。

18. 沈宗灵：《法理学》，高等教育出版社 1994 年版。

19. ［日］斯波义信：《中国都市史》，布和译，北京大学出版社 2013 年版

20. 王贵祥主编：《巍巍古都》，外语教学与研究出版社 2010 年版。

21. 吴元华：《新加坡良治之道》，中国社会科学出版社 2000 年版。

22. 夏征农：《辞海》，上海辞书出版社 1999 年版。

23. 许宏：《大都无城》，生活·读书·新知三联书店 2016 年版。

24. 徐林：《“花园城市”的“管”与“治”——新加坡城市管理的理念与实践》，中国社会科学出版社 2016 年版。

25. 杨宽：《中国古代都城制度史研究》，上海人民出版社 2003 年版。

26. 尹伊君：《社会变迁的法律解释》，商务印书馆 1994 年版。

27. 张国硕：《夏商时代都城制度研究》，河南人民出版社 2001 年版。

28. 朱深海：《城乡规划原理》，中国建材工业出版社 2019 年版。

29. ［德］弗里德里希·恩格斯：《英国工人阶级状况》，编译局译，人

民出版社 1956 年版。

30. 陈建滨、周俭：《后京都时代大巴黎地区多中心结构规划浅析》，载中国城市规划学会编：《规划 60 年：成就与挑战——2016 中国城市规划年会论文集》，中国建筑工业出版社 2016 年版。

31. 韩菁、胡定强、洪亮平：《法国大巴黎区域规划及启示》，载金紫：《大都市规划与空间治理——第七届“21 世纪城市发展”国际会议论文集》，华中科技大学出版社 2018 年版。

32. 王祎：《地方分权政策影响下的巴黎大区区域规划（1960 年—2015 年）》，载中国城市规划学会编：《规划 60 年：成就与挑战——2016 中国城市规划年会论文集》，中国建筑工业出版社 2016 年版。

33. 周姝天、翟国方：《日本首都圈规划发展的经验及启示》，载中国城市规划协会编：《活力城乡 美好人居——2019 中国城市规划年会论文集》，中国建筑工业出版社 2019 年版。

34. 陈霈、黄亚平：《法治下大都市区空间规划编制的伦敦经验》，载中国城市规划协会编：《活力城乡美好人居——2019 中国城市规划年会论文集》，中国建筑工业出版社 2019 年版。

35. 李亚洲：《重点明晰、战略突出、公众参与：国外城市总体层面空间规划的启示》，载中国城市规划研究会编：《2019 城市发展与规划论文集》，中国城市出版社 2019 年版。

36. 黎晴、刘子长、陈玫：《大巴黎 2050 战略规划中的交通理念》，载《城市交通发展模式转型与创新——中国城市交通规划 2011 年年会暨第 25 次学术研讨会论文集》，中国建筑工业出版社 2014 年版。

37. 魏涛、范少言：《日本首都圈规划的最新动向及启示》，载中国城市规划协会编：《活力城乡美好人居——2019 中国城市规划年会论文集》，中国建筑工业出版社 2019 年版。

三、期刊

38. ［美］贝弗莉·阿尔伯特：《美国历史建筑和遗址的保护》，载《北京建筑工程学院学报》1995 年第 1 期。

39. [英] 彼得·霍尔、郭磊贤、赵文宁、武廷海：《首都的类型与未来》，载《城市与区域规划研究》2015 年第 7 期。

40. 边慧亮：《关键在依法治理——超大城市如何实现法治》，载《北京党史》2018 年第 1 版。

41. 蔡定剑：《公众参与及其在中国的发展》，载《团结》2009 年第 4 期。

42. 常艳：《日本首都圈的规划建设对京津冀协同发展的启示》，载《经济研究参考》2014 年第 59 期。

43. 陈洋：《巴黎大区 2030 战略规划解读》，载《上海经济》2015 年第 8 期。

44. 池佳斌：《浅析法国巴黎在城市规划领域的若干成功经验》，载《新教育时代》2015 年第 35 期。

45. 杜坤、田莉：《城市战略规划的实施框架与内容：来自大伦敦实施规划的启示》，载《国际城市规划》2016 年第 4 期。

46. 段文、张杰：《历史街区保护更新中的产权问题》，载《中国文物科学研究》2017 年第 4 期。

47. 冯时：《“文邑”考》，载《考古学报》2008 年第 3 期。

48. 耿卓：《地役权的现代发展及其影响》，载《环球法律评论》2013 年第 6 期。

49. 顾爱平：《公众参与地方立法的困境与对策》，载《江苏社会科学》2017 年第 6 期。

50. 韩林飞：《北京 VS 巴黎——中法新城发展对比与思考》，载《北京规划建设》2009 年第 6 期。

51. 韩春晖：《从“行政国家”到“法治政府”——我国行政法治中的国家形象研究》，载《中国法学》2010 年第 6 期。

52. 何丹、谭会慧：《“规划更美好的伦敦”——新一轮伦敦规划的评述及启示》，载《国际城市规划》2010 年第 4 期。

53. 何海波：《行政法治，我们还有多远》，载《政法论坛》2013 年第 6 期。

54. 胡若函、邢海峰、赵星烁：《日韩空间规划发展经验评析》，载《城乡建设》2018 年第 10 期。

55. 胡敏、郑良文、王军、许龙、陶诗琦：《中国历史文化街区制度设立的意义与当前要务》，载《城市规划》2016 年第 11 期。

56. 江曼琦、唐茂华：《韩国首都圈建设中的政府作用及其对京津合作发展的启示》，载《东北亚论坛》2007 年第 5 期。

57. 焦洪昌、席志文：《京津冀人大协同立法的路径》，载《法学》2016 年第 3 期。

58. 李顺德：《中国的文化产业应该加强法律保护》，载《河南社会科学》2007 年第 4 期。

59. 李哲淼：《文化创意产业的立法刍议》，载《党政干部学刊》2009 年第 9 期。

60. 李猛：《中国自贸区授权立法问题研究》，载《甘肃政法学院学报》2017 年第 2 期。

61. 梁惠：《关于维护首都稳定的思考》，载《公安研究》2002 年第 1 期。

62. 刘健：《巴黎精细化城市规划管理下的城市风貌传承》，载《国际城市规划》2017 年第 2 期。

63. 刘杰、张笑君：《从摆脱中心控制走向多中心协同发展——巴黎大区规划演变及启示》，载《智慧城市》2019 年第 8 期。

64. 刘晨宇：《新加坡城市综合治理与环境保护的启示》，载《郑州航空工业管理学院学报》2013 年第 4 期。

65. 刘亭：《规划的生命和权威在于实施》，载《浙江经济》2014 年第 3 期。

66. 刘健：《法国历史街区保护实践——以巴黎市为例》，载《北京规划建设》2013 年第 4 期。

67. 孟钧、李绍纯：《英国伦敦行政区划与政府管理机制研究》，载《中国方域》2004 年第 6 期。

68. 庞凌：《关于经济特区授权立法变通权规定的思考》，载《学习与探索》2015 年第 1 期。

69. 彭兴业：《首都城市功能叠加论》，载《北京行政学院学报》2001 年第 1 期。

70. 祁述裕：《文化产业还是文化创意产业》，载《学术探索》2009 年第 5 期。

71. 任杰、刁艳：《国际大都会的形成——柏林议会与政府区城市规划发展 20 年（1993 ~ 2013）》，载《建筑建材装饰》2014 年第 7 期。

72. 任震琨：《司法裁判当同风尚保持一致与同质》，载《河北法制报》2018 年 3 月 23 日。

73. 石芳铭：《浅析巴黎都市圈发展阶段与规划历程》，载《城乡规划》2016 年第 14 期。

74. 史艳玲、刘子轩：《日本首都圈建设及启示》，载《合作经济与科技》2018 年第 11 期。

75. 宋迎昌：《"大城市病"治理刍议》，载《城市》2015 年第 2 期。

76. 孙涛：《新加坡推进城市治理现代化的经验及其中国借鉴》，载《改革与战略》2018 年第 7 期。

77. 孙鹏、徐银波：《社会变迁与地役权的现代化》，载《现代法学》2013 年第 3 期。

78. 唐燕：《柏林—勃兰登堡都市区跨区域规划协作的制度分析》，载《北京规划建设》2009 年第 2 期。

79. 唐子来：《新加坡的城市规划体系》，载《国外规划研究》2000 年第 1 期。

80. 陶林：《再论新加坡城市治理的特色与中国借鉴》，载《青岛科技大学学报（社会科学版）》2019 年第 4 期。

81. 田颖、耿慧志：《英国空间规划体系各层级衔接问题探讨——以大伦敦地区规划实践为例》，载《国际城市规划》2019 年第 2 期。

82. 王锴：《论宪法上的首都》，载《中国法律评论》2017 年第 6 期。

83. 王子今：《西汉长安居民的生存空间》，载《人文杂志》2007 年第 2 期。

84. 王红：《借鉴“伦敦规划”，改进战略规划编制工作》，载《国外规划研究》2004 年第 6 期。

85. 王飞、石晓东、郑皓：《回答一个核心问题，把握十个关系——〈北京城市总体规划（2016 年～2035 年）〉的转型探索》，载《城市规划》2017 年第 11 期。

86. 汪洋：《公共役权在我国土地空间开发中的运用：理论与实践》，载《江汉论坛》2019 年第 2 期。

87. 王海英：《文化创意产业版权保护的困境及其法律选择》，载《中共福建省委党校学报》2009 年第 11 期。

88. 王宝治、张伟英：《京津冀协同立法的困境与出路》，载《河北师范大学学报（哲学社会科学版）》2016 年第 5 期。

89. 温锋华、冯羽：《首都型特大城市的首都职能区域重构路径研究》，载《北京规划建设》2019 年第 4 期。

90. 吴建忠、詹圣泽：《大城市病及北京非首都功能疏解的路径与对策》，载《经济体制改革》2018 年第 1 期。

91. 吴志强：《都市缝合——20 年柏林和上海规划设计分析的都市发展空间意义透视》，载《时代建筑》2004 年第 3 期。

92. 肖竞、李和平、曹珂：《价值导引的历史文化街区保护与发展》，载《城市发展研究》2019 年第 4 期。

93. 肖泽晟：《公物的二元产权结构——公共地役权及其设立的视角》，载《浙江学刊》2008 年第 4 期。

94. 邢琰、成子怡：《伦敦都市圈规划管理经验》，载《公关世界》2018 年第 8 期。

95. 熊军、宁越敏：《柏林—勃兰登堡大都市区可持续发展规划及其启示》，载《城市问题》2001 年第 4 期。

96. 严涵、聂梦遥、沈璐：《大巴黎区域规划和空间治理研究》，载《上海城市规划》2014 年第 6 期。

97. 杨学科：《论宪法上的首都北京》，载《苏州大学学报（法学版）》2018 年第 2 期。

98. 杨辰：《城市规划：一种改善城市气候的工具——巴黎气候计划（PCP）简介》，载《国际城市规划》2013 年第 2 期。

99. 杨官鹏：《日本跨行政区域组织机构管理经验及对长三角一体化发展的启示》，载《云南行政学院学报》2020 年第 2 期。

100. 杨隆治：《我国公众参与历史文化遗产保护机制的研究》，载《山西建筑》2017 年第 19 期。

101. 杨海坤：《“四个全面”战略布局下如何全面推进法治政府建设》，载《法学评论》2015 年第 5 期。

102. 姚迈新：《大伦敦城市规划发展的经验及其对广州的启示探析》，载《岭南学刊》2019 年第 1 期。

103. 俞伟超：《中国古代都城规划的发展阶段性》，载《文物》1985 年第 2 期。

104. 俞慰刚：《日本首都圈政策及规划对长三角城市一体化的启示》，载《上海城市管理》2018 年第 2 期。

105. 张光直：《关于中国初期“城市”这个概念》，载《文物》1985 年第 2 期。

106. 张可云：《北京非首都功能的本质与疏解方向》，载《经济社会体制比较》2016 年第 3 期。

107. 张广汉：《历史文化街区保护管理办法中几个关键问题的探讨》，载《小城镇建设》2012 年第 10 期。

108. 张瑞萍：《京津冀法制一体化与协同立法》，载《北京理工大学学报（社会科学版）》2016 年第 4 期。

109. 赵景芳：《新加坡人民行动党廉政建设的基本经验》，载《当代世界与社会主义》2014 年第 5 期。

110. 赵明：《浅谈历史街区保护》，载《中国名城》2001 年第 2 期。

111. 赵彦等：《关于我国历史文化街区保护因子的研究——基于中、美、法对比角度》，载《城市社会》2012 年第 12 期。

112. 赵自轩：《公共地役权在我国街区制改革中的运用及其实现路径研究》，载《政治与法律》2016 年第 8 期。

113. 郑勇、梅振中：《谈以经济特区授权立法推动海南经济发展与改革》，载《中国集体经济》2015 年第 30 期。

114. 周京奎：《京津冀协同发展的全局战略意义》，载《人民论坛·学术前沿》2016 年第 4 期。

115. 周游：《提高城市规划科学性和可操作性的对策建议——新加坡经验借鉴》，载《城市规划》2007 年第 5 期。

116. 周亮：《文化产业的税收法律环境探析》，载《焦作大学学报》2004 年第 2 期。

117. 卓健：《从技术型交通规划到政策型交通规划——法国巴黎大区交通出行规划（PDUIF）的启示》，载《城市交通》2019 年第 4 期。

118. 夏勤：《各国迁都背后的故事》，载《半月谈》2004 年第 3 期。

119. 朴英：《彼岸——澳大利亚访学日记（续四）》，载《音乐生活》2016 年第 3 期。

120. 丁海斌：《论中国古代陪都现象》，载《社会科学战线》2011 年第 1 期。

121. 丁海斌：《中国古代陪都十大类型论》，载《辽宁大学学报（哲学社会科学版）》2011 年第 39 期。

122. 李曦辉、赵晨丽：《说说首都功能》，载《前线》2015 年第 2 期。

123. 曹天生：《中国古代的“首都”观：都城应位于“天下之中”》，载《人才资源开发》2018 年第 1 期。

124. 史念海：《中国古都概说（一）》，载《陕西师范大学学报（哲学社会科学版）》1990 年第 1 期。

125. 王明德：《中国古代国都定位的战略取向》，载《社会科学辑刊》2001 年第 3 期。

126. 生小刚、李婷、张锦云、艾晓峰：《英国大伦敦市政府的组织机构及启示》，载《国外城市规划》2006 年第 3 期。

127. 魏贺、张晓东、冯雅薇、赵旭阳：《大伦敦市长交通战略述评》，载《交通工程》2018 年第 5 期。

128. 王玉婧：《欧洲首都大都市区经验对我国首都区建设与发展的启示》，载《环渤海经济瞭望》2010 年第 3 期。

129. 卫金桂：《巴黎的兴起：从古典城市到"现代城市之母"》，载《文史天地》2020 年 2 月 3 日。

130. 穆祥纯：《新加坡城市桥梁建设印象》，载《城市道桥与防洪》2021 年第 10 期。

131. 申韬、张一弛：《东盟十国证券市场共性和异质性研究》，载《东南亚纵横》2020 年第 5 期。

132. 艾伯亭、邹哲：《新加坡城市规划体系及其经验借鉴》，载《城市》2008 年第 4 期。

133. 黄继英、黄琪芸：《新加坡城市规划体系与特点》，载《城市交通》2009 年第 6 期。

134. 杨虎：《探析东京圈的形成与整合》，载《上海经济》2003 年第 2 期。

135. 刘作翔：《当代中国的规范体系：理论与制度结构》，载《中国社会科学》2019 年第 7 期。

136. 谭佳音：《我国历史文化街区动态保护模式的比较研究》，载《安徽建筑工业学院学报（自然科学版）》2007 年第 5 期。

137. 李玉壁：《完善立法体制，深入推进立法科学化和民主化》，载《西部法学评论》2014 年第 6 期。

138. 关文诗：《浅析我国经济特区授权立法》，载《法制博览》2015 年第

7 期。

139. 洪家童：《论经济特区授权立法——以海南经济特区为例》，载《法制博览》2018 年第 12 期。

140. 张军扩、侯永志、贾糰、黄斌、熊鸿儒、郭巍、林晓宁、龙海波、单大圣、伍振军、周群力：《华盛顿城市治理经验：委托授权的协作治理》，载《中国经济时报》2016 年 8 月 24 日。

四、论文

141. 黄怡：《国家与社会关系“互动说”视域下的新加坡社会治理问题研究》，北京外国语大学 2016 年硕士学位论文。

142. 梁爽：《新加坡政府的治理模式及其价值探析》，黑龙江大学 2012 年硕士学位论文。

143. 梁剑宝：《论我国历史文化街区的法律保护》，西南政法大学 2011 年硕士学位论文。

144. 王吉臣：《新中国行政区划调整与城市空间格局演变关系研究——以扬州为例》，中国矿业大学 2020 年硕士学位论文。

145. 肖留阳：《国内外首都功能及空间结构的比较研究》，首都经济贸易大学 2016 年硕士学位论文。

146. 张金武：《整体治理：地方政府运作的新选择——基于大伦敦治理实践的研究》，华中师范大学 2011 年硕士学位论文。

147. 朱一丹：《1855 年伦敦管理制度改革》，河南大学 2012 年硕士学位论文。

148. 吕冰冰：《新加坡高等教育政策研究》，广西师范大学 2013 年硕士学位论文。

149. ［韩］吴英均：《效率性与民主性：寻求适应后续变化的世宗特别自治市的合作方案》，2013 年夏季行政学共同学术大会发表论文。

后 记

我国现行《宪法》第四章第143条规定："中华人民共和国首都是北京。"但是，自中华人民共和国成立以来，作为直辖市的北京，其城市定位却经历了多次变迁。城市定位的多次变化表现出北京市对于其作为首都的发展战略定位认识的摇摆，是北京染上"大城市病"的重要原因之一。客观而言，北京在我国行政区划中具有双重地位。一方面它是代表国家象征的首都，北京要"服务于党中央和中央人民政府"，要做到"四个服务"并体现其首都城市的精神风貌。另一方面作为直属中央人民政府管理的直辖市，基于经济社会发展等方面的政绩考核，北京也在"力争上游"。正是这种"首都"与"直辖市"功能定位的重叠，使得北京的"首都核心功能"与"非首都功能"交错在一起，并随着城市的扩建与发展，逐步影响到北京的战略定位与首都功能的发挥。

根据党中央和国务院的重要指示，为进一步发挥首都核心功能，确立北京"四个中心"与"四个服务"战略定位，全面提升首都治理体系和治理能力的现代化水平，建议及时制定"首都法"。只有为首都专门立法，方可为首都规划、建设、管理提供更加坚实的法治保障，推动北京进一步疏解非首都功能，并建设成为具有全球影响力的社会主义现代化大国首都，以崭新面貌迎接"两个一百年"的到来。

基于此，首都经济贸易大学法学院组建课题组对此问题进行了研究，并形成了这样一份成果。其中，个别前期研究成果已经以论文的形式进行了发表，此次也一并纳入。应当说，课题组成员做出了巨大的努力和付出，文中关于日本、韩国、美国等三个国家首都地区相关立法的研究，均为课题组成员在获取第一手外文资料的基础上进行翻译整理而成，非常有学术价值。但客观而言，由于该问题比较前沿，对部分国家首都立法的文献分析尚未展开，所使用的部分文献也并非第一手文献，因此，对材料的整理、消化还有待继续加强，一些思考论证也未必深入和正确，关于“首都法”研究的许多问题还未能涉及或者未能纳入此次出版的成果之中。因此，本著作定名为“首都法”前思，意味着呈现给各位读者的只是课题组关于首都治理法治化现、代化的初步思考，远未成熟。

特别要对参与研究的各位课题组成员表示由衷感谢！焦志勇教授、兰燕卓副教授、李璐玲副教授百忙之余仍支持课题研究工作。正在日本早稻田大学攻读法学博士学位的谢艺甜女士，负责日文资料翻译与相关研究。任职于广西师范大学法学院的陆平女士曾留学韩国并获得法学博士学位，负责韩语文献翻译与研究。拟赴美深造的李维清女士则负责对美国哥伦比亚特区相关立法的英文资料进行翻译与研究。国家电网公司的陈婷婷女士协助收集分析资料，并在百忙中撰写相关章节。就职于北京市规划和自然委员会的王成璋先生，坚持在繁忙的工作之余参与研究。王子琛、王晔、陆欣萌、刘睿淇、王梅梅等几位优秀的研究生参与写作、审校等工作。全书由张世君拟定研究大纲并负责统稿定稿，具体写作分工如下：第一章：王晔、王子琛、陈婷婷；第二章：王梅梅、陆欣萌；第三章：谢艺甜、陆平、李维清；第四章：王成璋、刘睿淇、张世君；第五章：王子琛、王晔；后记：张世君。另外，朱梦丽、朱希两位同学也参与了课题的研究并做出了积极的贡献。叶堂林教授、常英伟老师则一直关注课题的研究进展并给予了极大的鼓励。

特别感谢首都经济贸易大学特大城市经济社会发展研究院的资助，使成果能够得以出版。同时也对中国法制出版社李小草主任、韩璐玮编辑、王紫晶编辑表示诚挚的感谢。因作者水平有限、时间有限，谬误难免，希望各位学界同仁不吝指正！

作　者

2021 年 10 月

图书在版编目（CIP）数据

“首都法”前思：首都治理的法律保障 / 张世君等著. —北京：中国法制出版社，2022. 4
ISBN 978 - 7 - 5216 - 2444 - 1

Ⅰ. ①首… Ⅱ. ①张… Ⅲ. ①首都 - 行政法 - 研究 - 世界 Ⅳ. ①D912. 104

中国版本图书馆 CIP 数据核字（2022）第 001499 号

策划编辑 韩璐玮（hanluwei666@163. com）
责任编辑 韩璐玮 封面设计 杨鑫宇

“首都法”前思：首都治理的法律保障
“SHOUDUFA” QIANSI：SHOUDU ZHILI DE FALÜ BAOZHANG

著者/张世君等
经销/新华书店
印刷/北京虎彩文化传播有限公司
开本/710 毫米×1000 毫米 16 开 印张/ 14. 625 字数/ 175 千
版次/2022 年 4 月第 1 版 2022 年 4 月第 1 次印刷

中国法制出版社出版
书号 ISBN 978 - 7 - 5216 - 2444 - 1 定价：78. 00 元

北京市西城区西便门西里甲 16 号西便门办公区
邮政编码：100053 传真：010 - 63141600
网址：http：//www. zgfzs. com 编辑部电话：010 - 63141793
市场营销部电话：010 - 63141612 印务部电话：010 - 63141606

（如有印装质量问题，请与本社印务部联系。）